铁路接触网运行维修规则学习与案例分析

《铁路接触网运行维修规则学习与案例分析》编委会◎编

中国铁道出版社有限公司

2024年·北京

内 容 简 介

本书以《普速铁路接触网运行维修规则》《高速铁路接触网运行维修规则》为基础,参照相关国家标准和规章制度,结合案例对条款进行了解读。全书对应规章条款列举了全路供电系统发生的典型案例450个,同时配以666张照片,旨在教育职工遵守规章制度,执行维修标准,保障运行安全。

本书内容丰富,通俗易懂,可作为铁路供电系统职工学习教材。

图书在版编目(CIP)数据

铁路接触网运行维修规则学习与案例分析 /《铁路接触网运行维修规则学习与案例分析》编委会编. 北京 : 中国铁道出版社有限公司, 2024. 11. -- ISBN 978-7-113-31694-5

Ⅰ. U238;U225

中国国家版本馆 CIP 数据核字第 20244UL115 号

书　　名:铁路接触网运行维修规则学习与案例分析
作　　者:《铁路接触网运行维修规则学习与案例分析》编委会

责任编辑:魏　娟　　**编辑部电话:**(010)51873315
封面设计:高博越　　**封 面 摄 影:**刘四季
责任校对:刘　畅
责任印制:高春晓

出版发行:中国铁道出版社有限公司(100054,北京市西城区右安门西街8号)
网　　址:https://www.tdpress.com
印　　刷:北京联兴盛业印刷股份有限公司
版　　次:2024年11月第1版　2024年11月第1次印刷
开　　本:880 mm×1 230 mm 1/32　**印张:**10　**字数:**274千
书　　号:ISBN 978-7-113-31694-5
定　　价:68.00元

编　委　会

前言

截至2023年底,我国铁路营业里程15.9万km,电气化率75.2%。电气化铁路的快速发展,对从事接触网管理和作业人员的素质提出了更高的要求。《普速铁路接触网运行维修规则》《高速铁路接触网运行维修规则》是电气化铁路运行维修的基本规章,所有从事铁路接触网的作业人员和管理人员必须严格遵守。

本书第一篇以2017版《普速铁路接触网运行维修规则》为基础,列举了相关典型案例,并进行了接触网运行维修的必要提醒;本书第二篇将《高速铁路接触网运行维修规则》与《普速铁路接触网运行维修规则》条款进行对比,就高速铁路接触网特有的条款进行说明并加以案例注释。全书对应规章条款列举了全路供电系统发生的典型案例共450个,同时配以666张图片,旨在教育职工遵守规章制度,执行维修标准,保障运行安全。

本书由中国铁路北京局集团公司供电部和职工培训部组织编写,罗隆玉、宋新江、李振华任主编。参加编写的人员有:杨征、王学柱、闫育新、王永亭、田伟、王伟、张健康、田光、刘辉、左荣炜、陈志革、刘一、韩东钊、章志豪、安同素、赵剑峰、马超群、张林芳、刘学明、朱钰、张桐、苏伟伟、王超、曹鸿昌、高枫、白同海、李晓明、曹志勇、张军毅、孙兆银、郑杰、孙旭光、罗斌、李杨、李红、明军、史伟、秦健、吴少坤。全书由孙强、秦强、赵国超、王浩、高雁雷、潘建立、郭立峰、赵贺军、彭东海审定。

由于编者水平有限，书中遗漏和不妥之处敬请读者批评指正。

编委会

2024 年 9 月

目 录

第一篇 《普速铁路接触网运行维修规则》

第二篇　《高速铁路接触网运行维修规则》

第一篇 《普速铁路接触网运行维修规则》

第一章 总　　则

第一条　接触网是电气化铁路重要的行车设备。为保证普速电气化铁路接触网运行安全可靠，特制订本规则。

第二条　从事接触网运行维修相关单位要建立健全各项规章制度，切实贯彻本规则的规定。本规则未作规定的，铁路局可根据需要自行规定，并报铁路总公司备案。

第三条　接触网运行维修应坚持“预防为主、重检慎修”的方针，按照“定期检测、状态维修、寿命管理”的原则，遵循专业化、机械化、集约化维修方式，依靠铁路供电安全检测监测系统（6C 系统）等手段，建立信息资源共享平台，实行“运行、检测、维修”分开和集中修组织模式，确保接触网运行品质和安全可靠性。

第四条　本规则技术标准作为普速铁路接触网运行维修和质量验收依据。

第五条　本规则适用于工频、单相、交流 25 kV、列车运行速度 200 km/h 以下铁路（仅运行动车组的线路除外）接触网设备的运行维修。

第二章　一般规定

第六条　接触网运行维修是通过对设备定期检测、分析诊断、质量评价和鉴定，并依据结果实施修理，恢复设备正常运行状态的循环管理过程。主要包括运行、检测、维修等管理工作。

第七条　供电段应设置接触网运行、检测、维修管理机构，配齐相关机具和材料，建立健全技术资料，实行维修成本预算管理，制定设备抢修预案及相关管理制度，不断提高接触网运行管理水平。

第八条　接触网设备应充分利用铁路供电安全检测监测系统（6C 系统）等手段，定期进行检测，开展即时、定期分析诊断，按照标准值、警示值、限界值界定设备状态，划分缺陷等级（两级缺陷），为设备维修提供依据。

铁路供电安全检测监测系统（6C 系统）包括弓网综合检测装置（1C）、接触网安全巡检装置（2C）、车载接触网运行状态检测装置（3C）、接触网悬挂状态检测监测装置（4C）、受电弓滑板监测装置（5C）和接触网及供电设备地面监测装置（6C）。

第九条　维修是指在接触网系统实际运行状态出现不允许的偏差或发生故障时，对接触网系统进行必要修复，以恢复接触网系统正常功能的过程。普速接触网维修分为一级修（临时修）、二级修（综合修）两级修程。

第十条　达到或超出限界值的一级缺陷纳入一级修（临时修），由运行工区及时组织修理；达到或超出警示值且在限界值以内的二级缺陷纳入二级修（综合修），由维修工区按计划修理；标准状态是设备最佳运行状态，作为新线投运、大修改造质量验收的依据。

第十一条　铁路局、供电段应定期组织接触网动态运行质量评价和设备整体技术状态质量鉴定，不断提高接触网运行管理水平。

第三章 运行管理

第一节 管理机构及职责

第十二条 接触网运行管理工作实行统一领导、分级管理的原则,充分发挥各级管理组织的作用。

铁路总公司:贯彻执行国家有关法律、法规和行业标准;负责全路接触网运营管理工作,确定运行维修方针、原则;制定、批准有关标准、规范和规章;统一指导、规划接触网维修方式和手段;监督、检查铁路局和供电段接触网运行维修情况。

铁路局:贯彻执行上级有关规程、规范和标准;组织制定本局有关标准、制度和办法;制定供电段管理职责和范围;监督、检查、指导、协调全局接触网运营管理工作;审批局管新产品试运行和重要设备变更;定期开展设备运行质量评价,安排更新改造工程,增强供电能力,改善设备技术状态,适应运输发展需要。

供电段:贯彻执行上级有关规章、标准和制度;补充制定相关管理标准、工作标准;制定接触网作业指导书;制订生产计划并组织实施;定期检查、分析、鉴定设备运行状态,组织评比和考核;组织技术革新和职工培训,保证设备运行质量和安全可靠供电。

【案例】冬季附加悬挂正馈线断线。原因为3个月前供电段大修施工时,为了新立接触网支柱方便,将三个正馈线锚段之间的对向下锚拆除,与相邻正馈线锚段相连,连接后的正馈线锚段长达5 868 m,超过《铁路电力牵引供电设计规范》(TB 10009—2016)中“附加导线锚段长度不宜大于2 000 m”的规定,在冬季低温情况下长大线索收缩后内应力增加,最终被拉断。反映出施工作业时铁路行业标准贯彻落实不到位的问题,与《普速铁路接触网运行维修规则》(以下简称《普铁维规》)中"贯彻执行上级有关规章、标准和制度"的规定不符。附加悬挂正馈线断线如图 3-1 所示。

(a) 断头

(b) 现场全貌

图 3-1　附加悬挂正馈线断线

第十三条　供电段供电车间、检测车间和维修车间及工区的设置原则。

供电车间管辖运营里程以 120~180 km 为宜,枢纽地区宜单独设置。供电车间下设运行工区。

运行工区管辖运营里程以 40~60 km 为宜,山区、隧道密集区段可适当缩小,接触网运行工区单方向管辖距离不宜超过 30 km,枢纽及区段站可单独设置。

检测车间一般设置在供电段所在地。检测车间可按照 6C 系统的运用、维护和数据分析等职能设置检测工区。

维修车间承担的维修任务以单线区段不超过 500 延展条公里、双线区段不超过 1 200 延展条公里为宜。维修车间下设维修工区,一般设在维修车间所在地,根据管辖范围可在异地增设。

第十四条　供电车间、检测车间和维修车间主要职责:

供电车间负责日常运行管理和应急处置,组织接触网一级修(临时修),跟踪验收维修质量。

检测车间负责供电段 6C 系统综合数据处理中心工作,以及供电段

6C 系统检测装置的维护、运用、管理和检测数据分析。普速铁路供电安全检测监测装置配置标准见附件 1。

维修车间负责接触网二级修(综合修)工作,采用集中修方式组织实施。

第十五条　接触网运行工区、检测工区、维修工区主要职责:

运行工区:负责接触网设备日常运行管理,主要是一级修(临时修)、巡视检查、单项检查、非常规检查、施工配合和应急处置等,对接触网悬挂状态检测监测装置(4C)检测数据的全面分析,对二级修(综合修)结果进行质量验收。

检测工区:负责 6C 装置的运用、维护,并对 6C 系统检测数据进行分析,为设备维修提供依据。

维修工区:按照月度维修计划,负责接触网设备全面检查、二级修(综合修)和专项整治。

第二节 设备接管

第十六条　接触网设备开通运行前,应按规定进行检查验收,符合下列条件方可接管运行:

(一)接触网设备经过验收具备送电开通条件。

(二)危及供电安全的树木清理、35 kV 以下跨越线迁改、侵限建筑物拆除均已完成,接触网设备已采取必要的防鸟措施。

(三)供电段、车间及工区的房屋、水电、通信、网络、道路和供暖等生产、生活设施已竣工,并交付使用。

(四)供电段、车间、工区开展检测、维修以及抢修工作所需的工机具、材料等配备齐全。车间、工区主要工机具配置标准见附件 2、附件 3。

(五)供电段应配备接触网抢修车列、绝缘子水冲洗车。运行和维修车间(或工区)应修建车辆停留线及配套车库。停留线具备车辆日常保养、维护、维修和随时出动抢修条件。

(六)铁路局、供电段收到开通所需的竣工文件和技术资料。

【案例1】列车运行到站内发生弓网故障停车。原因为新线引入既有线,改造区段开通前不做冷、热滑试验,加之没有测量改造后的线岔参数,列车通过时运行方向右侧的线岔非工作支接触线抬高不足发生弓网故障。

【案例2】列车通过车站上行8道N62号线岔时发生弓网故障,原因为未在设备改造到位的情况下进行了设备验收。当日供电段配合施工单位在此处进行了软横跨更换,在接触网设备尚未细调完毕,N62线岔尚处于负载状态的情况下进行了开通前的线岔参数测量,导致数据错误,开通后发生弓网故障。

【案例3】列车经车站6/8号岔间渡线运行至下行正线时进入无网区。开通前供电段虽然组织了接触网平推验收,参加了接触网冷、热滑试验,但未对照设计图进行设备验收,未及时发现施工工程完成数量与设计图不一致的情况,且开通前的接触网冷、热滑试验也未全覆盖,设备验收开通存在漏项。

【案例4】K818+180 m处接触网吊弦脱落导致通过列车受电弓自动降弓。原因为吊弦防松措施不到位。在设备厂家"接触网零件安装使用手册"和设计图纸的整体吊弦安装图均明确有止动垫圈的情况下,设备厂家生产提供的接触网整体吊弦没有防松止动垫圈,供电段在开通前静态验收时曾发现此问题,但是没有督促施工单位改正,造成没有防松止动垫圈的吊弦在接触网上运行,脱落后击打受电弓。

【案例5】区间桥梁外侧的一棵杨树倒伏后树梢触及斜腕臂,造成接触网跳闸,影响供电31 min。原因为新线开通时危及供电安全的树木未清理完毕,剩余5 745棵倒伏后影响供电的危树未清理,与《普铁维规》中"接触网设备开通运行前……危及供电安全的树木清理已完成"的规定不符。汛期大风降雨天气下,一处危树倒伏后影响供电。危树倒伏现场如图3-2所示。

【案例6】电气化改造开通3个月后,上跨铁路的民用220 V电力线断落,搭接到接触网上,造成承力索断线,构成铁路交通一般C类事故。原

图 3-2 危树倒伏现场

因是新线开通不符合要求，断落的 220 V 跨越线在电气化改造前已存在，联调联试期间供电段曾发现该处 220 V 跨越线并纳入问题库，但是开通前未进行迁改，与《普铁维规》中“接触网设备开通运行前……35 kV 以下跨越线迁改均已完成”的规定不符。跨越线情况及断落的 220 V 电力线如图 3-3 所示。

（a）跨越线情况（未断前）　（b）断落的220 V电力线

图 3-3 跨越线情况及断落的 220 V 电力线

【案例 7】机务段 J11 道分段绝缘器吊弦从下部断开，接触网工区带至现场的分段绝缘器与待恢复的分段绝缘器型号不一致，延长了故障抢修用时。原因为工区未储备与故障分段绝缘器同型号的抢修料，与《普铁维规》中“工区开展检测、维修以及抢修工作所需的工机具、材料等配备齐全”的规定不符，反映出抢修料具配备不全的问题。

【案例 8】大雾天气 K145+085 m ~ K159+677 m 间 7 支绝缘子连续发生污闪，影响供电 135 min。故障发生后调查发现，该段未配备绝缘子水冲洗车，也未配备绝缘子附盐密度测试装置及其他绝缘检测工具，与《普铁维规》中“供电段应配备接触网抢修车列、绝缘子水冲洗车”的规定不符，加之邻近铁路的污染源（大型钢铁冶炼企业）排查不到位，在大雾天气下多支绝缘子发生污闪。

由于施工单位不按照设计图纸、工艺标准施工，设备单位开通前不认真验收，发生过多起安全问题。铁路供电设备运行维修单位在开通前应严格进行设备验收。

【案例 1】车站“接触网终点”标示牌吊索从承力索吊环连接处疲劳折断，标示牌歪斜，被通过的列车司机发现。原因是新线开通未依据设计图验收。歪斜的“接触网终点”标示牌的固定吊索使用截面积 10 mm^2 铜绞线（7 股、49 丝）安装，不符合设计图中“固定吊索应采用的 ϕ4.4 铜包钢线”的安装工艺标准。标示牌折断现场如图 3-4 所示。

图 3-4　标示牌折断现场

【案例 2】接触网定位器尾部拉线断裂，定位器侵入受电弓动态包络线，击打通过列车受电弓后发生弓网故障。原因为新线开通未依据设计图验收，设计图中软定位尾部拉线采用 ϕ6.0 不锈钢丝绳，施工采用 ϕ4.0

铁线，且在设备开通验收和日常运行维修中均未发现与设计图不符的隐患。现场如图 3-5 所示。

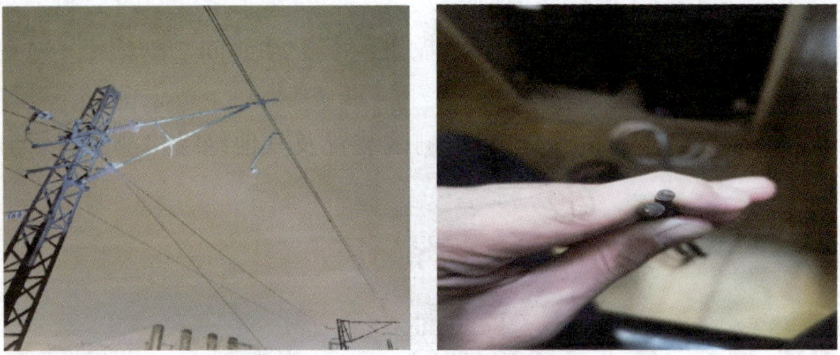

（a）尾部拉线断裂　　（b）拉线断口

图 3-5　现场

【案例 3】隧道内接触网下锚坠砣防护挡板下部固定螺栓脱落，挡板下部拼接部位开裂，列车司机发现后及时进行了处置。原因为施工不符合设计图纸要求，相比设计，施工的防护挡板缺少纵向固定钢条，防护挡板固定不牢固，运行中防护挡板发生开裂、翘起。现场、设计防护挡板如图 3-6 所示。

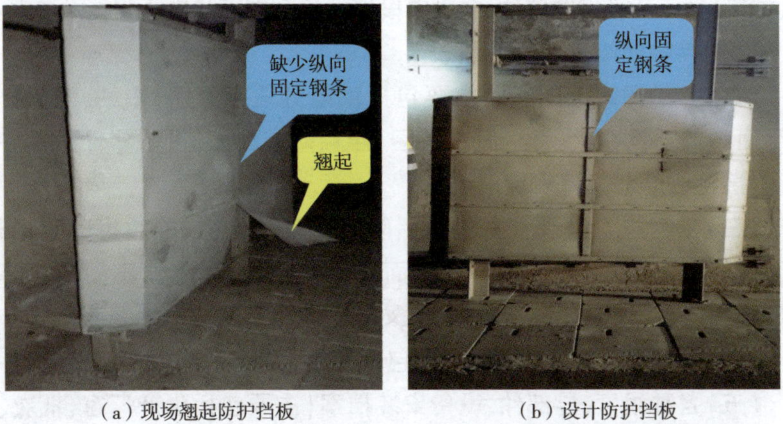

（a）现场翘起防护挡板　　（b）设计防护挡板

图 3-6　现场、设计防护挡板

【案例4】供电段集中修作业过程中发现下行1033号接触网支柱定位线夹断裂,使用数显力矩扳手校核发现断裂定位线夹的紧固力矩为105 N·m,为安装作业指导书规定25 N·m的4.2倍。原因为施工单位在安装定位线夹时,违规使用普通扳手代替力矩扳手,造成紧固力矩过大。定位线夹断裂如图3-7所示。

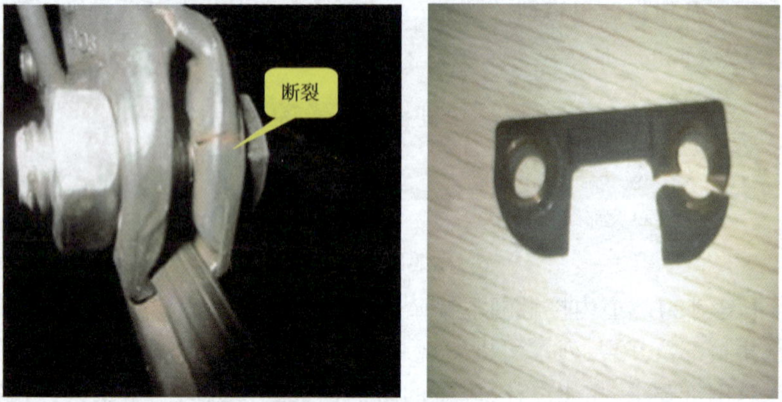

图3-7 定位线夹断裂

第十七条 **接触网设备开通前,资产管理单位(或建设单位)应组织设计、施工、供应商等相关单位,向供电段提供下列书面和电子版技术资料:**

(一)接触网竣工工程数量表。

(二)接触网竣工图纸。主要包括供电分段示意图,车站、区间接触网平面布置图,供电线路平面布置图,接触网装配图,设备零件图及安装曲线,接触线磨耗换算表等。

(三)工程施工记录。主要包括隐蔽工程记录,锚栓拉拔试验记录,轨面标准线记录(主要包括支柱侧面限界、外轨超高等),不同电压等级附加导线、引线、接触悬挂等线索交叉时的最小间距及对地距离等。

(四)每根支柱装配图表(主要包括定位、支持装置、吊弦等)。

(五)各种线索、零部件、设备安装档案(主要包括生产厂家、批次、安装地点和安装时间等)。

(六)设备、零部件、金具、器材的技术规格、合格证、出厂试验记录和试验报告、安装维护手册(使用说明书),承力索、接触线、绝缘部件及接触网零部件等抽样检验报告,电缆相关资料(主要包括电缆及附件合格证、出厂试验报告、现场试验报告、电缆清册、电缆路径图等)。

(七)项目可行性研究、初步设计及其批复文件、施工设计(含变更设计)、图纸及审核意见资料。

(八)设备招标技术规格书、采购的产品供应合同以及施工单位工程质量保证合同。

(九)上跨接触网电线路(主要包括上跨电线路名称、位置、电压等级、上跨线高度、产权单位及联系方式等)、跨越接触网的构筑物(主要包括构筑物名称、位置,最近的构筑物墩距线路中心的距离,接触网带电部分距构筑物最小距离、产权单位及联系方式等)有关资料。

(十)开通前最后一次接触网几何参数静态测量数据、波形图,动态检测波形图及检测报告。

【案例 1】站内接触网锚柱拉线 2 根化学锚栓抽出。原因为隐蔽工程施工不到位,施工单位未按施工工艺标准进行化学锚栓施工,施工打孔后清孔不到位,同时也未按规定对每个化学锚栓进行检查和拉拔试验,造成螺栓黏合不良,导致锚栓抽出。化学锚栓抽出如图 3-8 所示。

图 3-8 化学锚栓抽出

【案例 2】车站下行接触网过渡下锚支柱倾倒,中断行车 118 min。原因为隐蔽工程施工不到位,17 号接触网支柱使用锚板拉线形式下锚,U 形拉环间距 140 mm,拉线锚板两孔间距 120 mm,U 形拉环与拉线锚板不匹配,相差 20 mm。施工单位施工过程中一根拉环未穿入锚板,暴雨天气下拉线抽脱,引起接触网支柱倾倒。支柱倾倒如图 3-9 所示。

(a) 支柱倾倒

(b) 拉环与锚板不匹配

图 3-9　支柱倾倒

【案例 3】458 号接触网支柱处 FQX-25/120 型复合承力索隔断绝缘子断裂,中断接触网供电 92 min。供货商未能提供该批次绝缘子接触网零部件检验报告,属于不符合《普铁维规》要求的产品。断裂绝缘子如图 3-10 所示。

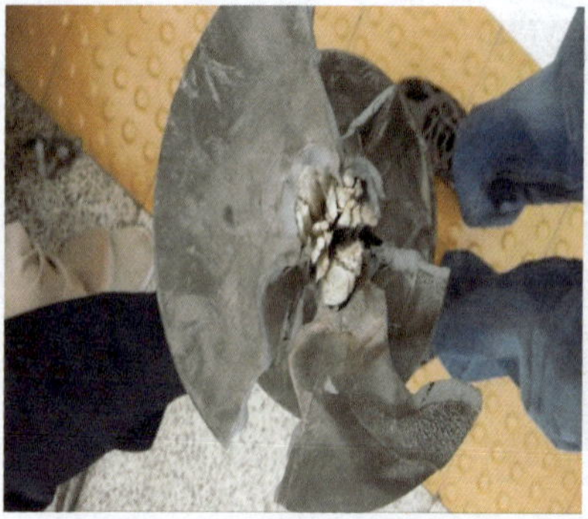

(a) 伞裙处

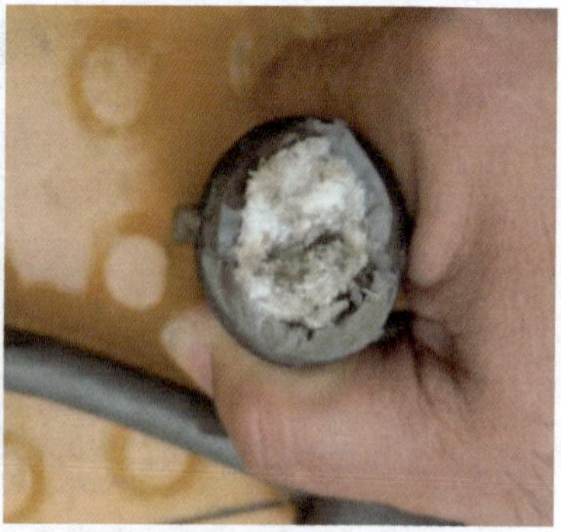

(b) 金具处

图 3-10　断裂绝缘子

【案例 4】接触网锚柱弹簧补偿器失效后引起接触网参数变化，造成通过列车发生弓网故障，受电弓损坏，接触网断线，构成铁路交通一般 C 类事故。事故弹簧补偿器的产品试验报告在其安装后的第 5 个月进行，属于先上线后检验，不符合产品上线运行要求。

【案例 5】区间上跨电力线脱落后搭在上下行接触网上，造成变电所跳闸，影响供电 93 min。造成故障抢修用时较长的原因之一为上跨铁路电力线路的台账不准确，联系人及联系方式有误，与《普铁维规》规定不符，故障发生后与产权单位联系不畅，延长了应急处置时间。电力线脱落现场如图 3-11 所示。

图 3-11 电力线脱落现场

【案例 6】区间上跨电力线避雷线断落搭接到接触网上，造成接触网跳闸承力索烧伤，影响供电 194 min。造成故障抢修用时较长的原因之一为上跨铁路电力线路的线路名称、产权单位、联系台账均不准确，台账为 ZQ 线，实际为 HQ 线，故障发生后与产权单位联系不畅，延长了应急处置时间。避雷线断落现场如图 3-12 所示。

（a）现场

（b）全貌（未断前）

图 3-12　避雷线断落现场

《铁路建设项目供电工程提前介入及运营接管指导意见》（工电供电函〔2022〕57 号）规定设备管理单位“参与设计方案审查、主要技术规格书审查、技术交底等，提出意见和建议”。设备管理单位应对设计方案进行认真审查，发现问题督促改正。因为设计方案不合理，发生过多起安全问题。

【案例 1】台风天气下，某跨海特大桥接触网支柱共倾斜倒伏 208 根。原因为设计时对台风地带自然环境考虑不周，台风时最大阵风强度超过接触网支柱的容量能力，造成支柱发生弯曲、变形、结构失稳。倒伏现场及恢复后设备如图 3-13 所示。

（a）倒伏现场

（b）设备恢复

图 3-13　倒伏现场及恢复后设备

【案例 2】在接触网上安装的避雷器本体脱落过程中砸断下部瓷质支持绝缘子,造成避雷器引线及避雷器本体、支持绝缘子垂落在线路上方,幸好被邻线通过列车发现,反映出设计时避雷器支撑绝缘子安装方式不合理的问题。避雷器安装情况及脱落现场如图 3-14 所示。

(a)脱落前　　(b)脱落现场

图 3-14　避雷器安装情况及脱落现场

【案例 3】隧道内正馈线供电电缆绝缘不良发生击穿故障。原因之一为电缆设计不合理,电缆安装在隧道壁顶部位置,采用化学锚栓固定,不易日常检查维护和故障处置,且存在脱落后击打列车安全风险。现场如图 3-15 所示。

【案例 4】大风天气下,站内 45~47 号接触网支柱跨中双支正馈线与 46 号雨棚柱距离不足发生跳闸,正馈线断线。原因为设计不合理,46 号雨棚柱没有安装正馈线支撑,大风情况下跨中正馈线与 46 号雨棚柱绝缘距离不足。放电痕迹及现场示意如图 3-16 所示。

【案例 5】正馈线引下线与避雷线距离不足,在大风情况下跳闸,烧断避雷线。原因为设计不合理,故障点避雷线在支柱侧面安装,正馈线引下线在田野侧从避雷线下方通过长大引线跨过避雷线连接至上方横跨线索,中间未采取固定措施,在大风情况下距离不足发生跳闸。避雷线断线示意如图 3-17 所示。

（a）整体

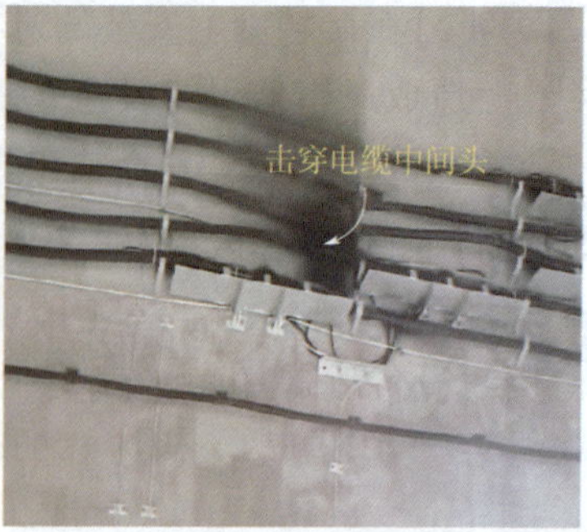

（b）电缆击穿处

图 3-15　现场

（a）雨棚柱放电痕迹

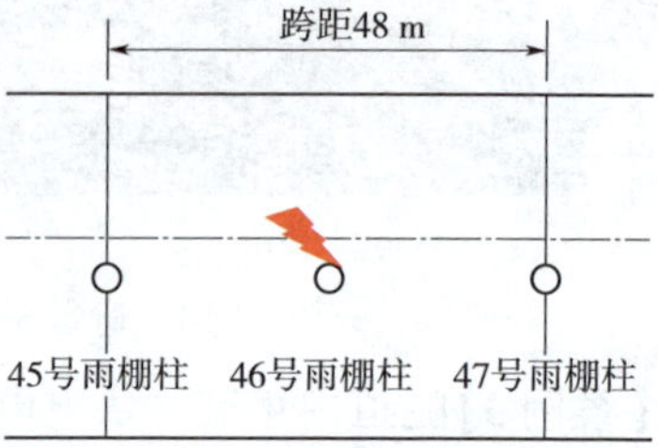

（b）现场示意

图 3-16　放电痕迹及现场示意

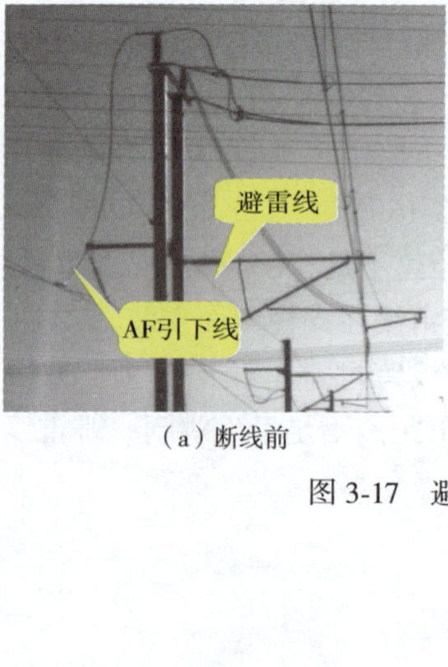

（a）断线前

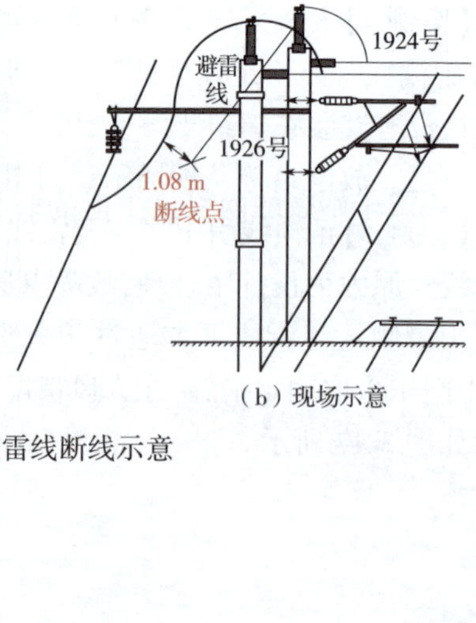

（b）现场示意

图 3-17　避雷线断线示意

第十八条　接触网设备投入运行前，供电段要做好运行准备工作，配齐并培训运行维修人员，组织学习有关规章制度，熟悉即将接管的设备；配合有关部门共同做好电气化铁路安全知识的宣传教育工作。

【案例】连接正线和专用线的 CTQ（接触网故障智能切除装置）故障误分，接触网停电 203 min。原因为新投入运行接触网设备失管。为智能切除专用线设备故障，供电段在专用线和正线连接的接触网设备上安装了 CTQ，但是未建立设备管理制度和应急预案，与《普铁维规》中“接触网设备投入运行前……组织学习有关规章制度”的规定不符，自设备安装投运以来一直处于失管状态，以至 CTQ 设备发生故障后手忙脚乱，影响接触网设备供电。CTQ 故障误分如图 3-18 所示。

（a）全景　　（b）CTQ误分

图 3-18　CTQ 故障误分

第十九条　为保证电气化区段的可靠供电，一般不得从接触网上引接非牵引负荷。对当地车站无电源，只能利用接触网供电者，经铁路局批准可允许由车站接触网引接少量的非牵引负荷，供电段与使用单位应明确分界，各自对分管设备加强管理，认真维护保养，确保接触网的正常供电。

【案例】接触网支柱处红外副电源变压器台上网点处承力索从铝质并沟线夹处断线，构成铁路交通一般 C 类事故。原因为上网点铝质并沟线夹与铜承力索之间未采取过渡措施，铝质并沟线夹与铜承力索直接接触，不同材质之间发生腐蚀断线，反映出引接非牵引负荷时施工不规范，日常设备管理不到位的问题。承力索断线如图 3-19 所示。

图 3-19　承力索断线

第二十条　为保证接触网与线路的相对位置，应在接触网支柱的线路侧或站台侧墙、隧道一侧的边墙上标出轨面标准线。

在电气化铁路竣工时，由施工单位标出轨面标准线，开通前由供电、工务单位共同复查确认。有砟轨道每年对轨面标准线复测一次，复测结果与原轨面标准线误差不得大于±30 mm。特殊情况需调整轨面标准线时，由供电、工务部门共同确认，并经铁路局批准。供电段负责轨面标准线的日常管理，保持其清晰醒目。

【案例 1】列车通过上行线 K1342+417 m 处隧道时，受电弓与回流线瞬间安全距离不足，发生接触网跳闸。工务应急人员将该处轨道向曲线外侧拨动约 30 mm，供电应急人员将回流线调整 300 mm 后恢复正常行车，累计影响行车 124 min，构成铁路交通一般 D 类事故。原因是供电段与工务段之间轨面标准线管理配合不到位，事故地点隧道内道床整体抬高及线路的超高每年都有变化，线路中心线与隧道中心线已偏移了 231 mm，供电段对变化不掌握，接触网参数变化也未做对比分析，未能及时发现存在的安全隐患。

【案例2】综合检测车运行至区间 K2+702 m 处发生弓网故障，连续两处接触网吊弦被刮断，受电弓被打坏。原因为施工单位在未通知供电段配合的情况下，对轨道参数进行了调整，钢轨外轨超高增加了 68 mm，支柱侧面限界增加了 61 mm，加之处于曲线，导致 331 号接触网支柱拉出值达到 802 mm，远超接触线拉出值限界值（450 mm），以致发生弓网故障。弓网故障现场如图 3-20 所示。

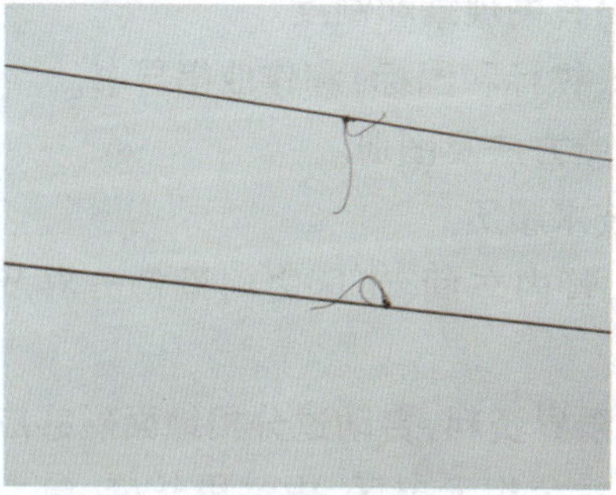

（a）刮断的吊弦

（b）刮坏的受电弓

图 3-20　弓网故障现场

第二十一条　位于轨道侧的回流装置维修分工如下：

吸上线与扼流变压器连接时，连接板（端子）由电务段负责，连接板（端子）上的螺栓和吸上线由供电段负责。

吸上线与钢轨相连接时，吸上线及其与钢轨连接的附件由供电段负责。供电部门作业，必要时工务、电务部门派人配合。

第二十二条　接触网远动隔离开关维修分工如下：

引入被控站的通信光缆及通信光缆配线架（盒），以被控站通信配线架（盒）的活动连接器为分界点。活动连接器（含）至通信设备由通信段负责，活动连接器（不含）至供电设备的跳纤、尾纤等由供电段负责。

第二十三条　根据线路等级、专业技术力量、生产力布局、劳动力现状、设备运行状态、经济技术效益等实际情况，对部分设备、作业项目和线路，可实施委托维修或管理。

第三节 技术管理

第二十四条　在接触网投入运行时,供电段应建立正常的生产秩序,制定并落实各项制度,备齐技术文件和资料,建立各项原始记录,按时填报台账报表。供电段技术主管部门应有下列技术文件和资料:

(一)国家铁路局、总公司、铁路局有关规章和制度。

(二)接触网设备有关标准(企标、铁标和国标)和作业指导书。

(三)接触网零部件技术条件、试验方法及图册。

(四)一杆一档管理台账和设备技术履历。

(五)与相关单位设备分界协议,管内车间、工区之间设备分界及各专业分工规定。

(六)供电 LKJ 数据和设备建筑限界资料,自动过分相地面磁感应装置,分相断电标、合电标的位置,关节式分相无电区、中性段长度,电力机车、动车组禁停标位置资料。

(七)第十七条规定的技术资料。

(八)供电段有关制度、办法和措施。

【案例 1】供电段人员天窗点外上线处理桥底冰柱时,冰柱下落瞬间与承力索发生短路跳闸,烧断承力索,构成铁路交通一般 C 类事故。原因是作业指导书内容不完善,供电段作业指导书中对什么情况下可以利用间接带电作业除冰、什么情况下必须利用停电作业除冰没有明确规定。断线地点上跨桥底面距接触网承力索最小净空高度虽然为 413 mm,但除冰绝缘杆与除冰头连接处有 150 mm 金属连接,间接缩短了上跨桥底距离承力索的距离,在除冰作业过程中发生跳闸。处理桥底冰柱如图 3-21 所示。

【案例 2】环节吊弦脱落后挂在机车受电弓交叉杆上,加之司机操作不当,造成接地跳闸烧断接触线,构成铁路交通一般 C 类事故。原因为供电段设备技术履历不全,供电段未建立环节吊弦的设备技术履历,对环节吊弦具体数量、安装日期、锈蚀和磨损程度等不掌握,与《普铁维规》中

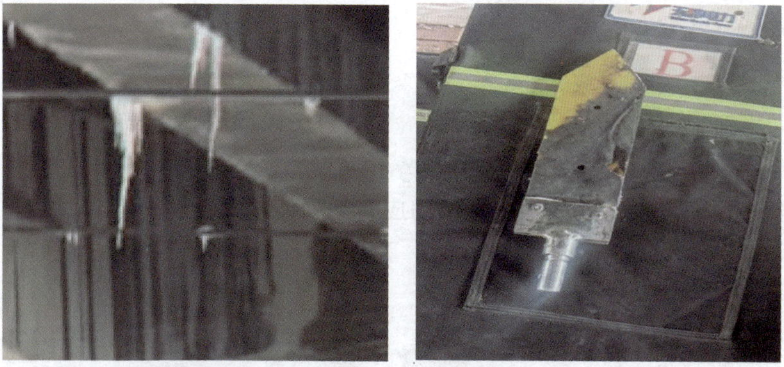

（a）现场冰柱　　（b）作业工具

图 3-21　处理桥底冰柱

“供电段技术主管部门应有下列技术文件和资料……一杆一档管理台账和设备技术履历”的规定不符。事故后巡视发现列车运行径路内存在 5 处环节吊弦缺失的现象，供电段日常运行维修均未发现，设备管理存在死角死面。环节吊弦脱落现场如图 3-22 所示。

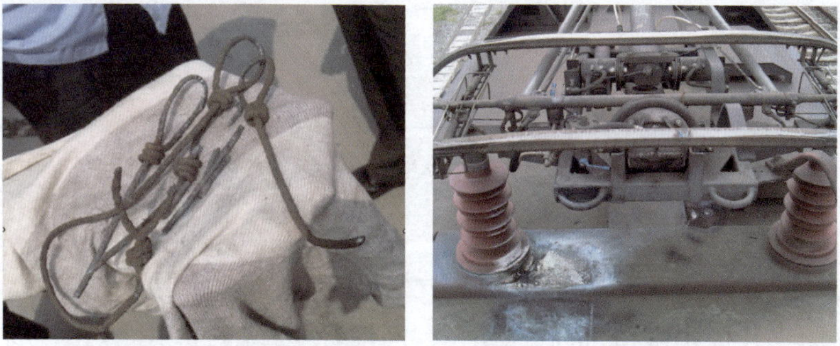

（a）脱落的环节吊弦　　（b）车顶放电痕迹

图 3-22　环节吊弦脱落现场

【案例 3】列车带电通过下行分相，造成分相两端馈线断路器跳闸，导致非工作支接触线断线，影响供电 182 min，构成铁路交通一般 C 类事故。原因是供电段提供的分相 LKJ 数据不准确，车载 ATP 中的分相数据与现场实际不一致，导致列车过分相时未断开主断路器。断线现场如图 3-23 所示。

（a）接触线烧断　　（b）吊弦烧断

图 3-23　断线现场

第二十五条　接触网车间、工区应分别备有下列技术资料：

序号	技术资料名称	供电车间	运行工区	检测车间	检测工区	维修车间	维修工区
1	供电分段示意图	√	√	√	√	√	√
2	管辖范围内的接触网平面布置图、装配图、安装曲线	√	√	√	√	√	√
3	接触网“一杆一档”	√	√	√	√	√	√
4	作业指导书	√	√	√	√	√	√
5	电分段、电分相结构图	√	√	√	√	√	√
6	上跨接触网电线路、构筑物有关资料	√	√	√	√	√	√
7	隔离（负荷）开关、避雷装置、绝缘器等设备安装调试、使用说明等	√	√			√	√

续上表

序号	技术资料名称	供电车间	运行工区	检测车间	检测工区	维修车间	维修工区
8	设备和工具试验记录	√	√		√	√	√
9	有机绝缘部件寿命管理记录	√	√				
10	接触网外部环境有关资料(防洪重点处所、周边污染源、危树等)	√	√	√	√		
11	接触线磨耗换算表	√	√	√	√	√	√
12	轨面标准线记录	√	√	√	√		
13	有关隐蔽工程记录	√	√				
14	管内设备更新改造情况记录(包括时间、地点、更新改造内容、质量评定等)	√	√				
15	供电 LKJ 数据和设备建筑限界资料	√	√				
16	自动过分相地面磁感应器资料	√	√				
17	接触网几何参数静态测量数据、波形图	√	√	√	√	√	√
18	接触网设备履历	√	√	√	√	√	√
19	作业门、可调用视频资料的探头位置	√	√	√	√	√	√

第二十六条　接触网运行维护应根据环境、气候特点,针对风、洪(雨)、雷、冰、污(雾)闪、锈蚀、鸟害、异物、危树等影响供电安全的外部环境因素,建立有效机制,减少对接触网设备运行安全的影响。

接触网设备在露天、隧道里设置,且无备用,十分容易受到风、洪(雨)、雷、冰、污(雾)闪、锈蚀、鸟害、异物、危树等外部环境问题的影响。

(1)风、洪(雨)等天气影响接触网设备运行案例

【案例1】夏季汛期暴雨天气下,山洪灾害造成某山区铁路接触网设

备损坏严重。接触网设备损坏现场如图 3-24 所示。

图 3-24　接触网设备损坏现场

【案例 2】冬季冻雨天气下接触网线索覆冰后发生舞动,正馈线在舞动过程中,杵头鞍子从正馈线绝缘子杵座处脱出。杵头鞍子脱出如图 3-25 所示。

（a）现场　（b）杵头鞍子和绝缘子杵头

图 3-25　杵头鞍子脱出

【案例 3】冬季沙尘、大风和降雪叠加的极端天气,沙尘和积雪的混合物落在绝缘子上,发生接触网大面积跳闸。接触网大面积跳闸如图 3-26 所示。

（a）绝缘子闪络放电

（b）积雪和沙尘混合物

图 3-26 接触网大面积跳闸

(2)雷击影响接触网案例

【案例 1】变电所 211 号馈线跳闸，查看视频发现直击雷落在接触网设备上，现场检查发现供电线支柱绝缘子雷击击碎。雷击及击碎的绝缘子如图 3-27 所示。

（a）雷击落下

（b）击碎绝缘子

图 3-27 雷击及击碎的绝缘子

【案例 2】变电所 211 号馈线跳闸，重合成功。查看视频发现直击雷落在接触网设备上，供电段现场检查发现区间正馈线对向下锚绝缘子雷击闪络。雷击及闪络绝缘子如图 3-28 所示。

（a）雷击落下　　（b）闪络绝缘子

图 3-28　雷击及闪络绝缘子

(3)冰雪影响接触网案例

【案例 1】春季车站雨棚积雪融化后，杂质混入雪水滴落至站内接触网绝缘子上，绝缘强度下降后发生接触网跳闸，影响供电 120 min。跳闸现场如图 3-29 所示。

图 3-29　跳闸现场

【案例 2】雨雪冰冻天气下，接触线上形成一层覆冰，电力机车运行时受流不畅，如图 3-30 所示。

（a）接触线覆冰

（b）受电弓拉弧

图 3-30 电力机车运行受流不畅

【案例 3】冬季动车组列车由寒冷地段行至 0 ℃以上地段时，车顶覆冰融化，附着力降低，覆冰脱落后将沿线两处定位器打弯变形，如图 3-31 所示。

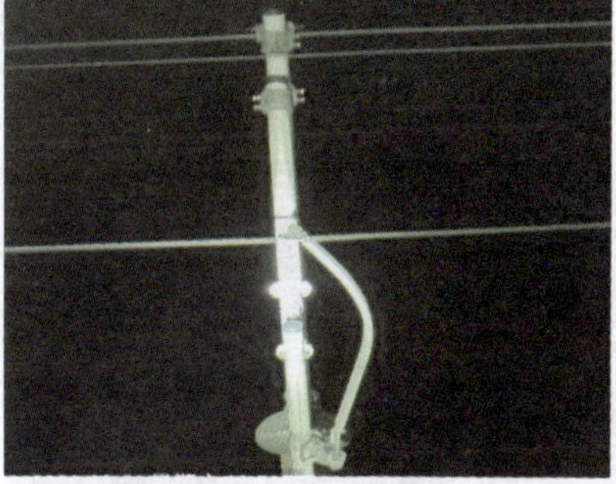

（a）定位器变形

（b）车顶覆冰

图 3-31 覆冰脱落将定位器打弯变形

（4）污（雾）闪影响案例

【案例】大雾小雨天气下，上下行线 K637+400 m～K640+400 m 间 14 支绝缘子击穿、66 支绝缘子闪络，累计影响供电 657 min。原因为线路南侧有陶瓷、化工、建筑材料等 86 家污染企业，向大气中排放大量的粉尘，附着在接触网绝缘子上，加之当日大雾小雨天气，空气湿度大，导致绝缘强度下降发生大面积污闪。接触网绝缘子击穿故障如图 3-32 所示。

（a）平斜腕臂绝缘子击穿后炸裂

（b）正馈线绝缘子击穿后炸裂

图 3-32　接触网绝缘子击穿故障

(5)锈蚀影响接触网案例

【案例 1】供电段在新线建设提前介入中发现 H 形钢柱锈蚀、棘轮补偿装置平衡轮锈蚀等问题，及时督促进行了更换。H 形钢柱、平衡轮锈蚀如图 3-33 所示。

（a）H形钢柱锈蚀

（b）平衡轮锈蚀

图 3-33　H 形钢柱、平衡轮锈蚀

【案例 2】车站接触网钢柱因主角钢锈蚀发生形变，支柱倾斜影响行车。钢柱锈蚀倾斜如图 3-34 所示。

（a）钢柱倾斜

（b）锈蚀主角钢

图 3-34 钢柱锈蚀倾斜

(6)鸟害影响接触网设备运行安全案例

鸟窝处置不及时，轻则发生接触网跳闸影响运输，重则造成接触网断线，从事接触网运行维修单位应强化鸟窝风险的管控。

【案例 1】车站接触网吊柱上方硬横梁鸟窝处理不及时，树枝掉落后与非工作支承力索放电跳闸，造成非工作支承力索烧断 8 股。断股承力索如图 3-35 所示。

图 3-35 断股承力索

【案例 2】车站接触网吊柱平腕臂上方硬横梁处的鸟窝树枝下垂后与非工作支承力索放电，造成承力索机械强度降低后发生断线，构成铁路交通一般 C 类事故。断线应急抢修情况如图 3-36 所示。

图 3-36　断线应急抢修情况

安装在接触网设备上的驱鸟器、驱鸟刺、防鸟网等驱鸟装置的日常维护也不可忽视。

【案例 1】硬横梁上安装的风车式驱鸟器坠落后击打通过列车前窗玻璃。原因为供电段为防治鸟害在接触网设备上安装了风车式驱鸟器，但安装的驱鸟器缺少防坠落措施，驱鸟器螺栓松动后脱落击打通过列车。

【案例 2】车站硬横梁防鸟网绑扎不牢，绑扎铁丝脱落后与通过列车车顶距离不足放电跳闸，如图 3-37 所示。

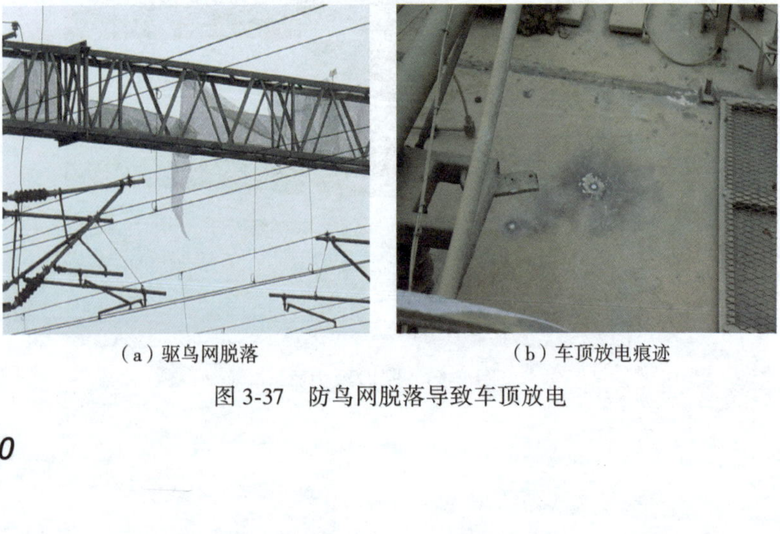

（a）驱鸟网脱落　　（b）车顶放电痕迹

图 3-37　防鸟网脱落导致车顶放电

(7)危树影响接触网设备运行安全案例

【案例 1】大风降雨天气下,区间危树倒伏在上下行接触网上,导致接触线、承力索、回流线断线,影响供电 212 min。区间危树倒伏现场如图 3-38 所示。

图 3-38　区间危树倒伏现场

【案例 2】距接触网设备 3.5 m 的一棵 11.5 m 高的树木倒伏后造成机务折返段 8 道承力索断线,构成铁路交通一般 C14 事故,影响供电 105 min,追究供电段次要责任。原因为已知危树隐患处置不及时,倒伏树木距离接触网较近且根部大部分树干已枯死,存在倾倒隐患,供电段和机务段(产权单位)均排查发现了此隐患,但一直未处置,没有做到将把隐患消除在事故发生之前。树木倒伏导致承力索断线如图 3-39 所示。

(a)树干枯死　　(b)接触网断线

图 3-39　树木倒伏导致承力索断线

(8)异物影响接触网设备运行安全案例

【案例 1】建筑工地上一块 40 m×15 m 的防尘网被大风吹到站内接触网上,影响列车 14 列。接触网上防尘网如图 3-40 所示。

图 3-40　接触网上防尘网

【案例 2】距铁路线路 50 m 的一块 5 m×45 m 的塑料布被大风吹到区间上下行接触网上,影响列车 8 列。接触网上塑料布如图 3-41 所示。

图 3-41　接触网上塑料布

【案例 3】铁路沿线一块 60 m×8 m 葡萄架防鸟网被大风吹到区间上下行接触网上，影响列车 12 列。接触网上防鸟网如图 3-42 所示。

图 3-42 接触网上防鸟网

【案例 4】距铁路线路 30 m 的广告牌上的广告布因固定不牢，被大风吹到上下行接触网上，影响行车 80 min。接触网上广告布如图 3-43 所示。

图 3-43 接触网上广告布

鸟窝、异物、雷击等虽然有一定的外部环境因素，但在应急处理过程中，从事接触网设备运行维修单位要贯彻“先行供电”“先通后复”“先通一线”等抢修原则，准确进行故标位置判断，及时出动进行故障抢修。若处理时间过长，可能构成事故。

【案例 1】车站Ⅱ道 48 号接触网吊柱硬横梁处鸟窝树枝与承力索短

接,重合、试送均失败,在故障处置过程中,巡视人员多次经过跳闸地点未发现跳闸点,影响供电 144 min,构成铁路交通一般 D21 事故。

【案例 2】区间接触网支柱上安装的避雷器被雷击击穿,平腕臂绝缘子被击碎两片,供电段在故障抢修过程中,因为变电所值班员跳闸故障测距数据读取错误、轨道车抢修出库时间太长、车站"运统-46"登记不熟练等原因,造成整个故障抢修累计用时 185 min,构成铁路交通一般 D21 类事故。

在外部环境巡视和隐患处置过程中,要全面研判安全风险,落实作业相关规定,确保作业安全。

【案例 1】供电段组织园林绿化工程有限公司对铁路栏栅外一棵高 21 m、距离线路中心 16.8 m 的桉树进行砍伐时,没有控制好树木倾倒方向,造成砍伐的桉树倒向线路侧,树干压在铁路栅栏上方,树梢触碰承力索放电造成接触网跳闸,导致通过的列车紧急停车,构成铁路交通一般 D 类事故。

【案例 2】供电段接触网工用电锯处理上行侧路堑上 1 棵刺槐树,树木倾倒过程中,树梢扫过 27.5 kV 加强线,接触网工触电倒地,抢救无效死亡,构成铁路交通一般 B 类事故。

【案例 3】大风天气下,彩钢板(6 m×1.5 m)被大风吹到接触网上,抢修过程中发生两起人身伤害。一是抢修人员从高空将彩钢板扔下,受风力影响彩钢板下落轨迹发生偏离,砸中 1 名抢修人员;二是地线撤除后,违规指挥 1 名抢修人员登车梯检查正馈线是否存在烧伤断股,在该抢修人员一手触碰正馈线、一手抓车梯时,感应电将其从高空击落。抢修现场如图 3-44 所示。

图 3-44　抢修现场

第二十七条　供电段技术主管部门、车间、工区相关人员应定期对技术资料进行检查，并不断修订完善，确保技术资料完整准确。

【案例】区间接触网跳闸，重合失败。故障抢修指挥小组指挥工区职工打开车站101号接触网隔离开关，缩小停电影响范围。抢修人员到达现场后发现101号隔离开关已拆除。原因为2年前站改时将此处隔离开关进行了拆除，但未对图纸进行修改，与《普铁维规》中“定期对技术资料进行检查，并不断修订完善，确保技术资料完整准确”的规定不符，关键时影响了故障抢修。

第二十八条　接触网使用的工器具、仪器仪表，应由具有资质的机构按规定进行检定或校准。

第二十九条　接触网设备统计单位包括运营里程、正线公里、接触网延展公里、接触网换算公里。

运营里程指线路起点至终点之间的距离，为起、终点公里标之差。单位：公里。

正线公里指正线线路的延展长度之和。单位：公里。

接触网延展公里指接触网接触导线长度之和。单位：条公里。

接触网换算公里指将接触网不同设备按照系数换算为线条公里的数量总和。单位：换算条公里。

换算公里数量＝∑（设备数量×换算系数）。各设备及部件的换算系数为：

序号	设备及部件名称	单位	换算系数
1	正、站线接触网延展公里	公里	1.00
2	隧道内（含桥梁）悬挂延展公里另增	公里	0.30
3	附加导线延展公里（供电线、回流线、架空地线、避雷线）	公里	0.20
	附加导线延展公里（正馈线、保护线）	公里	0.40
	附加导线延展公里（双正馈线、保护线）	公里	0.60
4	高压电缆	公里	0.80

续上表

序号	设备及部件名称	单位	换算系数
5	限界门	处	0.15
6	线岔(交叉)	组	0.12
	线岔(无交叉)	组	0.25
7	隔离开关(手动)	台	0.12
	隔离开关(电动)	台	0.20
	隔离开关(负荷)	台	0.30
8	分段、分相绝缘器	台	0.12
9	避雷器	台	0.05
10	软(硬)横跨	组	0.13
11	越级变	台	0.15
12	接触网末端测试装置	套	0.05
13	中心锚结	组	0.10
14	锚段关节	组	0.25
15	补偿装置(含下锚拉线)	组	0.10
16	关节式分相(含自动过分相装置)	组	0.45
17	隔离开关远动控制系统	套	5.00

第三十条　运行接触网有变更者,应按以下规定逐级报批:

(一)属下列情况之一者,由铁路局报总公司审批:

1. 由于接触网变化而降低带电或停电通过超限货物列车的高度和宽度;

2. 变更接触网局界。

(二)属下列情况之一者,由供电段报铁路局审批:

1. 变更悬挂类型;

2. 变更接触线、承力索、附加导线材质和截面;

3. 拆除或长期停用接触网;

4. 变更绝缘水平;

5. 变更接触网分段(相)位置和开关操作方式;

6. 非铁路产权专用线架设接触网的供电和开通方案;

7. 改变供电方式或供电单元。

第四节 计划与天窗

第三十一条 接触网生产计划包括年度检测、维修计划和月度维修计划三部分。

年度检测和维修计划,由供电段于前一年的11月底以前分别下达到车间,同时报铁路局。月度维修计划由供电段编制后下达维修车间。

鉴于各地区设备性能及运行条件不尽相同,铁路局可调整检测的项目、周期和范围,并报总公司核备。

第三十二条 为保证定期检查和及时处理设备缺陷,在列车运行图中须预留接触网维修"天窗"。对较大车站(如枢纽、区段站等)和必须利用垂直"天窗"作业的区段,应根据设备状况定期安排"天窗"停电维修。

对接触网进行批量零部件更换时,"天窗"计划原则上应逐日连续安排。

第三十三条 列车调度员和供电调度员要密切配合,按"天窗"时间组织接触网停电维修。如因运输需要等原因必须取消"天窗"时,应按照有关规定执行。

遇有危及安全的故障或缺陷必须立即停电维修时,供电调度员应于停电前通知列车调度员,列车调度员根据供电调度员停电通知及时发布相关行车调度命令。

第三十四条 供电段要做好检测、维修组织工作,实施周期不宜超过规定周期的20%(按天计算)。

第三十五条　供电段各工区、各工种(包括变电、电力等)在同一停电范围、同一封锁区段内作业,应尽量安排同时进行。

第五节　质量管理

第三十六条　为保证维修质量,接触网用料入库前,验收部门应对接触网重要零部件和线材进行检查,确认出厂合格证、检验报告与产品一致后实施验收,向供电段提供验收报告,否则不得上线使用。

第三十七条　更换线索、零部件、支柱、绝缘部件后,应记录所更换设备的名称、材质、型号、厂家等信息,并修订相关技术资料。

第三十八条　运行工区一级修(临时修)或单项设备检查完成后,由当日工作领导人负责检查验收,确认作业质量。维修工区进行的所有作业,运行工区应进行质量检查验收。

第三十九条　检测车间应及时将相应区段的即时分析、定期分析以及缺陷通知单报供电段技术主管部门,由技术主管部门下达至供电车间、维修车间;维修工作完成后,供电车间、维修车间应将缺陷反馈单反馈技术主管部门,维修记录留存备查。

第四十条　铁路局负责组织接触网设备更换检查验收工作。设备更换完工,经供电段验收并签认后,由铁路局组织现场检查验收。

第四十一条　接触网运行、检测、维修工区应分别建立相关记录(见附件4),实现网络化管理和数据共享。

第四十二条　接触网运行维修要落实记名制度。每次作业完成后应及时填写相应记录并签认。工长和车间主管人员要定期检查各项任务完成情况并签认。

【案例】车站下行13号线岔参数超标后与通过列车发生弓网故障。工区设备检修记录中的检修人、互检人、检查人员签认均为同一笔迹,且数据不真实,与《普铁维规》中“接触网运行维修要落实记名制度”的要求不符。

第四十三条　供电段技术主管部门和车间每月、铁路局主管专业部门每季度应组织开展接触网运行质量分析，并分别编制质量分析报告。

质量分析应根据接触网检测和运行过程中存在问题，对接触网质量状态进行综合诊断，找出设备在运行中出现的特殊性、普遍性问题及质量状态变化规律，针对反映出的质量问题，制定整治措施，纳入维修计划。质量分析报告主要内容包括：

（一）检测、维修计划完成情况。

（二）检测、维修及设备运行中发现的具体问题。

（三）产生问题的原因分析及采取的措施。

（四）接触网质量状态的变化规律和趋势。

【案例 1】车站接触网支柱斜腕臂绝缘子折断后造成接触网几何参数发生变化，与通过列车发生弓网故障，影响供电 110 min。原因为存在材质缺陷绝缘子更换不彻底。该批次绝缘子曾发生过折断，通过质量分析发现该批次绝缘子存在材质缺陷，铁路局集团公司要求供电段对该批次 374 支绝缘子进行更换，但供电段只更换了 353 支，剩余 21 支未进行更换，以致再次发生绝缘子折断。绝缘子折断现场如图 3-45 所示。

（a）折断绝缘子　　（b）现场

图 3-45　绝缘子折断现场

【案例 2】某线连续发生 76 起电连接断股、折断的安全问题，根据电连接质量状态变化趋势，组织专家分析原因为折断电连接长期在高密度、高速度、高频率振动的列车运行环境下，产生严重的金属疲劳后发生断裂。组织维管段对该线 1 100 根电连接进行了更换。故障电连接如图 3-46 所示。

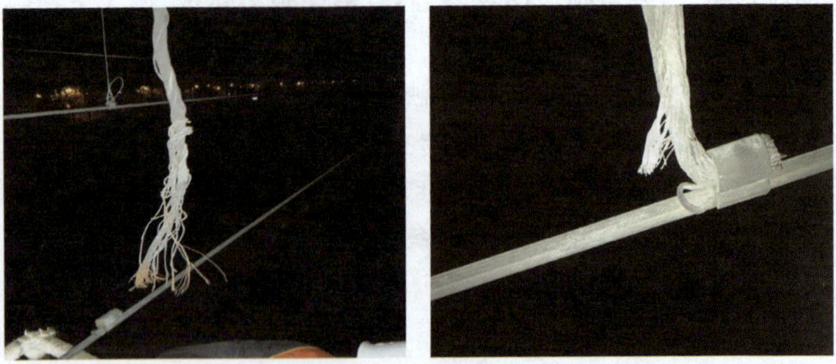

图 3-46　故障电连接

第四十四条　铁路局组织供电段定期对接触网动态运行质量进行评价，每年 10 月底前对设备整体技术状态进行质量鉴定。对季节变换、频繁发生故障等特殊情况可不定期组织质量评价。

第六节　成本管理

第四十五条　接触网设备维修成本实行预算管理。对达到寿命周期的设备更换在预算内实行项目管理。

第四十六条　铁路局应根据接触网设备使用状况，科学合理安排维修费用，保证接触网设备维修工作顺利实施。

第四十七条　铁路局供电处作为业务主管部门，应根据预算对成本费用预测、分析和审核。

第四十八条　供电段应建立以预算管理为核心的成本核算体系，以及供电段、车间、工区预算责任考核机制，发挥主要职能科室的作用，加强成本管理，严格成本控制。

第四十九条　供电段应定期召开经济活动分析会，检查成本费用情

况，分析超支原因，提出整改措施；应大力开展技术革新活动，努力降低能源、材料消耗，严禁支出超预算。

第七节　新产品试运行

第五十条　在运营普速铁路接触网线路上进行新产品试运行时，研制单位应事先提出书面申请报告，按规定权限报有关部门，经批准并与承接试运行任务的供电段签订协议后方可实施。新产品试运行申请报告应包括下列内容：

（一）产品生产及管理条件。

（二）产品研制报告。

（三）产品技术条件及型式试验报告。

（四）安装维修及使用说明。

（五）拟安装地点、试运行期限以及试运行中需检测内容。

【案例】开闭所243断路器绝缘子污闪跳闸，原因为供电段专业技术人员在厂家未提供任何纸质申请材料的情况下，轻信厂家技术人员“绝缘子喷涂纳米材料后可以终身免清扫”的口头宣传后，在变电所绝缘子喷涂纳米材料后，未进行过绝缘清扫，也未采取泄漏电流监测、附盐密度测试等方式对绝缘子污染情况进行科学监测，设备失管后发生污闪跳闸。与《普铁维规》中“在运营普速铁路接触网线路上进行……经批准并与承接试运行任务的供电段签订协议后方可实施”的规定不符，反映出新产品使用不规范的问题。

第五十一条　承力索、接触线试运行由总公司审批，其余设备及零部件试运行申请报告应报送供电段、资产管理单位审查，由铁路局批准。

对纳入《中国铁路总公司铁路专用产品认证采信目录》的铁路专用产品，应取得产品试用证书后方可上道试用。

第五十二条　供电段承接试运行任务后应及时组织实施。试运行期间要按规定加强监测、检查和维护，认真记录分析运行情况。试运行期满

后提交新产品试运行报告。

供电段出具的试运行报告需经铁路局审批后,方能交给研制单位。未经铁路局审批的试运行报告无效。

第五十三条　新产品试运行期一般不少于1年。遇有产品质量缺陷危及安全时必须立即拆除,同时做好记录并通知研制单位。

第四章　检测与分析诊断

第一节　检　　测

第五十四条　检测是指利用仪器、设备或人工等方式，对接触网进行检查测量，掌握设备质量及运行状态的过程。包含监测、静态与动态检测、检查、零部件检验四部分。检测后必须进行分析诊断，并以此作为编制维修计划的依据。

监　　测

第五十五条　监测是对接触网外观、零部件状态、主导电回路、绝缘状况、外部环境和弓网配合等运行状态进行监视测量的过程，分为移动视频监测和定点监测两种方式。

（一）移动视频监测。利用安装在检测车辆、机车或动车组上的监测设备对接触网进行外观检查。主要包括接触网安全巡检装置（2C）、车载接触网运行状态检测装置（3C）、接触网悬挂状态检测监测装置（4C）。

（二）定点监测。利用安装在接触网关键处所、特殊地点的监测设备，监测列车通过时接触网或受电弓状态，接触网设备绝缘状态、温度、位移变化，以及外部环境是否存在异常。主要包括受电弓滑板监测装置（5C）、接触网及供电设备地面监测装置（6C）。

第五十六条　接触网安全巡检装置（2C）

周期：10 天。

主要内容：监测接触网设备有无明显脱、断、偏移及其他异常情况，有无鸟巢、危树等可能危及接触网供电的周边环境因素，有无侵入限界、妨碍机车车辆运行的障碍等。

【案例 1】供电段分析 2C 数据,发现接触线补偿绳脱槽,及时进行了处理。接触线补偿绳脱槽及处理如图 4-1 所示。

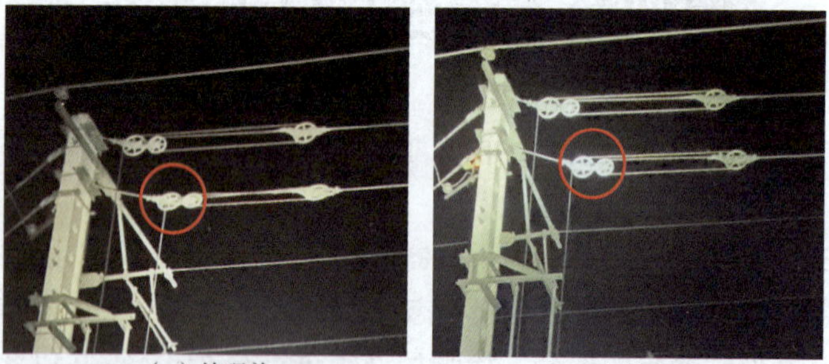

（a）处理前　（b）处理后

图 4-1　接触线补偿绳脱槽及处理

【案例 2】爬藤植物通过隔离开关操作机构、传动杆向上攀爬至隔离开关绝缘子处,与带电体距离不足发生跳闸,影响行车。原因为维管段 2C 数据分析不到位,查看历史 2C 视频,从爬藤植物开始出现到发生跳闸时,维管段对此处进行了 3 次 2C 视频分析,均未发现影响设备运行的外部环境隐患。爬藤及放电后干枯藤叶如图 4-2 所示。

（a）整体　（b）放电后干枯藤叶

图 4-2　爬藤及放电后干枯藤叶

动车组上安装的 HMVP(高速铁路移动视频)在车辆运行过程中,全程采集线路视频信息,并同步记录车次、线路、速度、里程等关键行车信息。可利用 HMVP 设备进行接触网设备的巡视。

【案例 1】基础设施段人员分析 HMVP 视频发现区间下行 559 号接触网支柱处双拉线基础脱出,559 号接触网支柱倾斜,立即联系列车调度员进行了有效处置,及时发现并处置了影响列车运行的事故隐患。拉线基础脱出及倾斜接触网支柱如图 4-3 所示。

(a) 拉线基础脱出　　(b) 支柱倾斜

图 4-3　拉线基础脱出及倾斜接触网支柱

【案例 2】供电段分析 HMVP 视频发现正馈线瓷质绝缘子断裂,正馈线悬垂于保护线下方,及时组织工区进行了处理。

第五十七条　车载接触网运行状态检测装置(3C)

周期:实时或定期。

主要内容:监测接触网与受电弓运行状态、接触网温度等。

【案例 1】3C 检测发现接触网支柱拉出值为 522 mm,超过接触线拉出值限界值(450 mm),工区及时进行了复核处理。3C 图像如图 4-4 所示。

【案例 2】7 天内某线共计 14 趟列车碳滑板被击打,打碰位置全部位于列车运行方向受电弓中心左侧 100~150 mm。调用安装有车载接触网

图 4-4　3C 图像

运行状态检测装置(3C)的列车对故障交路进行排查,锁定故障点为车站 6 道接触网分段绝缘器。检查发现车站 6 道分段绝缘器铜滑道断损,导致受电弓过渡不平滑,运行中存在硬点。断损和正常铜滑道对比如图 4-5 所示。

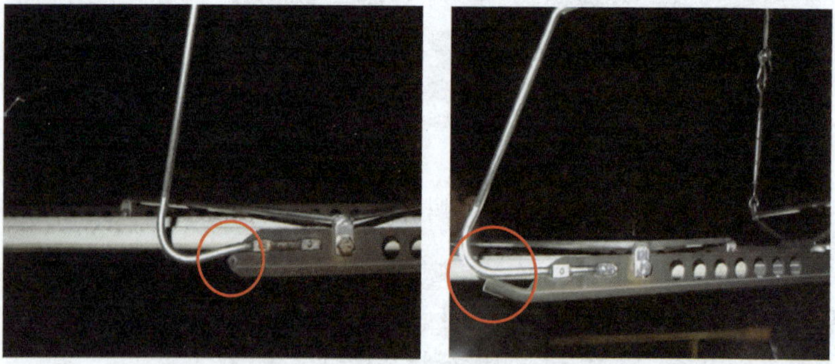

(a)断损铜滑道　　(b)正常铜滑道

图 4-5　断损和正常铜滑道对比

【案例 3】3C 检测发现电连接线夹温度高达 129 ℃。供电段上网检查发现线夹接触不良,其中一个螺母颜色灰白与另外两个螺母有明显区别,判断为长时间高温运行造成,拆卸后检查发现线夹夹板内侧存在高温烧蚀痕迹。3C 图像及变色螺母如图 4-6 所示。

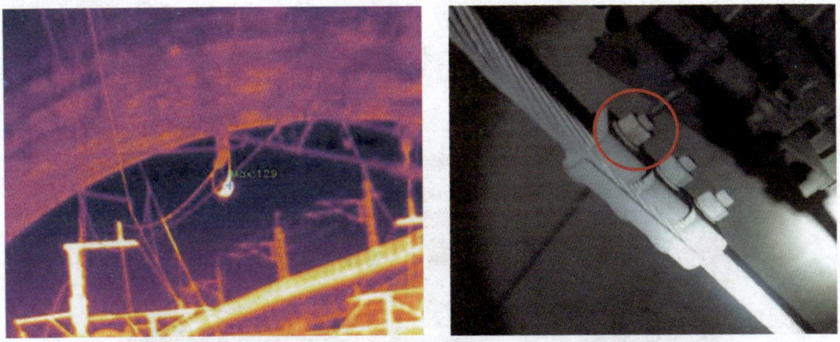

（a）3C图像　　（b）高温变色的螺母

图 4-6　3C 图像及变色螺母

【案例 4】3 天内，某线连续发生多起列车受电弓弓角被击打故障，在采取线下步行巡视、查看 2C 视频、天窗点内上网排查均未发现故障点的情况下，调用安装有车载接触网运行状态检测装置（3C）的列车对故障交路进行排查，最终发现打弓点为车站 125 号锚段关节中心柱特型软定位器根部。受电弓弓角被击打故障如图 4-7 所示。

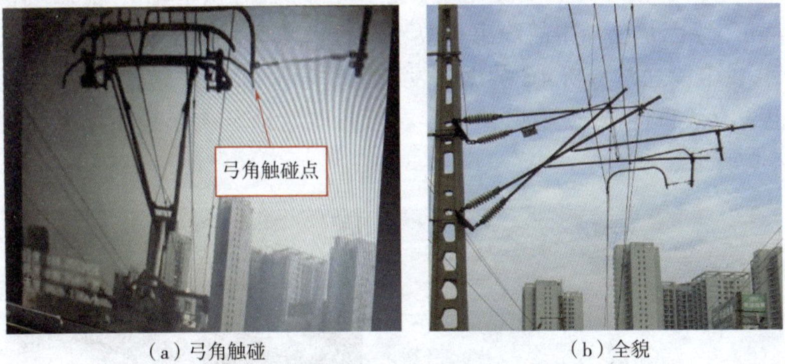

（a）弓角触碰　　（b）全貌

图 4-7　受电弓弓角被击打故障

第五十八条　接触网悬挂状态检测监测装置（4C）

周期：6 个月。

主要内容：监测接触网设备零部件有无烧伤、缺失、断裂、松动及其他异常情况。

【案例 1】供电段分析接触网悬挂状态检测监测装置(4C)数据,发现接触网吊柱定位管支撑上部脱落,及时组织进行了处理。定位管支撑上部脱落如图 4-8 所示。

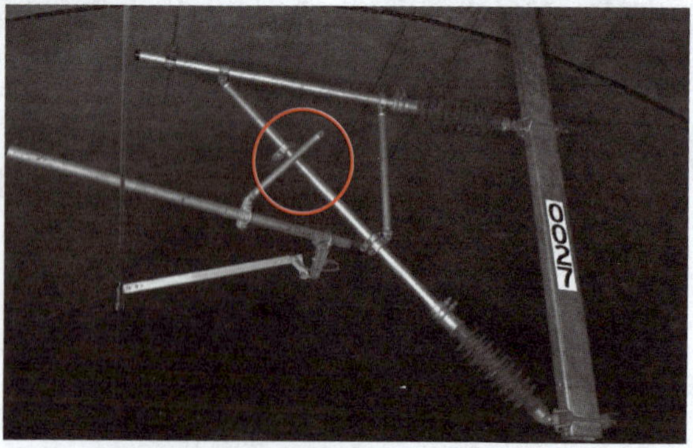

图 4-8　定位管支撑上部脱落

【案例 2】接触网支柱棘轮补偿装置接触线棘轮处无楔形线夹楔子,接触线下锚补偿绳在温度变化旋转过程中抽脱,补偿坠砣落地,影响供电 47 min。原因是已知事故隐患整改不及时。10 个月前电气化铁路施工结束后,供电段通过分析 4C 数据已发现该处隐患,施工单位没有整改,供电段也未有效督促,致使隐患长期存在。坠砣落地及楔形线夹楔子缺失如图 4-9 所示。

(a) 坠砣落地

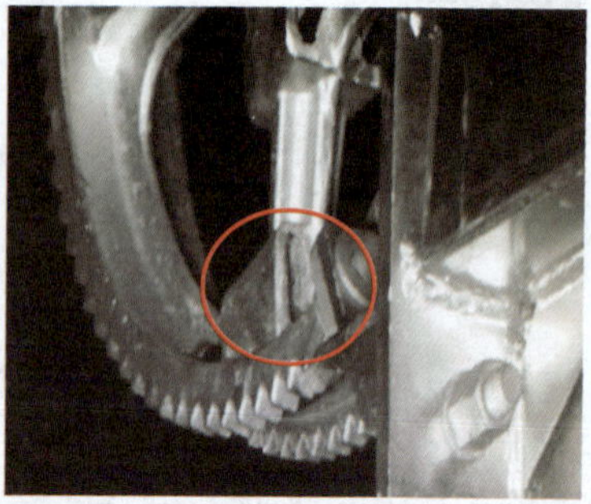

(b) 楔形线夹楔子缺失

图 4-9　坠砣落地及楔形线夹楔子缺失

【案例3】供电段4C分析发现平腕臂支撑处套管双耳螺栓即将脱出，及时组织进行了处理。处理前后对比如图4-10所示。

（a）处理前　　（b）处理后

图4-10　处理前后对比

第五十九条　受电弓滑板监测装置（5C）

周期：实时或定期。

主要内容：监测受电弓有无异常状态。

【案例1】供电段分析局界口受电弓滑板监测装置（5C）数据，发现列车受电弓上挂有异物，发现后及时向集团公司调度汇报，配合机械师停电处理了受电弓异物（编织袋，113 cm×35 cm），最大限度降低了受电弓挂异物对运输秩序和接触网的影响。受电弓挂异物图像如图4-11所示。

（a）5C摄像分析图片　　（b）停车拍摄图片

图4-11　受电弓挂异物图像

【案例 2】供电段分析受电弓滑板监测装置(5C)数据时,发现机车受电弓滑板上有缺口,沟通后司机换弓开车。巡视发现接触网设备无异常,最大限度降低了受电弓异常对运输秩序和接触网设备可能带来的影响。异常受电弓如图 4-12 所示。

图 4-12　异常受电弓

第六十条　接触网及供电设备地面监测装置(6C)

(一)绝缘部件状态监测。Ⅲ、Ⅳ污秽等级区段应建立领示点,优先采用在线实时监测装置。

周期:1. 在线监测装置:实时;

2. 其他方式监测:6 个月。

主要内容:监测领示点绝缘部件附盐密度或泄漏电流。

(二)主导电回路电气节点监测。优先采用在线实时监测装置。

周期:1. 在线监测装置:实时;

2. 示温贴片监测:利用全面检查、步行巡视等方式确认;

3. 利用紫外成像仪监测电缆终端或中间接头状态(有条件时):12 个月;

4. 利用红外热像仪测量电气节点接触状态(有条件时):12 个月。

主要内容:监测供电线(加强线、捷接线、正馈线)接续点、电连接线夹、隔离开关设备线夹及触头、吸上线接续点、电缆终端或中间接头等有无过热现象。

利用红外热像仪监测电气节点状态,应选择在被测点有持续负荷电

流时进行。

利用示温贴片监测电气节点状态时,示温贴片应保持清洁,粘贴位置应能够准确反映线夹温度变化并宜于地面观察。

(三)采用其他地面监测装置的周期和内容由各铁路局自定。

【案例1】绝缘部件状态监测装置监测到某复合绝缘子泄漏电流监测波多次报警,最高报警值达到了3.37 mA,超过阈值0.87 mA,判定绝缘子脏污。上网检查发现绝缘子表面被污秽覆盖,及时对其进行更换处理。泄漏电流检测及脏污绝缘子如图4-13所示。

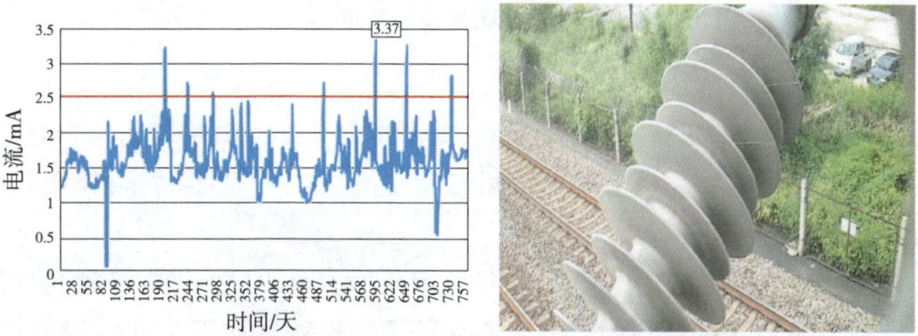

(a)泄漏电流检测(有效值) (b)脏污绝缘子

图4-13 泄漏电流检测及脏污绝缘子

【案例2】供电段测温发现分区所供电线隔离开关电缆头无持续负荷电流时温度5.9 ℃,有持续负荷电流时最高温度达150 ℃,现场环境温度2 ℃。上网检查发现电缆头与母排虚接,及时进行了处置,处理后有持续负荷电流时最高温度6.7 ℃,由此可见《普铁维规》中"利用红外热像仪监测电气节点状态,应选择在被测点有持续负荷电流时进行"的规定科学必要。测温现场及虚接如图4-14所示。

【案例3】接触网支柱隔离开关引线设备线夹螺栓松动后虚接发热,将连接处螺栓烧断,引线脱落,导致变电所212断路器跳闸。原因是示温贴片粘贴位置不正确,未将示温贴片粘贴到接触网支柱隔离开关部件上,与《普铁维规》中"粘贴位置应能够准确反映线夹温度变化并宜于地面观察"的要求不符,无法判断电气连接状态是否良好。

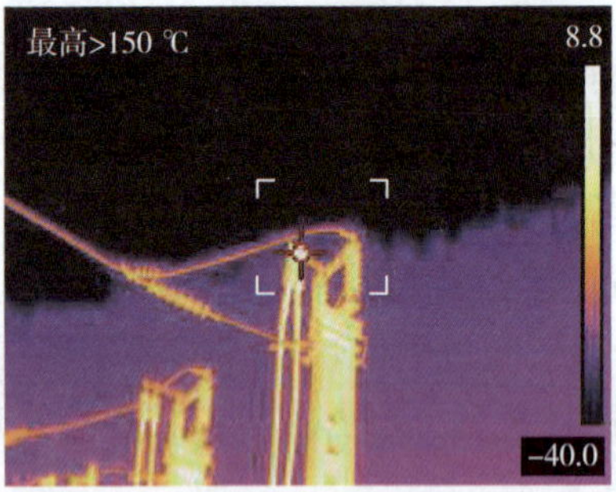

（a）测温图

（b）虚接

图 4-14　测温现场及虚接

接触网运行维修单位不仅应充分利用供电安全检测监测系统(6C 系统)进行设备的巡视检查,还应重视配属供电安全检测监测系统(6C)装置的日常管理维护。供电安全检测监测系统(6C)维护不到位,轻则影响检测质量,重则发生事故故障。

【案例 1】接触网动态检测数据显示某线存在 81 处动态接触线高度不足一级缺陷,供电段现场采取多种测量工具复测均不构成一级缺陷。原因为检测车体高度设定不正确,厂家技术人员现场对检测车车体高度进行重新测量后,将车体高度设置增加 38 mm,一级缺陷消失。

【案例 2】检测车运行过程中车顶检测装置线槽盖板翘起(图 4-15),与接触网距离不足发生跳闸,原因为检测车顶螺栓紧固不到位。

图 4-15　车顶检测装置线槽盖板翘起

静态与动态检测

第六十一条　静态检测是指利用运行检测车辆在接触网静止状态下进行非接触式测量,或人工使用仪器、工具测量接触网技术状态。

(一)周期:6个月。

项目:1. 线岔;

2. 自动过分相地面磁感应器。

(二)周期:12个月。

项目:1. 接触线几何参数(接触线拉出值、跨中偏移值、接触线高度、接触线坡度);

2. 绝缘锚段关节、关节式分相;

3. 轨面标准线。

(三)周期:36个月。

项目:1. 非绝缘锚段关节;

2. 补偿装置。

(四)周期:60个月。

项目:接地电阻。

(五)不定期检测项目:对动态检测超限处所进行静态复核、确认。

上述未明确的设备和项目,纳入检查内容。

第六十二条　动态检测是指利用弓网综合检测装置(1C)、车载接触网运行状态检测装置(3C)等手段,测量接触网技术状态及弓网接触取流状态。

(一)弓网综合检测装置(1C)

周期:3个月。

项目:1. 接触线动态拉出值、高度;

2. 硬点、一跨内接触线高差;

3. 弓网接触力、燃弧、接触线抬升量;

4. 接触网电压。

【案例 1】弓网综合检测装置(1C)检测发现上行线检测接触力异常。通过对 1C、2C、3C、4C 检测数据进行对比、关联分析,发现为上行 1308 号接触网支柱特型定位器与定位管间距不足引起,现场测量定位器距离定位管仅 4 mm,及时组织进行了处理,消除了设备运行安全隐患。1C、4C 检测如图 4-16 所示。

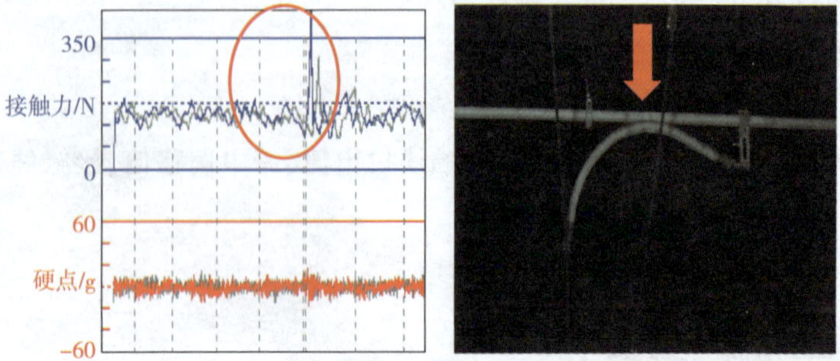

(a)1C接触网波形异常　　(b)4C分析发现间距不足

图 4-16　1C、4C 检测

【案例 2】供电段分析弓网综合检测装置(1C)数据,发现 068 号接触网支柱处接触线高度波形突变,通过运用 1C、2C、4C 数据进行综合分析,发现该支柱套管座发生偏移,及时进行了处理。原因为套管座固定螺栓紧固力矩不足。位移痕迹如图 4-17 所示。

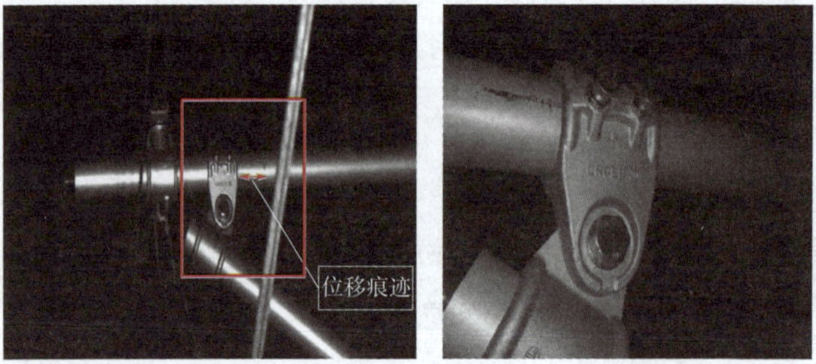

(a)处理前　　(b)处理后

图 4-17　位移痕迹

(二)车载接触网运行状态检测装置(3C)

周期:实时或定期。

项目:1. 接触线动态拉出值、高度、接触线的相互位置;

2. 燃弧次数、燃弧时间、燃弧率;

3. 接触网温度。

【案例3】车载接触网运行状态检测装置(3C)数据显示285号接触网支柱处定位点异常燃弧。现场检查发现285号接触网支柱定位器弯曲,定位点处接触线有2°硬弯,接触线异常磨耗17.5%。现场将该处定位器及定位支座进行更换,接触线进行正弯打磨处理后异常数据信息消失。燃弧现象及接触线硬弯如图4-18所示。

(a)燃弧

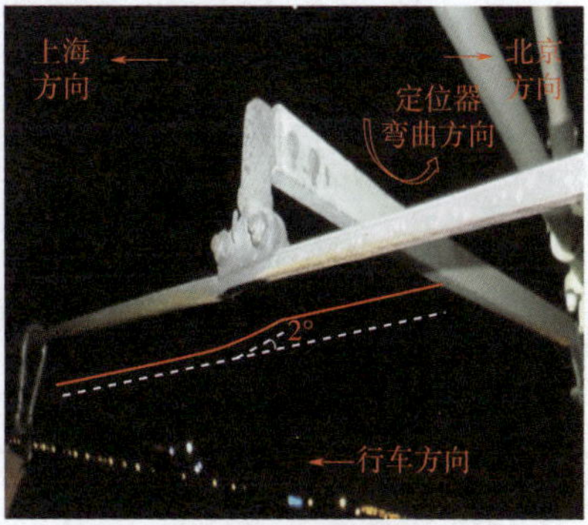

(b)接触线硬弯

图4-18　燃弧现象及接触线硬弯

检　查

第六十三条　检查分为巡视检查、全面检查、单项设备检查和非常规检查。

巡视检查是对接触网外观、绝缘部件状态、外部环境及电力机车、动车组取流情况进行目视检查,分为步行巡视检查和登乘巡视检查。

全面检查、单项设备检查具有检查、测量和试验等多重职能。针对无法或不易通过静态和动态检测、监测手段掌握设备及零部件运行状态的所有项目，利用“天窗”在接触网作业车作业平台、车梯或支柱上进行近距离检查，并进行必要的测量和试验等。全面检查是对所有设备进行检查；单项设备检查是对个别设备进行专项检查，并兼有维护保养职能。

非常规检查通常在特殊情况下或根据需要进行。

【案例1】工区登乘巡视发现回流线从针式绝缘子处脱落，及时进行了处理。处理前后对比如图4-19所示。

（a）处理前

（b）处理后

图4-19 处理前后对比

【案例2】因定位器接头铆钉处压接工艺不合格，发生一起定位器铆钉折断影响行车211 min的铁路交通一般D21事故。事故发生后，铁路局集团公司组织各段对定位器进行非常规检查并更换有问题的定位器。活动开展结束后第49天，管内再次发生一起定位器因同样原因从定位线夹侧铆接处折断脱落的事故，反映出非常规检查活动开展不彻底的问题。定位器铆钉断裂如图4-20所示。

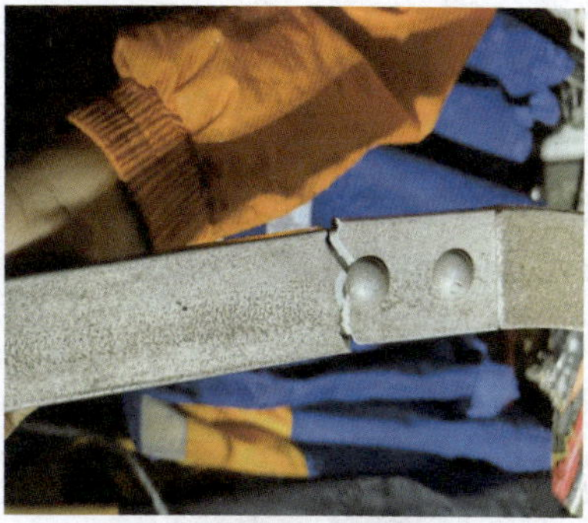

(a) 第一次断裂

(b) 第二次断裂

图 4-20　定位器铆钉断裂

第六十四条　步行巡视检查

周期：对接触网安全巡检装置不易到达的专用线、联络线、支线、车站侧线、远离线路的供电线等处所，巡视周期 1 个月；对接触网安全巡检装置能够到达的线路，巡视周期 3 个月。

主要内容：

（一）有无侵入限界、妨碍列车运行的障碍。

（二）各种线索（包括供电线、正馈线、加强线、回流线、保护线、架空地线、吸上线和软横跨线索等）、零部件、各种供电附属设施等有无烧损、松脱、偏移等情况。

（三）补偿装置有无损坏，动作是否灵活。

（四）绝缘部件（包括避雷器、电缆终端）有无破损和闪络。

（五）吸上线及各部地线的连接是否良好。

（六）支柱、拉线与基础有无破损、下陷、变形等异常。

（七）限界门、安全挡板或网栅、各种标识是否齐全、完整。

（八）自动过分相地面磁感应器有无缺损、破裂或丢失。

（九）有无因塌方、落石、山洪水害、施工作业及其他周边环境等危及接触网供电和行车安全的现象。

【案例】机走线危树树枝与接触网支柱斜腕臂接触发生跳闸。原因是设备巡视超周期。机走线为接触网安全巡检装置(2C)覆盖不到的区域,根据《普铁维规》中"步行巡视检查周期:对接触网安全巡检装置不易到达的专用线、联络线、支线、车站侧线、远离线路的供电线等处所,巡视周期1个月"的规定,巡视周期应为1个月,但工区在长达4个月的时间内未对此处进行步行巡视,不掌握设备运行情况。机走线危树如图4-21所示。

图4-21 机走线危树

随着经济社会发展,铁路沿线存在大量施工作业、塑料大棚、农田地膜、果园垃圾、活动板房、广告横幅、垃圾场等周边环境隐患,加之具有季节性特点的孔明灯、气球、彩带、风筝等异物,大风等恶劣天气情况下,极易侵入铁路运行限界,发生影响供电及行车安全的事故、故障。供电设备运行维护单位在巡视检查中不但应对接触网设备进行检查,还应重视外部环境隐患的排查。

【案例1】供电段巡视发现35 kV上跨电力线存在断股,立即与供电公司进行了沟通协调,并配合停电进行了处理,拆除后的上跨电力线已严重锈蚀,及时消除了外部环境安全隐患。电力线断股及锈蚀情况如图4-22所示。

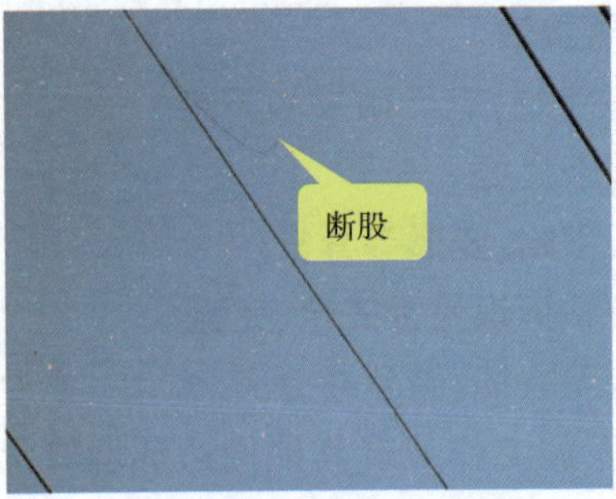

(a)电力线存在断股

(b)锈蚀严重

图4-22 电力线断股及锈蚀情况

【案例2】建筑工地吊车倾斜后侵入区间接触网限界，构成铁路交通一般C类事故，追究供电段次要责任。原因是设备巡视不到位，40 min前工区作业结束后途经吊装作业地点，未对违章施工进行制止，日常也未对该处作业进行监护。

【案例3】上跨桥防抛网立柱严重锈蚀后防抛网脱落，烧断上下行承力索。反映出对上跨结构物隐患排查巡视不彻底的问题，防抛网锈蚀已很严重，工区巡视未发现。锈蚀防抛网如图4-23所示。

（a）脱落的防抛网　（b）桥上未脱落防抛网

图4-23　锈蚀防抛网

接触网安全巡检装置能够到达的线路，由于光线、视野、设备装置水平等限制，也可能存在“检测盲区”，要及时采取措施进行补充巡视。

【案例】隧道内正馈线肩架处鸟窝与正馈线绝缘距离不足，造成接触网跳闸。跳闸位置位于隧道入口处5 m，查阅历史2C数据，隧道入口处采集2C数据时由于光线变化检测设备处于变焦的过程，无法清晰拍摄到接触网设备具体状态，处于检测盲区。供电段对检测设备出现的异常问题不敏感，检测盲区发现不及时，设备巡视检测出现了漏洞。导致跳闸的鸟窝如图4-24所示。

图 4-24　导致跳闸的鸟窝

第六十五条　登乘巡视检查

周期：需要时。

主要内容：接触网状态及外部环境，有无侵入限界、妨碍列车运行的障碍，有无因异物、落石、山洪水害、施工作业及其他周边环境等危及接触网供电和行车安全的现象。绝缘部件有无闪络放电现象以及电力机车、动车组受电弓取流情况。

第六十六条　供电车间主任每半年对管内设备至少巡视检查 1 次，供电段段长每年对管内关键设备至少巡视检查 1 次。

第六十七条　全面检查

周期：36 个月。

主要内容：

（一）无法或不易通过监测、检测或其他检查手段掌握设备运行状态的所有项目，如接触悬挂、定位支撑装置、支柱（含拉线）和基础、附加悬挂、接地装置、标识等螺栓是否齐全，有无松脱现象，零部件安装方式是否正确，有无裂纹、变形、烧伤，线索有无锈蚀、散股、断股、烧伤等。

（二）重点处所的附加导线对地距离及线索、引线、接触悬挂间距测量，接触线重点磨耗测量，高压电缆绝缘测试。

（三）利用接触网作业车检测受电弓检查动态包络线。

第六十八条　单项设备检查

周期和项目：

（一）6 个月检查 1 次的项目

1. 分段绝缘器；

2. 分相绝缘器；

3. 远动隔离开关及其操作机构。

（二）12 个月检查 1 次的项目

1. 避雷装置（雷雨季节前，含接地电阻测量）；

2. 非远动隔离开关；

3. 高压电缆及附件。

【案例 1】V 形天窗时车站东咽喉上下行渡线间的分段绝缘器击穿。原因为设备检修超周期，该分段绝缘器距离上次检修已达 11 个月，超过了《普铁维规》中“6 个月检查 1 次”的周期规定，加之在该分段绝缘器附近 1 km 处有一座热电厂，绝缘脏污，在绝缘杆的表面形成一层导电介质，发生击穿跳闸。

【案例 2】区间上行线 4 号接触网支柱处，分相绝缘器吊弦调节螺栓松脱后造成分相绝缘器工作面与线路平面不平行，列车通过时发生弓网故障，故障分相绝缘器超检修周期 3 个月。

【案例 3】变电所 217 号供电线电缆击穿发生跳闸。原因是高压电缆检修超周期，故障电缆长 2.2 km，自投入运行以来，维管段在长达 30 个月的时间内未对该高压电缆及附件进行检查，与《普铁维规》中“高压电缆及附件 12 个月检查 1 次”的规定不符，处于失管状态。

第六十九条　非常规检查是指在特殊情况下进行的状态检查。一般用于接触网发生跳闸、故障或出现极端天气气候条件和灾害后，对相应接触网设备状态变化、损伤、损坏情况进行检查。非常规检查的范围和手段根据检查目的确定。

【案例 1】供电段高温巡视发现平腕臂偏移过大后承力索在承力索座处脱槽，及时进行了处理。承力索脱槽如图 4-25 所示。

【案例 2】供电段高温巡视发现线岔限制管卡滞，及时进行了处理。处理前后如图 4-26 所示。

【案例 3】供电段冬季低温巡视发现车站隔离开关引线受低温变化过紧，及时组织进行了处理。弛度过紧隔离开关引线如图 4-27 所示。

图 4-25　承力索脱槽

（a）处理前

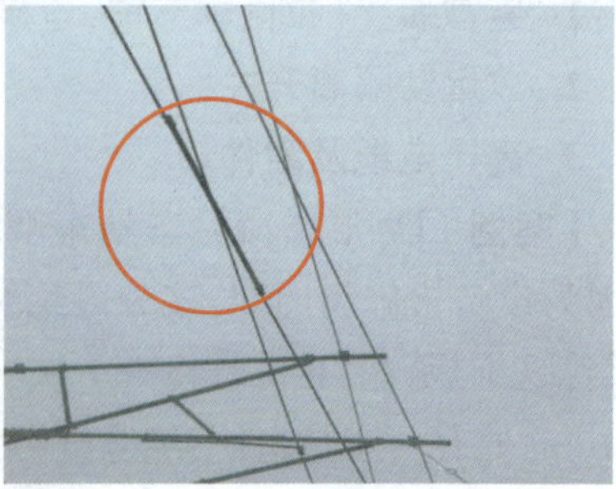

（b）处理后

图 4-26　处理前后

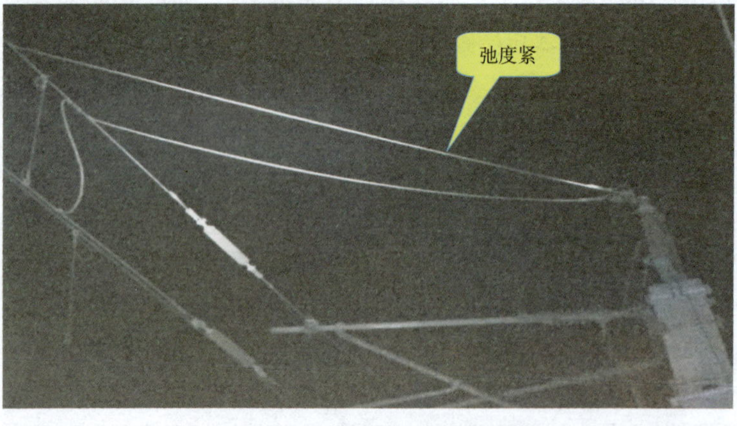

图 4-27　弛度过紧隔离开关引线

零部件检验

第七十条　零部件检验是指对拆卸送检的接触网零部件进行外观检查、补充特殊试验等，确认其质量状态的过程。零部件性能下降、状态劣化，判定即将或基本达到寿命时，应进行更换。

第七十一条　当接触网零部件接近预期寿命，或日常检查发现存在质量隐患、无法确认其能否在预期寿命周期内安全运行时，应对该类批零部件进行抽样质量检验。

第七十二条　对满足下列情况之一，应根据分析结果进行专项或抽样质量检验。

（一）发现同一处所或部位重复发生磨损、裂纹、腐蚀、烧损等异常现象时。

（二）特殊环境（大风、严寒、沿海、潮湿、隧道、周边有严重污染源等）区段检查发现接触网零部件状态劣化，表面腐蚀或磨损明显，需确认其是否能够继续安全使用时。

（三）检测发现接触网参数与初始参数对比变化较大，经分析确认其与连接的零部件性能关联性较大时。

（四）区段内接触网零部件脱落、裂损、烧伤等故障多发时。

（五）需要检验判断确认零部件运行状态或预期残余寿命时。

【案例 1】日常维修中发现某沿海铁路腕臂、硬横梁出现腐蚀，严重处所已腐穿。原因为沿海地区重盐雾空气中富含的氯化钠、氯化镁等物质对钢材的腐蚀性较强。现场测量该地区露水附盐密度高达 4.03 mg/cm^2。腐蚀的腕臂及硬横梁如图 4-28 所示。

【案例 2】供电段在维修中发现 80 根整体吊弦全部出现不同程度腐蚀、断裂现象。腐蚀吊弦经第三方检测机构检验，金相组织和硬度无异常，吊弦断裂面含有较高含量的硫和少量氯化物等腐蚀性介质，在长期腐蚀的情况下导致断裂的发生。根据吊弦劣化程度和检测结果，供电段对 21 000 根吊弦进行了更换。腐蚀、断裂吊弦如图 4-29 所示。

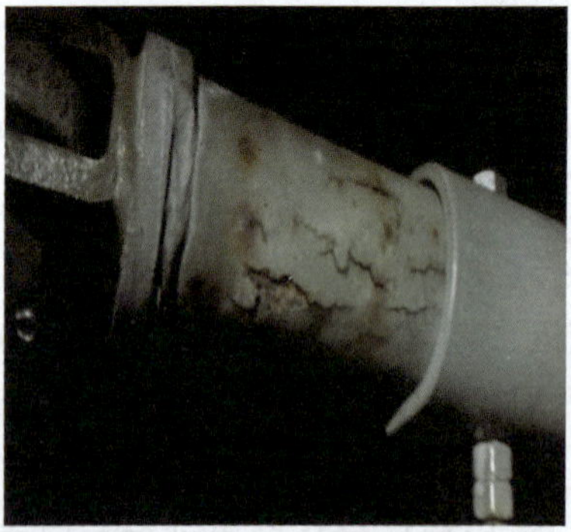

（a）腐蚀的腕臂

（b）腐蚀的硬横梁

图 4-28　腐蚀的腕臂及硬横梁

（a）腐蚀吊弦

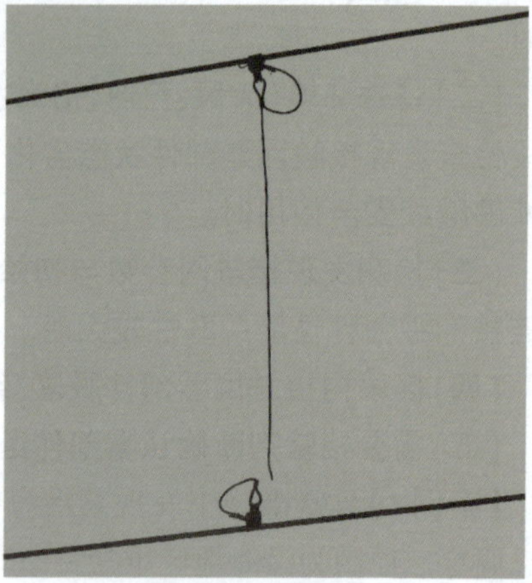

（b）断裂吊弦

图 4-29　腐蚀、断裂吊弦

第七十三条　零部件检验应由获得国家计量认证和实验室认可的专业检验机构进行，并出具检验报告。

【案例 1】7 天内，某隧道内先后发生两起接触线终端锚固线夹不锈钢销钉受力件从中间部位断裂，导致接触线抽脱的设备故障。同一设备重复发生断裂，将折断的不锈钢销钉送获得国家计量认证和实验室认可的第三方检测机构检验，其材质碳、铬、镍化学成分不符合相关标准要求。折断销钉如图 4-30 所示。

（a）第一次折断销钉

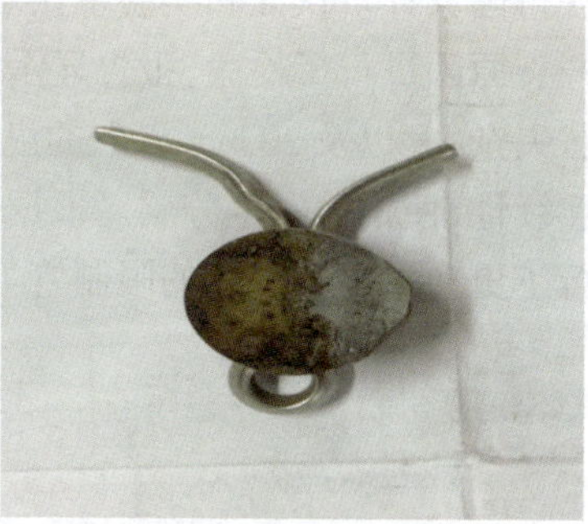

（b）第二次折断销钉

图 4-30　折断销钉

【案例 2】接触网支柱防风拉线定位环 U 形螺栓断裂，防风拉线定位环及防风拉线下垂侵入受电弓包络线，与通过列车发生弓网故障。断口处有明显的锈蚀，将断裂的防风拉线定位环 U 形螺栓送获得国家计量认证和实验室认可的第三方检测机构检验，其碳、铬、镍含量均存在超标情况。断裂的 U 形螺栓如图 4-31 所示。

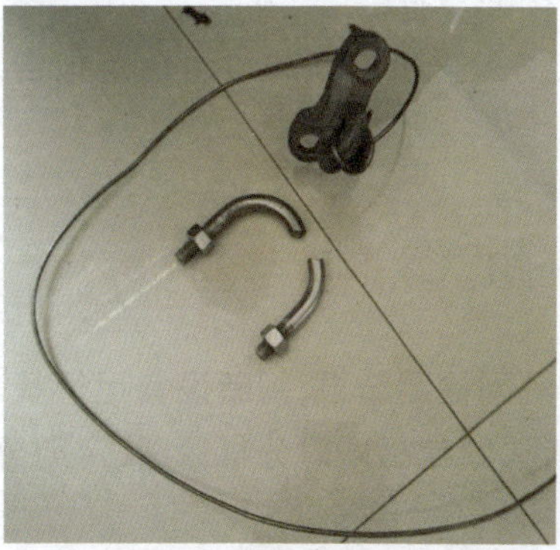

（a）断裂的U形螺栓

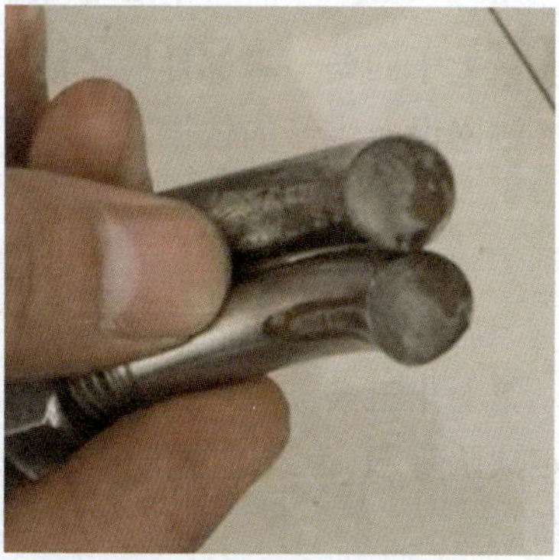

（b）断口处有明显锈蚀痕迹

图 4-31　断裂的 U 形螺栓

【案例 3】供电段在运行维修中累计发现 141 根补偿装置坠砣限制管有不同程度裂纹现象，裂纹形状包括竖向、横向、不规则等形状及爆裂等。送获得国家计量认证和实验室认可的专业检验机构对补偿装置坠砣限制管开裂原因进行了检验，报告显示材料中含有长度在 10 mm 以上的纵向条状夹杂物，以及 20 mm 以上的纵向热轧氧化皮，这些缺陷割离钢管基体的连续性，使钢管发生分层。根据检测结果，供电段组织对裂纹的限制管进行了更换。存在裂纹的限制管如图 4-32 所示。

图 4-32　存在裂纹的限制管

第七十四条　零部件检验结果应纳入分析诊断和质量鉴定报告，作为接触网设备维修的依据。

第二节　分析诊断

第七十五条　分析诊断是根据接触网检测结果，判断设备运行状态、判定缺陷等级，为维修提供依据。分析诊断包括即时分析诊断、定期分析诊断。

第七十六条　检测监测设备报警或发生危及行车信息时，应立即进行即时分析诊断。

(一) 当弓网综合检测装置(1C)、车载接触网运行状态检测装置

(3C)、受电弓滑板监测装置(5C)和接触网及供电设备地面监测装置(6C)等设备出现报警、异常信息时,应立即分析原因并安排处理。

(二)当接触网安全巡检装置(2C)、接触网悬挂状态检测监测装置(4C)及静态检测发现严重缺陷、状态异常时,检测工区应立即分析设备缺陷对接触网运行产生的影响,报供电段技术主管部门安排处理。

第七十七条 定期检测工作完成后,检测工区、运行工区应在表 4-1 时限内完成定期分析诊断。

表 4-1 定期分析诊断时限

装置名称	分析项点	分析主体	完成时限
1C	缺陷数据	检测工区	3 日
	全面分析	检测工区	10 日
2C	季节性、关键性问题	检测工区	1 日
	全面分析	检测工区	3 日
3C	缺陷数据	检测工区	3 日
	全面分析	检测工区	10 日
4C	季节性、关键性问题	检测工区	3 日
	全面分析	运行工区	20 日
5C、6C	全面分析	检测工区	1 日

第七十八条 当检查和人工静态检测发现设备缺陷时,由发现工区分析并纳入维修处理。

当零部件检验发现质量缺陷,供电段技术主管部门应立即分析零部件质量缺陷对接触网运行产生的影响,并安排修理。

当发生跳闸、中断供电、打碰受电弓等异常情况时,供电段技术主管部门应立即组织对该区段检测资料进行分析诊断,查找原因并修理。

第七十九条 根据检测结果,对设备的运行状态用标准值、警示值和限界值三种量值来界定。

标准值为标准状态目标值,一般根据设计值确定。

警示值为运行状态提示值,一般根据设备技术条件允许偏差确定。

限界值为运行状态安全临界值,一般根据计算或运行实践确定。

标准状态是设备最佳运行状态,一般根据施工允许偏差确定。

第八十条　根据设备运行状态值,设备缺陷分为两级。

(一)静态设备缺陷等级划分。

一级缺陷:达到或超出限界值。

二级缺陷:达到或超出警示值且在限界值以内。

(二)动态检测缺陷等级划分见附件5。

第八十一条　供电段要加强分析诊断人员的培养,定期组织培训,以保证分析诊断的质量。

【案例1】区间接触网支柱隔离开关底座处存在鸟窝导致跳闸,影响供电58 min。原因为供电段分析诊断人员培训不到位,素质不高。跳闸前一日供电段对此处进行了2C登乘及分析,回放2C视频发现隔离开关底座已存在鸟窝树枝,但2C分析人员对接触网隔离开关基本结构不掌握,对隔离开关该有什么、不该有什么不清楚,以至分析时未发现鸟窝隐患。2C图像及隔离开关处鸟窝如图4-33所示。

(a) 2C图像

(b) 鸟窝

图4-33　2C图像及隔离开关处鸟窝

【案例 2】列车司机报告 K157+100 m 处接触网设备异常，供电段上线巡视发现 656 号接触网支柱坠砣限制管从上部固定角钢处松脱后倾斜，及时进行了处理。查看历史 2C 视频数据，10 天前此处坠砣限制管已脱出，但是由于 2C 数据分析人员业务素质不高，分析未发现。限制管倾斜及 2C 图像如图 4-34 所示。

（a）限制管倾斜

（b）10天前2C视频截图

图 4-34　限制管倾斜及 2C 图像

【案例 3】一块 15 m×5 m 的防鸟网被大风吹到区间 K343+400 m 处接触网上，后又与通过列车受电弓缠绕，影响行车 115 min。原因为检测数据分析不全面。查阅 2C 数据，此防鸟网一个月前已出现且未压实，但是段 2C 数据分析人员未将周边环境因素纳入到 2C 数据分析范围，与《普铁维规》中“接触网安全巡检装置(2C)：监测接触网设备有无明显脱、断、偏移及其他异常情况，有无鸟巢、危树等可能危及接触网供电的周边环境因素”的规定不符，段科室对检测分析质量也未有效检查指导。列车上的防鸟网及 2C 图像如图 4-35 所示。

（a）列车上的防鸟网　　（b）2C视频截图

图 4-35　列车上的防鸟网及 2C 图像

第五章 修程修制

第八十二条 一级修(临时修)是为了使设备状态保持在限界值以内,对导致接触网功能障碍的缺陷、故障立即投入、无事先计划的临时性维修。主要包括一级缺陷的临时性修理、危及接触网供电周边环境因素处理、导致接触网功能障碍的故障修复(必要时采取降弓、限速、封锁等处置措施)。

第八十三条 二级修(综合修)是为了使设备状态保持在警示值以内,对定期检测发现缺陷有组织、有计划的维修,以及设备全面维护保养。主要包括二级缺陷集中修理和设备全面维护保养(必要的防腐和注油等)。二级修(综合修)可结合全面检查进行,或根据缺陷情况有计划地安排。

第八十四条 各铁路局根据管内设备情况,对运行速度低、列车对数少的低等级铁路(由各铁路局自定),可只实施一级修。

第八十五条 对运行年限达到寿命周期且评估后不能满足质量要求,或运行状态不能满足要求的设备、零部件应进行更换。部分设备寿命周期可参照表 5-1。

表 5-1 部分设备寿命周期

序号	设备名称	周期
1	分相绝缘器	5~8 年
2	分段绝缘器	5~8 年
3	地面磁感应器	5~8 年
4	整体吊弦	10~12 年
5	常动隔离开关	10~12 年

续上表

序　　号	设备名称	周　　期
6	避雷器	10~12 年
7	滑轮补偿装置	10~12 年
8	复合绝缘子	10~12 年

第八十六条　接触网整体设备寿命周期一般为 20~25 年。鉴于各条线、各地区接触网设备性能和运行条件不同,各铁路局应根据线路运行速度、运行环境等实际情况,组织进行质量状态评估,达到质量要求的,可适当延长接触网设备的寿命周期。

【案例】车站 65 号接触网支柱处钢绞线承力索锈蚀后强度不足发生断线。原因为超寿命周期设备管理不到位,断线承力索已运行 27 年,超过了《普铁维规》中“接触网整体设备寿命周期一般为 20~25 年”的要求,承力索本身已产生了严重锈蚀,供电段未组织质量状态评估,在日常运行维修中也未发现设备隐患,以致发生断线。锈蚀的断线承力索如图 5-1 所示。

图 5-1　锈蚀的断线承力索

第八十七条　某一区段接触网设备运行年限达到寿命周期且评估后不能满足质量要求,或供电能力、供电质量不能满足运能运量及线路等级要求时,对接触网整体设备进行更换。

一般情况下零部件(包括附加导线的金具)应随设备本体同时更新。特殊情况的零部件、支柱、吊柱等,经铁路局组织鉴定确认残余使用寿命期后可以不更换。

第八十八条　供电段每年应对接触网线路周围 2 公里以内的所有污染源进行调查,确定污秽等级,明确绝缘部件监测监控及清扫维护要求。

绝缘部件清扫周期如下:

(一)Ⅰ、Ⅱ级污秽等级区段:3 年。

(二)Ⅲ级及以上污秽等级区段:1 年。

(三)分段、分相绝缘器:6 个月。

特殊处所应缩短周期,适时安排清扫。潮湿隧道的绝缘部件参照Ⅲ级及以上污秽等级管理。

在接触网设备运行过程中,雷击、污秽区排查不到位、绝缘清扫不及时、绝缘子设备质量、鸟类活动、生产组织等原因均可引发绝缘子闪络跳闸。

【案例 1】小雪天气下隔离开关绝缘子脏污跳闸。原因为污染源排查不到位,距污闪绝缘子 50 m 处,为专用线装煤作业点,煤灰及抑尘剂污染较为严重。供电段虽然曾发通知要求工区对污染源进行排查,但对工区排查情况缺乏监督检查,工区污染源排查随意,出现了污染源排查遗漏。污闪绝缘子如图 5-2 所示。

图 5-2　污闪绝缘子

【案例 2】大雾天气下瓷质绝缘子发生大面积污闪,原因为重污区调查不彻底,绝缘子清扫不到位,存在严重脏污。故障现场绝缘子如图 5-3 所示。

（a）脏污绝缘子　　（b）故障现场其他绝缘子

图 5-3　故障现场绝缘子

【案例 3】大雾天气下 K43+400 m 附近上下行绝缘子连续发生 6 次跳闸，工区巡视发现多支绝缘子污闪，临时申请天窗上网清扫、更换 310 个绝缘子后跳闸消失。原因为重污区排查不彻底，线路北侧 200 m 为热电厂，烟囱和冷却塔排出大量烟尘、水汽吹到接触网绝缘子上，加重了接触网绝缘设备的污染。供电段在重污区调查中，未将此处纳入重污区绝缘管理，没有对此处绝缘设备进行重点监测和清扫。脏污绝缘子及附近热电厂如图 5-4 所示。

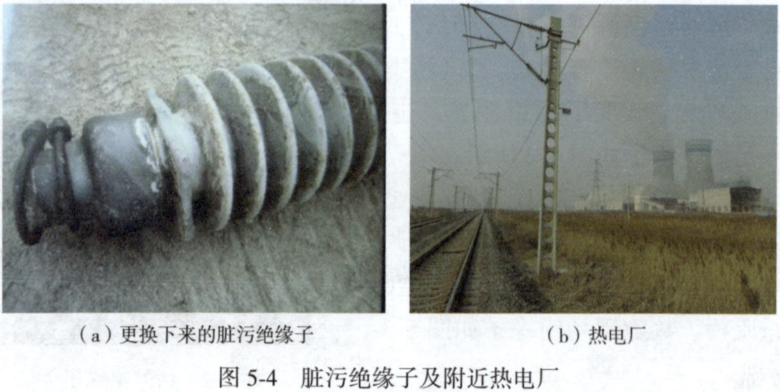

（a）更换下来的脏污绝缘子　　（b）热电厂

图 5-4　脏污绝缘子及附近热电厂

【案例 4】4 h 内变电所 213 号馈线连续发生 4 次跳闸，小雨天气。工区巡视发现多处绝缘子闪络，申请临时天窗上网对脏污的绝缘子进行了擦拭。原因为距离铁路线 50 m 有一化肥厂，化肥厂排出的腐蚀性气体和附着性粉尘落在绝缘子上，在绝缘子表面附着一层白色粉尘，小雨天气发生绝缘闪络。绝缘子如图 5-5 所示。

图 5-5　绝缘子

【案例 5】K1956+073 m 处绝缘子连续发生 4 次闪络，影响列车 36 列。原因为距离 1 000 m 范围内有特种水泥厂，清扫不及时造成绝缘污闪。表面水泥附着严重的绝缘子如图 5-6 所示。

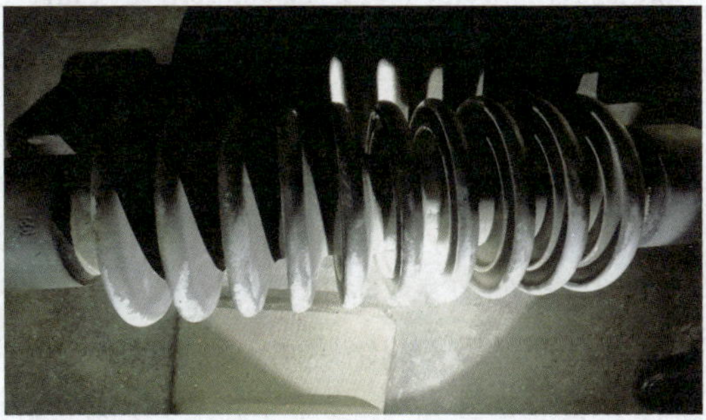

图 5-6　绝缘子表面水泥附着严重

【案例 6】供电段在对隧道内绝缘子水冲洗结束后，送电过程中发生绝缘子闪络击穿跳闸，影响供电 254 min。原因为该隧道绝缘子表面附着大量粉尘及内燃机车燃烧排放物等混合污染物，单一的水冲洗方式造成绝缘子清洗质量不佳，表面污秽经水冲洗溶解后形成导电介质，发生送电跳闸。脏污绝缘子如图 5-7 所示。

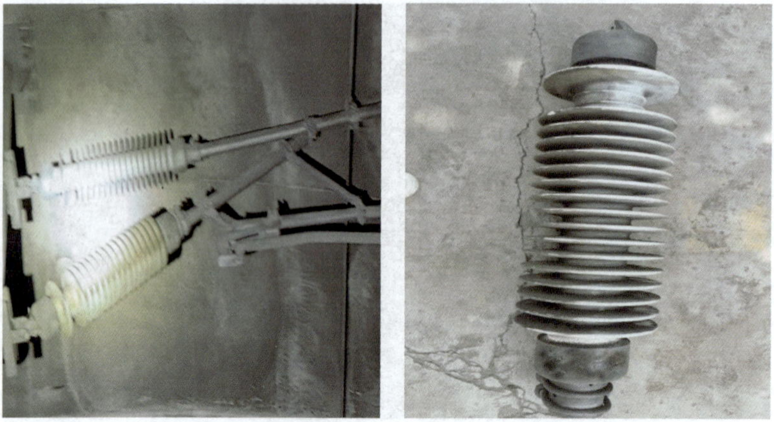

（a）清洗后绝缘子依然脏污　　（b）换下的脏污绝缘子

图 5-7　脏污绝缘子

【案例 7】位于重污区(附近有一钢铁厂)的接触网支柱 F 线悬式绝缘子闪络。原因是绝缘清扫不到位，故障绝缘子位于田野侧，所在正馈线肩架长 1 800 mm，而清扫作业时的人员伸展长度约为 1 500 mm，形成清扫死角，供电段未制订相关措施，绝缘清扫出现了漏项。故障绝缘子如图 5-8 所示。

【案例 8】鸟粪大面积滴落到正馈线悬式绝缘子串表面引起闪络跳闸。鸟类长期在此处停留，现场正馈线线索、绝缘子表面及地面有大量鸟粪痕迹。绝缘子上的鸟粪如图 5-9 所示。

【案例 9】隧道口复合绝缘子闪络跳闸。原因为该绝缘子多个裙边间及悬挂点下方轨枕处有大量鸟粪，绝缘子脏污，发生闪络放电。绝缘子及轨枕处鸟粪如图 5-10 所示。

（a）污闪绝缘子

（b）故障绝缘子位置

图 5-8　故障绝缘子

图 5-9　绝缘子上的鸟粪

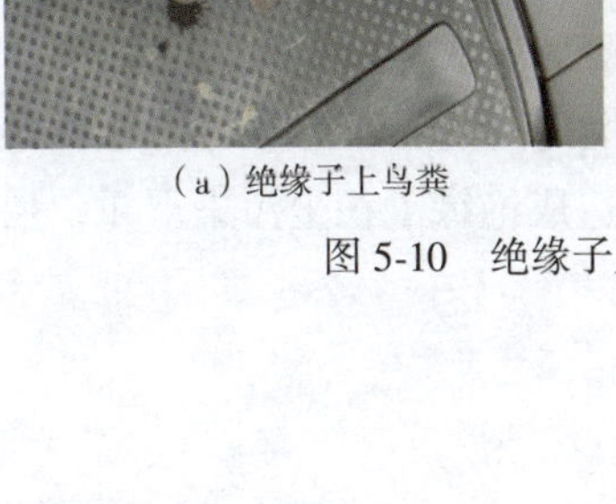

（a）绝缘子上鸟粪

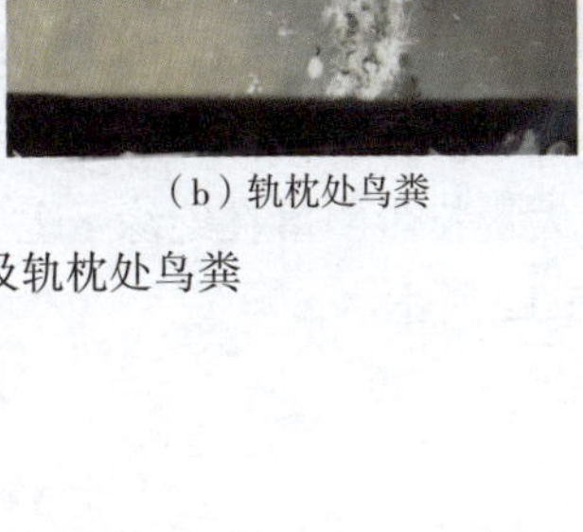

（b）轨枕处鸟粪

图 5-10　绝缘子及轨枕处鸟粪

在供电设备运行过程中，可能需要配合施工部门进行隧道、上跨桥整治。整治前施工单位需对作业范围内的绝缘子进行防护，作业结束时需督促施工单位对绝缘子防护进行撤除。因为隧道整治粉尘落在绝缘子上，发生过多起安全问题。

【案例1】3C报警隧道内3支绝缘子（157号斜腕臂绝缘子、157号平腕臂绝缘子、158号斜腕臂绝缘子）温度异常。上网检查发现绝缘子上粉尘堆积较多。供电段采取两种不同的处置方式对3支绝缘子进行了处置（157号斜腕臂绝缘子更换，157号平腕臂绝缘子和158号斜腕臂绝缘子进行清扫），并采用红外热成像仪对处置前后的绝缘子在带电情况下进行测温观测，进一步判断是否存在绝缘子本身绝缘性能下降的原因。通过测温观测，更换、清扫两种方式均达到了预期的处理效果，排除了绝缘子本身绝缘性能下降的原因。综上，判断此次绝缘子温度异常原因为工务部门在隧道整治时绝缘子上落的粉尘过多，造成绝缘子脏污严重。异常绝缘子如图5-11所示。

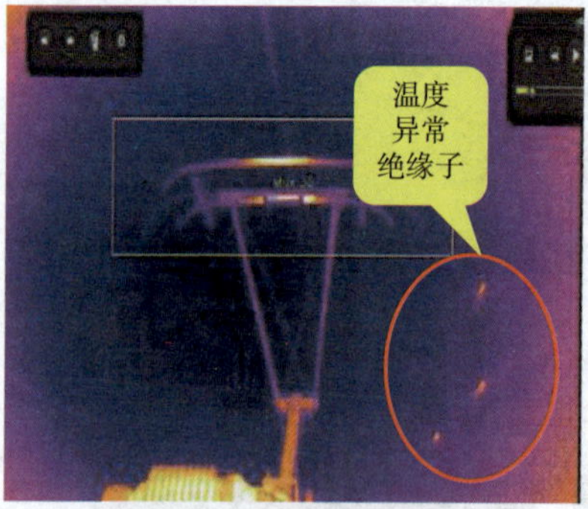

（a）3C报警

（b）粉尘堆积较多

图5-11　异常绝缘子

【案例2】天窗作业结束后隧道内绝缘子多处发生闪络，送电不成功。对隧道内24支绝缘子进行更换、擦拭后送电成功，影响供电305 min。原因为施工单位进行隧道衬砌整治凿除注浆期施工时，未对接触网绝缘子进行防护，大量粉尘飘落在绝缘子上，造成绝缘子积尘污染严重。脏污绝缘子如图5-12所示。

（a）隧道绝缘子　　（b）换下的脏污绝缘子

图 5-12 脏污绝缘子

【案例 3】施工单位在隧道病害整治施工时，将 571 号支柱承力索中心锚结硅橡胶绝缘子进行全覆盖包裹，施工结束后忘记拆除，送电时接触网跳闸，承力索中心锚结绳烧断。

在接触网设备运行过程中，发生多起绝缘子折断的事例。

【案例 1】连续发生 5 起棒式绝缘子在铸铁帽与瓷件连接处断裂，断裂部位、断口面均在同一位置。故障绝缘子送第三方检验机构检测，结果均为额定弯曲破坏负荷试验不符合标准要求，该批次绝缘子生产过程拌料不均，内部密度不均匀，机械性能不符合要求。绝缘子断裂如图 5-13 所示。

图 5-13 绝缘子断裂

【案例 2】平腕臂瓷质绝缘子折断，断裂位置为带电侧铸铁帽与瓷件连接处，断面全部为新痕，部分断面质地不细密，呈现约 10 cm^2 鱼鳞状。第三方检验机构对送检的 15 支故障绝缘子进行额定弯曲破坏负荷试验，试验结果合格 3 支，不合格 12 支，试验不合格率达到 80%。折断绝缘子如图 5-14 所示。

（a）故障现场　　（b）绝缘子断面

图 5-14　折断绝缘子

【案例 3】某铁路开通后，连续发生三起接触网支柱顶部加强线绝缘子折断问题。三起折断均发生在冬季，折断绝缘子均位于曲线处，在铸铁底座与瓷质部分连接处折断，断面呈平面状。委托第三方机构检验折断绝缘子符合要求，可排除质量缺陷。组织专家分析，原因为设计不合理，折断绝缘子位于曲线处，在冬季低温情况下施工弛度不足的加强线遇冷收缩，张力将绝缘子拉断。折断绝缘子如图 5-15 所示。

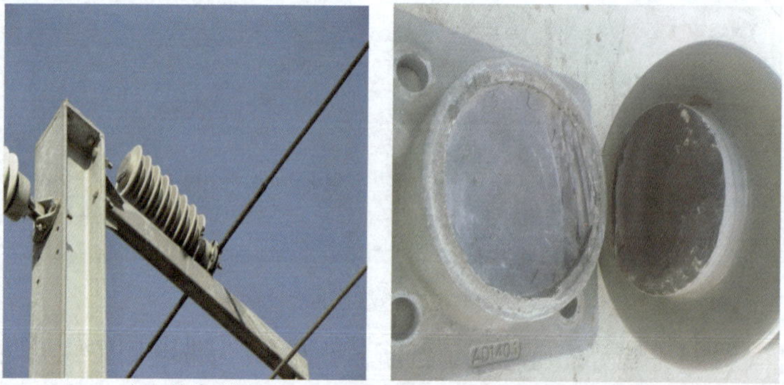

（a）故障现场　　（b）断面

图 5-15　折断绝缘子

变化就是风险。新旧绝缘子更换前要充分进行风险研判，现场发生过多起更换绝缘子后，由于新、旧绝缘子的结构高度不等、重量不同等原因造成的设备故障。

【案例1】供电段将下行线561号承力索中心锚结瓷质绝缘子(质量27.95 kg，长度900 mm)更换为硅橡胶绝缘子后(质量3.18 kg，长度900 mm)后，未调整中心锚结绳长度，由于硅橡胶绝缘子比瓷质绝缘子轻24.77 kg，造成承力索中心锚结绳重心向承力索中心锚结线夹处偏移，承力索中心锚结绳弛度变大后侵入受电弓动态包络线，发生弓网故障。更换前后绝缘子如图5-16所示。

(a)更换前绝缘子

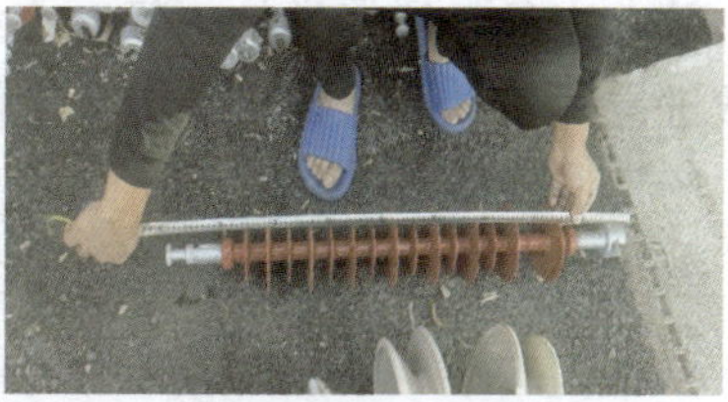

(b)更换后绝缘子

图5-16　更换前后绝缘子

【案例2】检测车发现车站196号、198号接触网支柱拉出值分别为555 mm、506 mm，超过了《普铁维规》中450 mm的限界值规定，为一级缺陷。原因为3个月前，工区利用垂直天窗对车站节点8绝缘子进行了更换，由于新更换的绝缘子长度发生变化，加之位于曲线地段，导致新绝缘子安装后软横跨参数发生变化，拉出值超出限界值。

废旧绝缘子应妥善处理，否则存在安全隐患。

【案例1】卡在车站29号道岔处混凝土道床轮缘槽内的废旧悬式绝缘子造成工区接触网作业车脱轨，影响行车120 min，构成铁路交通一般D类事故。原因为工区对更换后的废弃绝缘子材料管理不善。

【案例2】列车运行至区间K700+530 m处，撞上钢轨上的瓷质绝缘子临时停车。原因为供电段工区将更换后的废弃瓷质绝缘子随意扔在铁路路肩上，被社会人员搬到钢轨上。

第六章　质量评价与鉴定

第一节　质量评价

第八十九条　质量评价是通过对接触网动态几何参数、接触线平顺性参数、弓网受流性能参数等进行综合分析，掌握设备动态运行功能。

第九十条　质量评价一般以正线公里为单元，根据每公里接触网扣分数进行评价。质量评价等级分为优良、合格、不合格三种。具体评价标准见附件5。

总扣分 $t<10$ 为优良，$10\leqslant t<40$ 为合格，$t\geqslant 40$ 为不合格。

第九十一条　区段质量评价根据区段内每公里接触网评价结果确定，优良、合格、不合格公里数为相同质量等级公里数之和。

优良率、合格率、不合格率分别按下列公式计算：

$$\text{优良率}=\frac{\text{优良设备数量(正线公里)}}{\text{设备评价总数量(正线公里)}}\times 100\%$$

$$\text{不合格率}=\frac{\text{不合格设备数量(正线公里)}}{\text{设备评价总数量(正线公里)}}\times 100\%$$

$$\text{合格率}=1-\text{不合格率}$$

第二节　质量鉴定

第九十二条　质量鉴定主要是通过静态方式对接触网几何参数、设备及零部件状态进行综合统计分析，掌握设备整体技术状态。

第九十三条　质量鉴定可采用静态检测、接触网悬挂状态监测检测图像分析、人工检查的方式,按单项设备和整体设备分别进行。

接触悬挂、附加导线以条公里为单位,隔离(负荷)开关、避雷器等以台为单位,线岔、绝缘器、关节式分相等以组为单位,整体设备以换算条公里为单位。

质量鉴定以跨距为鉴定单元。若在被鉴定的跨距内有一处不合格,即视为该跨距不合格(在悬挂点及定位点处,跨距长度按相邻跨距的平均值计算)。

对一个锚段的接触线、承力索、附加导线等,当接头及补强数量达到或超出限界值后,该锚段即视为不合格设备。整根高压电缆有一项不合格的,即视该根电缆为不合格设备。

第九十四条　质量鉴定等级分为三种:

(一)优良:绝缘部件(含空气绝缘间隙)、接触线几何参数和主导电回路的设备状态未超过警示值者。

(二)合格:设备状态未超过限界值者。

(三)不合格:设备状态达到或超过限界值者。

优良率、合格率、不合格率分别按下列公式计算:

$$优良率=\frac{优良设备数量(换算条公里)}{设备鉴定总数量(换算条公里)}\times100\%$$

$$不合格率=\frac{不合格设备数量(换算条公里)}{设备鉴定总数量(换算条公里)}\times100\%$$

$$合格率=1-不合格率$$

第九十五条　质量鉴定结果应详细记录,并作为当年设备质量运行状态填入接触网设备履历。供电段要针对鉴定存在的问题进行分析总结,提出整改措施并组织实施。对鉴定不合格的设备按照责任进行考核。

第九十六条　质量鉴定范围应包括所有接触网设备。但下列设备可不作鉴定:

(一)已封存的设备。

(二)本年度新(改)建或已列入当年更新改造计划的设备。

对本年度新(改)建或更新改造设备的质量状况,可按工程竣工验收质量评定结果统计。

第九十七条　质量鉴定发现缺陷在鉴定期间已处理的,可按处理后的质量状态进行评定。

第七章　维修技术标准

第九十八条　接触网系统整体技术标准

(一)接触网系统满足设计的速度目标值。

(二)接触网应满足系统载流量的需要。

(三)接触网在自然环境中应满足系统可靠性、安全性要求,有足够的机械、电气强度和安全性能。任何条件下安全系数至少满足附件6的规定。

(四)各部位螺栓紧固力矩符合零部件规定要求。

【案例1】列车运行至区间下行线自动降弓停车。检查发现接触网支柱弹性限位定位器定位线夹从接触线处松脱。回放受电弓监控视频,发现受电弓通过前,定位器定位线夹已从接触线处松脱。原因为定位器定位线夹紧固力矩不足,定位线夹从接触线上脱出,列车通过时,与定位器发生碰触,导致受电弓自动降弓。故障现场如图7-1所示。

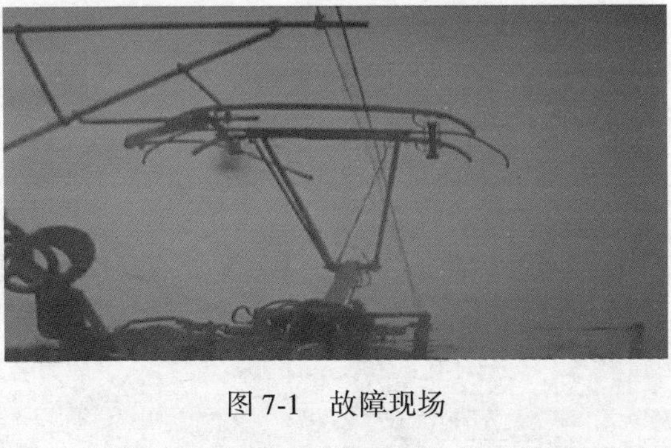

图7-1　故障现场

【案例2】工区检修发现车站接触网支柱非工作支吊弦接触线线夹断裂。原因为施工作业人员在吊弦线夹安装过程中使用普通扳手代替力矩扳手,紧固力矩超过标准值,与《普铁维规》中"各部位螺栓紧固力矩符合零部件规定要求”的规定不符，长期处于受力过大状态，导致断裂。裂纹吊弦线夹如图 7-2 所示。

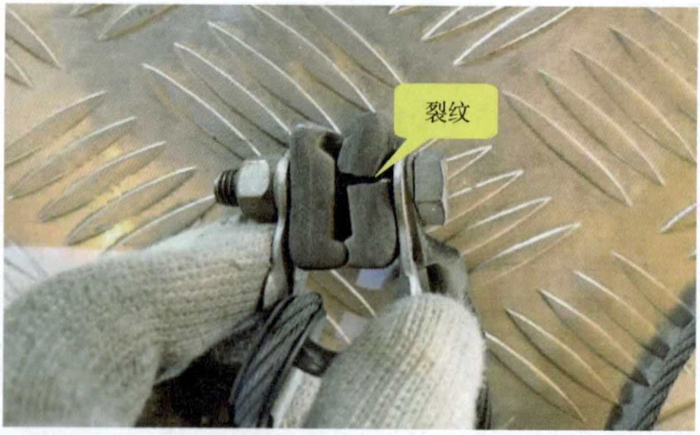

图 7-2　裂纹吊弦线夹

【案例 3】接触网定位线夹从两个螺栓孔处断裂，定位器从定位线夹上脱落下垂后打坏通过列车受电弓，构成铁路交通一般 C 类事故。原因为定位线夹紧固力矩超过安装作业指导书规定的 25 N · m 的要求，紧固力矩过大，导致定位线夹出现裂纹（螺栓孔处有开裂旧痕），运行中裂纹扩大后定位线夹断裂。脱落定位器及断裂定位线夹如图 7-3 所示。

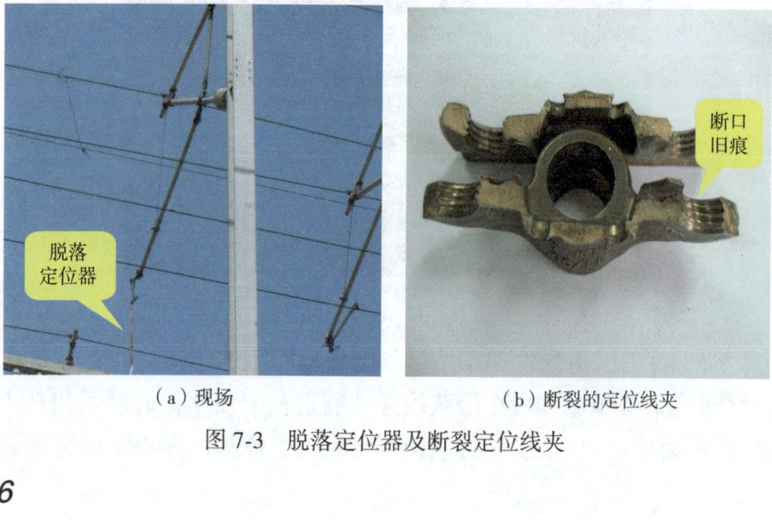

（a）现场　　（b）断裂的定位线夹

图 7-3　脱落定位器及断裂定位线夹

第九十九条　接触网与受电弓在接触点载流量、材质、几何参数、动态性能等方面相匹配，接口条件满足国标和铁标相关规定。

第一百条　本规则是基于最大长度为 1 950 mm 的受电弓弓头制定。受电弓弓头外形轮廓见附件 7.1。

第一百零一条　受电弓动态包络线是指运行中的受电弓在最大抬升及摆动时可能达到的最大轮廓线。接触网任何设备不得侵入动态包络线范围内。受电弓动态包络线示意图见附件 7.2。

受电弓动态包络线应符合下列规定：

160 km/h 及以下区段，受电弓动态抬升量 120 mm，左右摆动量 250 mm。

160 km/h 以上区段，受电弓动态抬升量 120 mm，左右摆动量直线 250 mm，曲线 300 mm。

【案例】站内接触网软横跨支柱非工作支与工作支接触线抬高不达标，电力机车通过时发生弓网故障，软横跨非工作支斜拉线脱落，受电弓损坏。查阅测量数据，软横跨非工作支导线夹环处接触线高度 6 017 mm，工作支接触线高度 5 970 mm，工作支、非工作支接触线高差仅 47 mm，既小于动态包络线抬升量 120 mm，又小于施工图中抬高值 200 mm，造成非工作支定位夹环侵入了受电弓动态包络线，引发弓网故障。故障前后如图 7-4 所示。

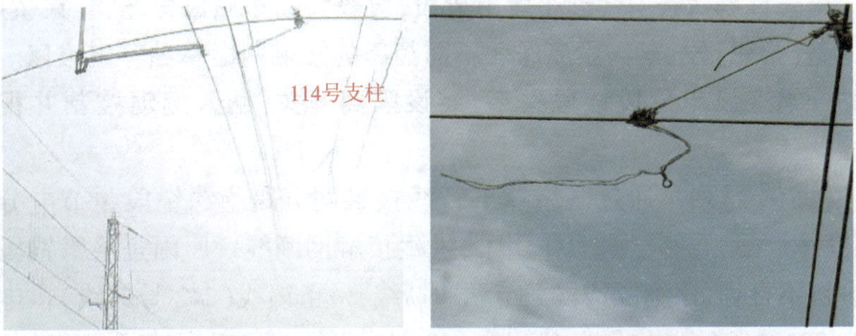

（a）故障前　　（b）非工作支接触线斜拉线被拉脱

图 7-4　故障前后

第一节 接触悬挂

第一百零二条　接触网一般应采用全补偿链型悬挂。采用简单悬挂时应适当增加接触线的张力，同时明确允许通过的列车速度。采用刚性悬挂时，电力机车(动车组)的运行速度不宜超过 120 km/h。

第一百零三条　正线接触网的综合张力和正线接触线的张力不应低于下列数值：

区段内列车运行速度/(km·h^{-1})	接触网综合张力/kN	接触线张力/kN
$v \leqslant 120$	25	10
$120<v \leqslant 160$	28	13
$160<v \leqslant 200$	30	15

第一百零四条　站线接触线、承力索的标称截面、材质、张力宜与正线一致。

第一百零五条　锚段长度不宜超过 1 600 m，最大跨距不得超过 65 m，对山口、谷口、高路堤和桥梁等风口范围内的跨距，应按设计标准选用值缩小 5～10 m，且最大跨距不宜超过 50 m。

第一百零六条　合理布置电分段，对较大的车站应分场、分束供电，对机务(折返)段、车辆段应保证不同径路的接触网能单独停电维修。在车站一端宜设电分段锚段关节，装设隔离开关，纳入远动控制并视频监控。

【案例 1】列车通过联络线下行线接触网五跨绝缘锚段关节电分段处，持续燃弧，在补偿张力作用下，发生接触网断线。原因是绝缘锚段关节设置不合理，该绝缘锚段关节两边馈线，一条馈线(242 号馈线)供电范围为 20.164 条公里，另一条馈线(273 号馈线)供电范围仅为 2.75 条公里，负荷不平衡(断线时 273 号馈线 1 列运行、242 号馈线 3 列运行)，关节断口处存在较大电压差,受电弓通过时持续燃弧烧伤接触线,在补偿张力作用下发生接触网断线,与《普铁维规》中“合理布置电分段”的规定不符。燃弧及供电示意如图 7-5 所示。

（a）持续燃弧

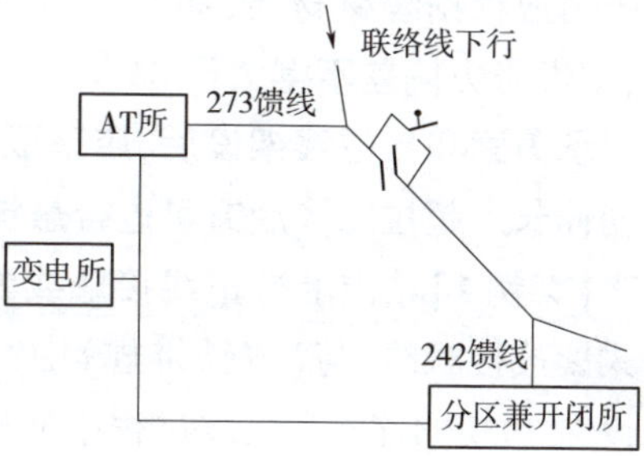

（b）供电示意

图 7-5 燃弧及供电示意

【案例 2】列车通过动车走行一线接触网五跨绝缘锚段关节电分段处持续燃弧,在补偿张力作用下,造成接触网断线,影响行车 97 min。原因是绝缘锚段关节设置不合理,断线锚段关节由 D1-1 和 9-1 两个锚段组成,两侧负荷不均衡,断线时两个锚段馈线电压差 630 V,电流差 515. 52 A。燃弧如图 7-6 所示。

（a）D1-1锚段燃弧

（b）9-1锚段燃弧

图 7-6 燃弧

承力索与接触线

第一百零七条　正线承力索和接触线宜采用恒张力架设。接触线架设张力应根据线材材质、额定张力等因素选取，且不应小于线盘绕线张力，架设张力偏差不得大于8%。

承力索和接触线架设后，应采取超拉或其他措施消除新线蠕变引起的初伸长。超拉完毕后方可进行悬挂安装。

【案例1】站内上行正线接触线断线。原因为站改施工时，采取人工方式展放接触线，与《普铁维规》中“正线承力索和接触线宜采用恒张力架设”的规定不符，在放线过程中接触线出现大角度扭转，作业人员在线索调整中强行进行扭面校正，造成接触线金相结构发生变化，内应力集中，抗拉强度下降后发生断线。

【案例2】工区巡视发现区间接触网支柱处非工作支接触线同定位管支撑摩擦并伴有火花现象。原因是施工单位没有对线索进行超拉，与《普铁维规》中“承力索和接触线架设后，应采取超拉或其他措施消除新线蠕变引起的初伸长。超拉完毕后方可进行悬挂安装”的规定不符，新线蠕变使距离变小产生摩擦并伴有火花现象。

第一百零八条　承力索

（一）承力索宜采用铜合金材质，容许载流量符合运能需要。

（二）半补偿链型悬挂承力索的张力和弛度符合安装曲线，允许偏差15%。

（三）承力索位置。

标准值：直线区段，半斜链型悬挂承力索位于线路中心的正上方，直链型悬挂承力索位于接触线正上方。曲线区段，承力索与接触线之间的连线垂直于轨面连线，承力索不得偏向曲线外侧。

标准状态：标准值±50 mm。

警示值：标准值±150 mm。

限界值：标准值±200 mm。

（四）承力索磨耗及损伤。

1. 承力索损伤后不能满足该线通过的最大电流时，若系局部损伤，可以加电气补强线，若系普遍损伤则应更换。

2. 承力索损伤后不能满足规定的机械强度安全系数时，若系局部损伤，可以加补强线或切除损坏部分重新接续，若系普遍损伤则应更换。

3. 承力索用钢芯铝绞线或铝包钢绞线时，其钢芯若断股，须切断重新接续并用电连接沟通。

4. 承力索在悬吊滑轮处应转动灵活、无卡滞，悬吊滑轮与线索相匹配。

5. 承力索在承力索座、悬吊滑轮等处悬吊固定时，应加装与承力索材质匹配的预绞丝护线条。

标准值：无损伤。

标准状态：无损伤。

警示值：无散股、损伤3股。

限界值：断股。

（五）一个锚段内，承力索接头和断股补强的总数量应符合以下规定（不包括分段、分相及下锚接头）。

标准值：0处。

标准状态：0处。

警示值：3处。

限界值：4处。

承力索的接头距悬挂点应不小于2 m，同一跨距内不允许有两处接头。

【案例1】变电所222号馈线跳闸，重合失败。现场巡视发现车站上行Ⅱ道承力索断线。原因为此处承力索为纯铜材质，纯铜线索疲劳韧性较铜合金接触线差，抗拉强度性能低，在大负荷、高频次运行条件下，安全可靠性不足。加之承力索已超大修期，老化后承载力衰减、强度不足引发断线。故障现场及断线承力索如图7-7所示。

（a）故障现场

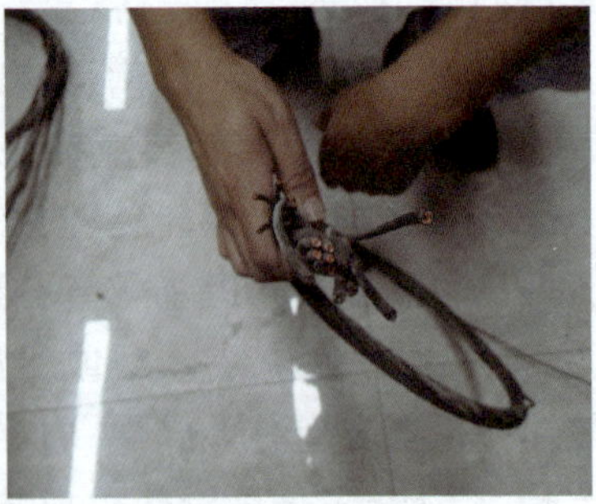

（b）断线承力索

图 7-7 故障现场及断线承力索

【案例 2】接触网跳闸重合失败，检查发现承力索固定绳悬吊滑轮处承力索断线。原因为悬吊滑轮与承力索存在虚接，长期放电烧断承力索。断线承力索及虚接情况如图 7-8 所示。

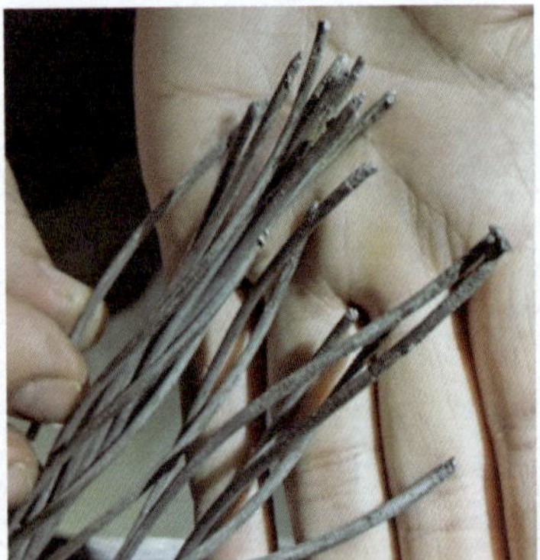

（a）断头

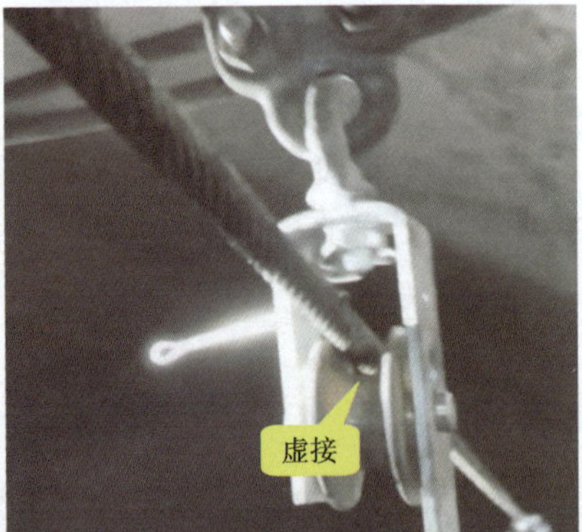

（b）承力索与悬吊滑轮虚接

图 7-8 断线承力索及虚接情况

【案例 3】上行线 K281+700 m 处承力索断线。原因为此处原有上跨桥，由于净空不足桥下承力索采用 GJ-70 改为中性区，中性区外采用 THJ-95 承力索。后来上跨桥拆除，施工单位用 TJR3-95 铜软绞线短接中性区两端绝缘子将中性区导通，短接无电区承力索隔断绝缘子的铜质短连线并沟线夹型号与承力索线径不匹配，接触不密贴，且铜质线夹与钢质承力索材质不同，导致线夹与承力索连接部位导流不畅，电蚀灼伤承力索，在补偿张力作用下造成承力索在线夹灼伤处断线。断线区段98～100号接触网支柱间一个跨距内的承力索有2个接头，一直未进行处理，与《普铁维规》中“承力索同一跨距内不允许有两个接头”的规定不符。事故现场示意如图7-9所示。

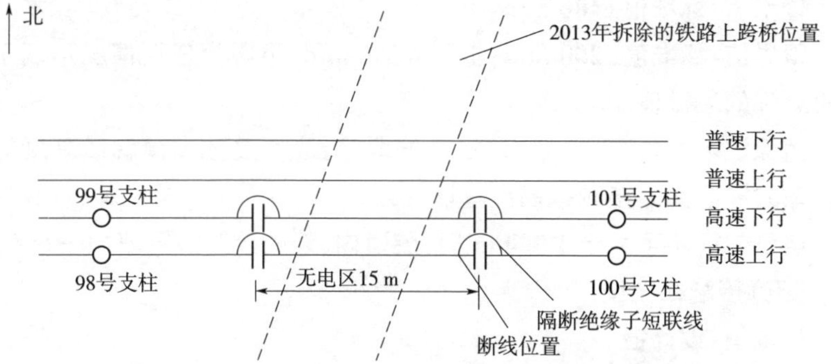

（a）事故现场承力索无电区示意

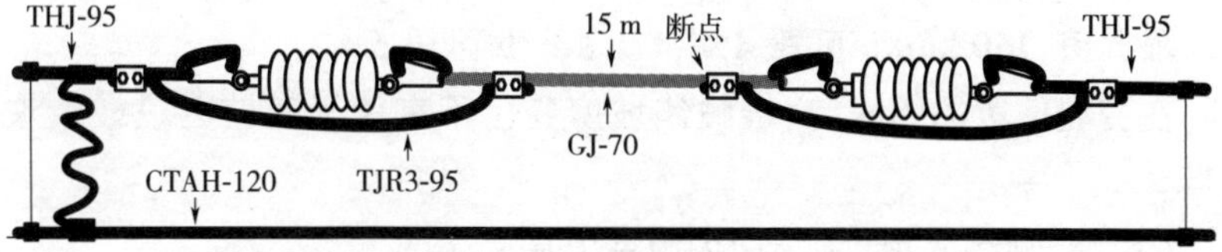

（b）承力索类型

图7-9　事故现场示意

第一百零九条　接触线

（一）接触线应采用铜合金材质，容许载流量符合运能需要。

（二）半补偿链型悬挂和简单悬挂接触线的张力和弛度符合安装曲线，允许偏差为15%。

（三）接触线拉出值（含最大风偏时跨中偏移值）。

标准值：设计值。

标准状态：标准值±30 mm。

警示值：400 mm。

限界值：450 mm。

（四）接触线高度。

标准值：设计值。

标准状态：标准值±30 mm。

警示值：标准值±100 mm。

限界值：标准值±200 mm；上限 6 500 mm，下限为任何情况不低于该区段允许的最低值。

为保证电力机车（动车组）的良好取流，应尽量减少接触线高度的变化。车站和区间的接触线高度宜取一致。

当隧道间距不大于 1 000 m 时，隧道内、外的接触线可取同一高度。

（五）接触线坡度（工作支）。

标准值：设计值。

标准状态：同标准值。

警示值：160 km/h 区段 3. 3‰；120 km/h 区段 4‰。

限界值：160 km/h 区段 4‰；120 km/h 区段 5‰。

在变坡区段的始末跨，接触线坡度变化不宜大于变坡区段最大坡度之半。

（六）接触线偏角（水平面内改变方向）。

标准值：设计值。

标准状态：标准值±1°且≤4°。

警示值：正线 8°；站线 10°。

限界值：同警示值。

（七）接触线局部磨耗、变形及损伤。

1. 接触线磨耗及损伤。

（1）接触线磨耗和损伤后不能满足该线通过的最大电流时，若系局部磨耗和损伤，可以加电气补强线，若系普遍磨耗和损伤则应更换。

(2)接触线磨耗和损伤后不能满足规定的机械强度安全系数时,若系局部磨耗和损伤,可以加补强线或切除损坏部分重新接续,若系普遍磨耗和损伤则应更换。

(3)接触线接头、补强处过渡平滑。该处接触线高度不应低于相邻吊弦点,允许高于相邻吊弦点0~10 mm,必要时加装吊弦。

标准值:无损伤。

标准状态:无损伤。

警示值:磨损面积15%。

限界值:磨损面积20%。

2. 接触线扭面角度。

标准值:0°。

标准状态:5°。

警示值:15°。

限界值:20°。

3. 接触线与平直度检测尺之间的间隙不大于0.2 mm/m。

(八)一个锚段内接触线接头、补强的总数量应符合以下规定(不包括分段、分相及下锚接头),接头距悬挂点应不小于2 m,同一跨距内不允许有两处接头。

标准值:0处。

标准状态:同标准值。

警示值:2处。

限界值:4处。

(九)接触线硬点、弓网接触力的技术标准参照附件5。

【案例1】车站51号四跨绝缘锚段关节非工作支接触线从隔断绝缘子西侧终端锚固线夹处断裂,断口表面无陈旧性裂纹。原因为纯铜接触线疲劳韧性较铜合金导线差,抗拉强度性能低。接触线断口如图7-10所示。

【案例2】扩能改造过程中,供电段连续发现某公司供应的CTA-150型接触线存在裂纹(深3 mm、宽10 mm)、线径缩小等突出问题。原因为线

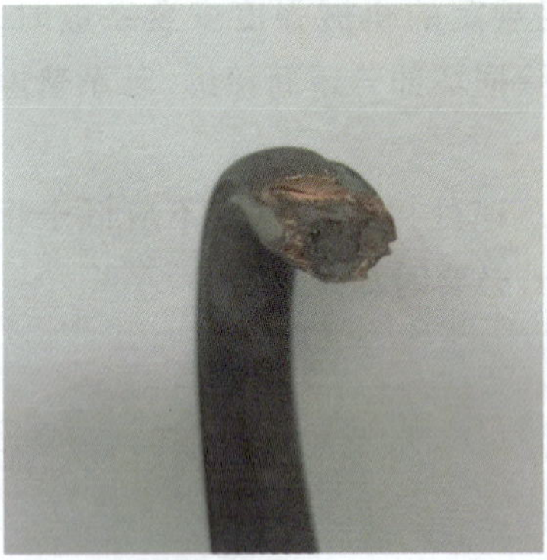

（a）断口

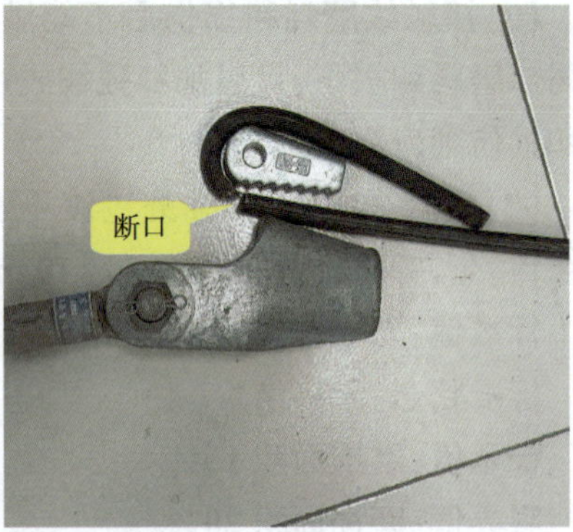

（b）断口处解体照

图 7-10 接触线断口

索质量不合格，供电段及时联系工程指挥部进行了更换。接触线裂纹、径缩如图 7-11 所示。

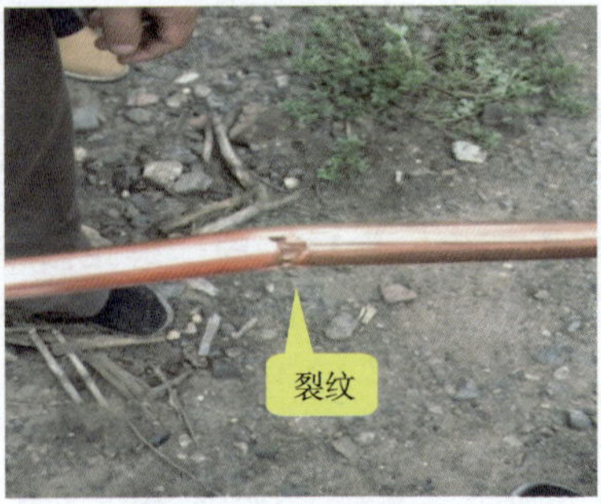

（a）接触线裂纹

（b）接触线径缩

图 7-11 接触线裂纹、径缩

【案例 3】列车运行至 85 号接触网支柱处时发生弓网故障，受电弓被打坏，连续三根接触网吊弦被打断。原因为 85 号支柱处接触线定位点拉出值达 600 mm，超出《普铁维规》规定的 450 mm 限界值而发生打弓。

【案例 4】列车运行至站内因受电弓无法取流而停车。原因是施工单位改造后的软横跨处接触线最大高度为 6 990 mm，远超《普铁维规》中“接触线高度限界值上限为 6 500 mm”的规定，机车通过时无法取流。

【案例 5】列车通过区间 116~117 号接触网支柱跨中时，接触线发生断线，断线的接触线将列车缠住，导致连续 9 个定位全部打掉，吊弦刮掉，腕臂打弯三根，影响供电 329 min。原因是接触线磨耗严重，供电段未及时发现。

【案例 6】K1377+750 m 处接触网器件式分相绝缘器线夹处接触线发生断线，构成铁路交通一般 C 类事故。断线处接触线磨耗比例达 20. 24%，超过《普铁维规》中“磨损面积不大于 20%”的规定，供电段检修过程中未及时发现，在接触线张力及受电弓振动力的长期作用下发生断线。磨耗超标的接头线夹处接触线如图 7-12 所示。

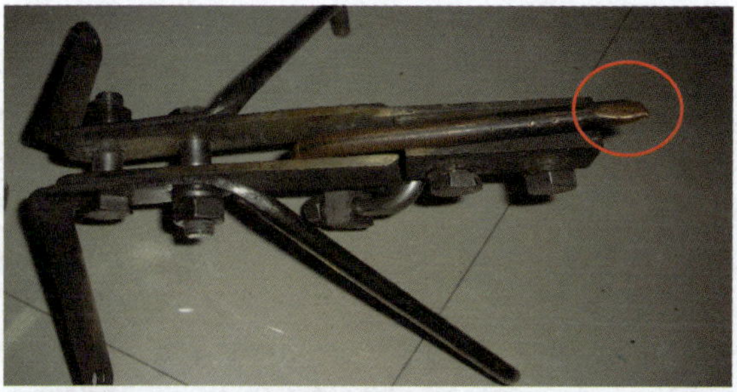

图 7-12　磨耗超标的接头线夹处接触线

【案例 7】供电段将车站分段绝缘器拆除后，在使用接触线接续过程中，接触线未全部落入接头线夹槽内且两接触线接头未在接头线夹的正中，两接头中间存在 10 mm 的间隙，导致作业完毕送电后发生接触线抽脱，影响列车 19 列。接头线夹抽脱如图 7-13 所示。

【案例 8】电力机车从车站 5 道开车后，机车受电弓拉弧、失压、跳主断，司机采取降弓、紧急停车措施。原因为站内临 32 号接触网支柱西 2 吊弦处接触线扭面，机车受电弓碳滑条与偏斜的吊弦线夹发生冲击，造成受电弓拉弧。接触线扭面如图 7-14 所示。

【案例 9】接触线中心锚结绳附近接触线存在硬弯，3C 检测发现后工区上网进行了正弯处理，接触线恢复平顺状态。存在硬弯接触线如图 7-15 所示。

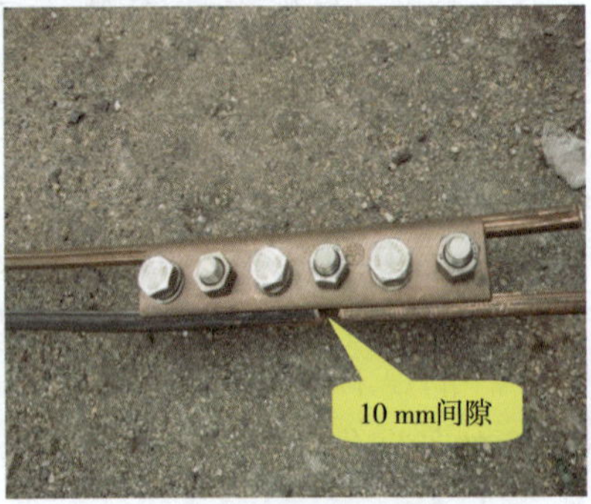

（a）抽脱的接头线夹

（b）现场设备

图 7-13　接头线夹抽脱

图 7-14　接触线扭面

图 7-15　存在硬弯接触线

吊弦(索)

第一百一十条　吊弦

吊弦分环节吊弦和整体吊弦,优先采用整体吊弦。

(一)吊弦偏移

标准值:在无偏移温度时处于铅垂状态。当温度变化且承力索、接触线采用不同材质时,吊弦顺线路方向偏移符合安装曲线要求。

标准状态:同标准值。

警示值:不大于吊弦长度的1/4。

限界值:不大于吊弦长度的1/3。

(二)吊弦状态

吊弦的长度要能适应在极限温度范围内接触线的伸缩和弛度的变化,否则应采用滑动吊弦。

环节吊弦:至少应由两节组成,每节的长度以不超过600 mm为宜。吊弦回头应均匀迂回,长度为150~180 mm。吊弦环直径应为其线径的5~10倍。吊弦磨耗的面积不得超过原面积的50%。

整体吊弦:预制长度应与计算长度相等,偏差应不大于±2 mm,外观无断股、烧伤或其他不良状态。

吊弦线夹在直线处应保持铅垂状态,曲线处应垂直于接触线工作面。曲线处接触线吊弦线夹螺栓应穿向曲线外侧。

(三)吊弦间距

标准值:设计值。

标准状态:标准值±100 mm。

警示值:12 m。

限界值:15 m。

(四)两相邻吊弦点接触线高差

标准值:0 mm。

标准状态:10 mm。

警示值:30 mm。

限界值:50 mm。

(五)整体吊弦损伤

标准值:无损伤。

标准状态:无损伤。

警示值:断 3 根单丝。

限界值:断 7 根单丝。

【案例 1】接触线吊弦线夹偏斜侵入受电弓动态包络线,与《普铁维规》中"吊弦线夹在直线处应保持铅垂状态,曲线处应垂直于接触线工作面"的规定不符,造成通过列车受电弓被打坏。偏斜的吊弦线夹及打坏的受电弓如图 7-16 所示。

(a)偏斜的吊弦线夹

(b)打坏的受电弓

图 7-16　偏斜的吊弦线夹及打坏的受电弓

【案例 2】供电段检修发现接触线吊弦线夹未卡入接触线线槽,及时进行了处理。处理前后如图 7-17 所示。

在接触网设备运行中,接触网吊弦折断、脱落等问题多发,存在击打列车受电弓的安全风险。

【案例 1】接触网吊弦(不带载流环的可调式整体吊弦)折断,吊弦下部遗留在接触线上,中上部缠绕在列车受电弓上。原因是吊弦调节固定螺栓与心形环距离较长(约为 40 mm),不满足固定螺栓顶住心形环下部

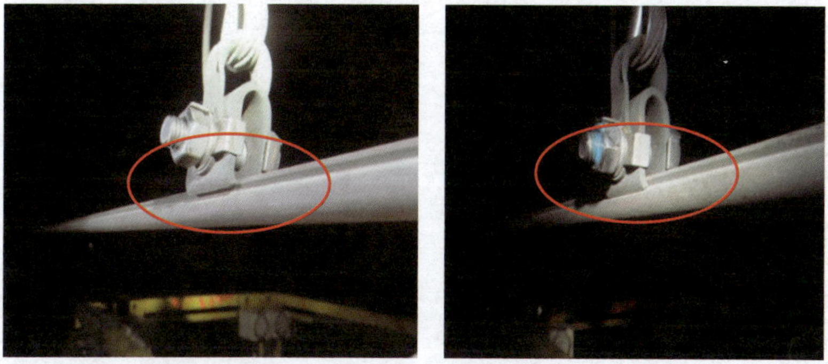

（a）处理前　　　　（b）处理后

图 7-17　处理前后

安装的要求，在通过列车的抬升下，吊弦从心形环脱离后磨断下垂影响行车。折断吊弦如图 7-18 所示。

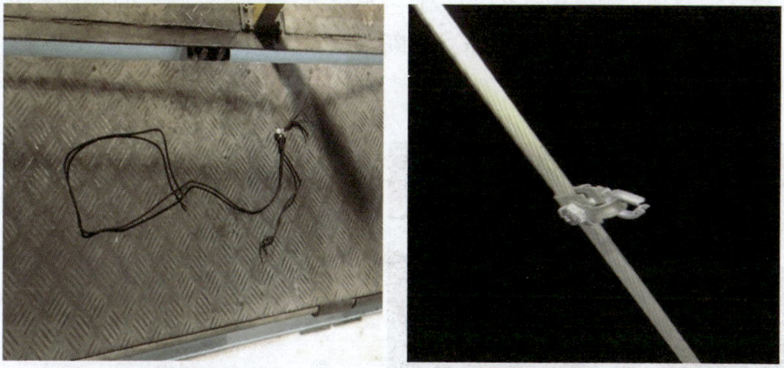

（a）受电弓上吊弦　　　　（b）承力索上遗留的吊弦线夹

图 7-18　折断吊弦

【案例 2】接触网吊弦从承力索线夹心形环处断裂后下垂造成列车跳闸。原因为吊弦未安装载流环，列车通过时接触线抬升使吊弦在承力索线夹吊环和吊弦心形环之间存在动态间隙，当电流在流经线夹吊环与心形环时，对心形环上的吊弦线放电，因未设置载流环进行分流，长时间作用后引起吊弦在心形环位置处烧损。烧损吊弦如图 7-19 所示。

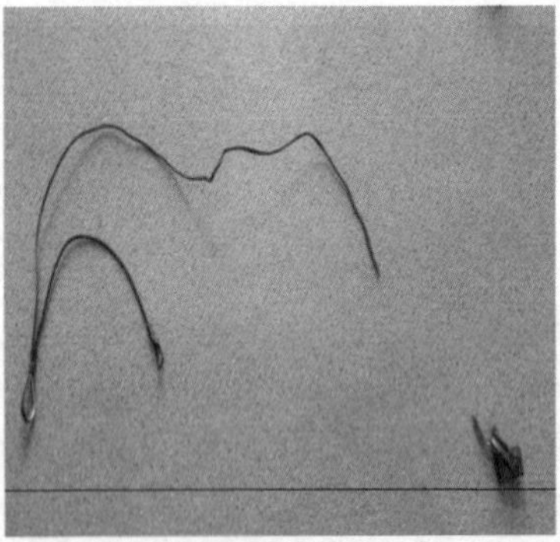

（a）折断吊弦

（b）承力索吊弦线夹

图 7-19　烧损吊弦

【案例 3】区间上行 648 号接触网支柱西侧第 3 根吊弦从上部压接管处折断,吊弦下垂并低于接触线工作面,列车通过时发生自动降弓。原因为吊弦本体与载流环压接部位施工工艺不标准,压接管压接方向错误,线索受力不均,应力集中,疲劳折断。折断吊弦及吊弦示意如图 7-20 所示。

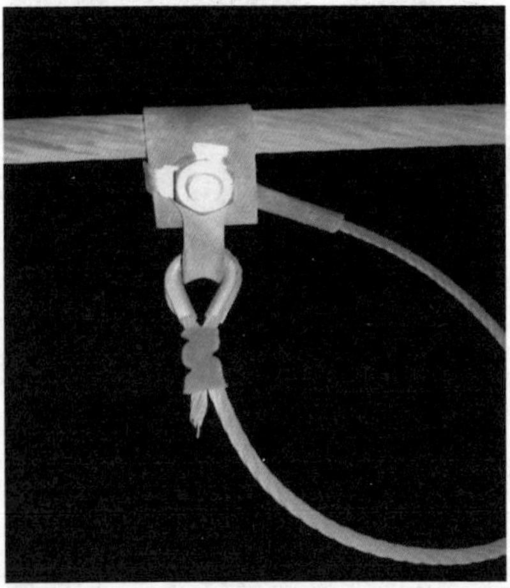

（a）折断吊弦

（b）吊弦示意

图 7-20　折断吊弦及吊弦示意

【案例 4】供电段分析视频发现接触网吊弦多股折断，及时上线进行了处理。断口位置位于压接管内侧，原因为在施工压接过程中导致吊弦线受伤，运行过程中列车通过产生振动导致吊弦断裂。吊弦断股及断口如图 7-21 所示。

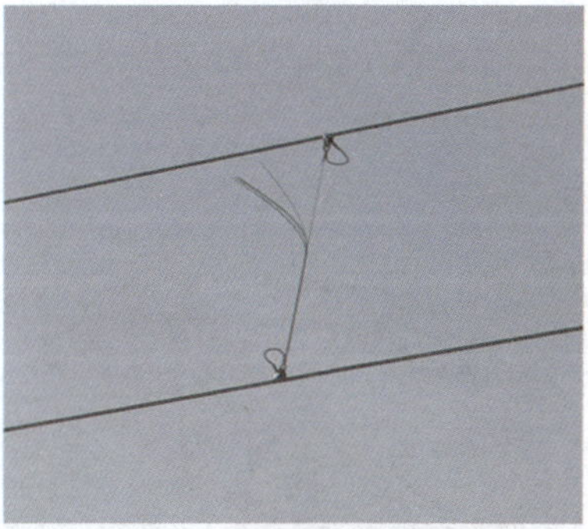

（a）断股

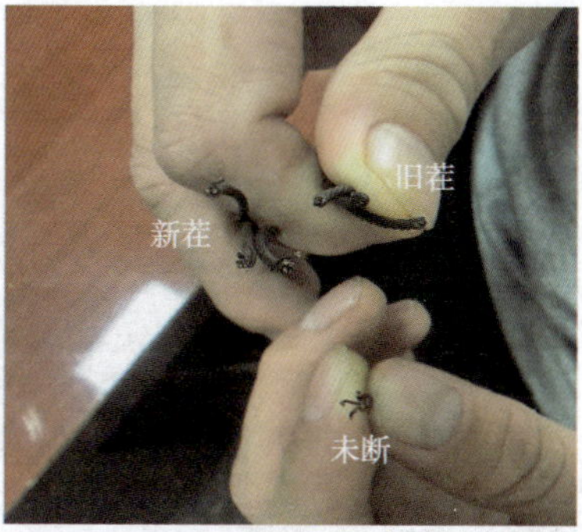

（b）断口

图 7-21 吊弦断股及断口

【案例 5】接触网吊弦从承力索处脱落，击打通过列车受电弓。原因为承力索吊弦螺栓没有按标准力矩进行紧固，加之止动垫片安装不到位，造成运行中承力索侧吊弦螺栓脱落，吊弦下垂后打坏通过列车受电弓。故障现场及打坏受电弓如图 7-22 所示。

（a）故障现场

（b）打坏受电弓

图 7-22 故障现场及打坏受电弓

【案例 6】上行线接触网吊弦从上部脱落,通过列车自动降弓。原因为吊弦线夹螺栓在施工安装时,止动垫片未按工艺安装到位,导致防松措施失效,螺栓松脱后,整体吊弦从承力索线夹处脱出。吊弦脱落前后如图 7-23 所示。

(a) 通过前吊弦已脱落　　(b) 吊弦碰到受电弓后脱落

图 7-23　吊弦脱落前后

第一百一十一条　弹性吊索和简单悬挂吊索

(一)吊索须用绞线制成并保持一定的张力,不得松弛。

(二)在无偏移温度时,吊索在悬挂点两端的长度应相等,允许相差不超过 400 mm。

(三)吊索不得有散股、断股(丝)、接头、补强、硬弯。

(四)弹性吊索两端与承力索的连接符合设计规定。

(五)简单悬挂吊索应与悬吊滑轮材质一致,与接触线的连接符合设计规定。

【案例】隧道内弹性吊索从线夹内疲劳折断脱出,与通过列车发生弓网故障,影响供电 226 min,构成铁路交通一般 D 类事故。原因为弹性吊索整体吊弦安装位置不当,根据设计图弹性吊索的整体吊弦安装位置应在距吊索线夹 3 000 mm 处,实际只有 280 mm。因为距离太近,接触网振动引起吊索线夹处的反复弯曲程度加大,致使疲劳折断(共 7 股,6 股有旧断痕)。折断处及断面如图 7-24 所示。

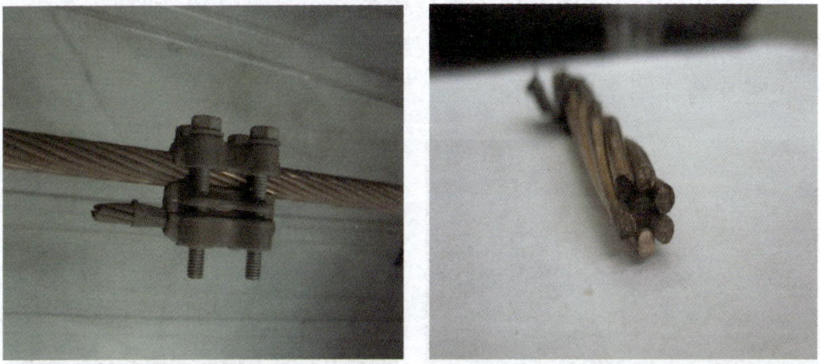

（a）折断处　　（b）断面

图 7-24　折断处及断面

运行中发生过多起弹性吊索与定位管支撑、定位管吊线、承力索座等相磨的突出隐患。弹性吊索互磨多为列车运行过程中的动态互磨，检查不易发现。一旦吊索断脱，缠绕通过列车受电弓，后果不堪设想。

【案例】隧道内 S011 号吊柱处接触网弹性吊索断裂，中断供电 145 min。原因为 S011 号吊柱处弹性吊索与 S009 号吊柱定位管斜拉线距离较小，受电弓通过时，发生动态相磨，最终导致弹性吊索因磨耗在自身张力作用下发生断裂。吊索断头磨痕及定位管斜拉线磨痕如图 7-25 所示。

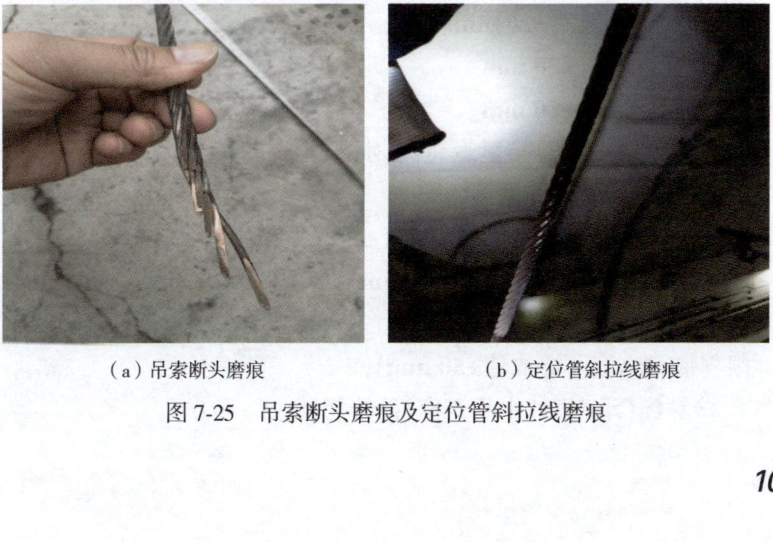

（a）吊索断头磨痕　　（b）定位管斜拉线磨痕

图 7-25　吊索断头磨痕及定位管斜拉线磨痕

进一步组织排查,还发现了弹性吊索与定位管支撑、弹性吊索落入拉线钩、弹性吊索与承力索座互磨等突出隐患。弹性吊索与定位管支撑、承力索底座互磨如图 7-26 所示。

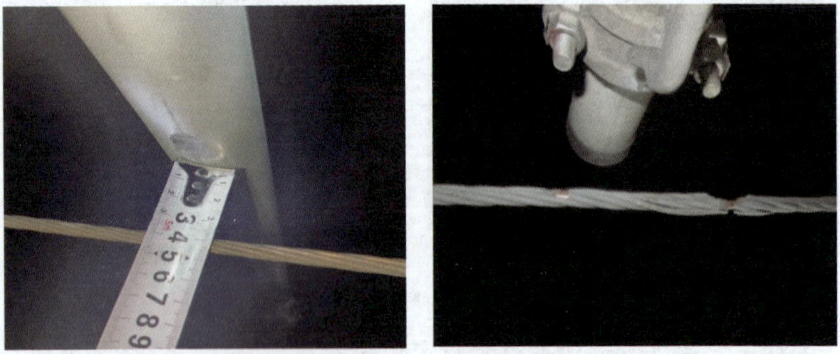

(a) 弹性吊索与定位管支撑互磨　　(b) 弹性吊索与承力索底座互磨

图 7-26　弹性吊索与定位管支撑、承力索底座互磨

锚段关节及关节式分相

第一百一十二条　绝缘锚段关节及关节式分相

(一) 转换柱处两悬挂垂直距离、水平距离

标准值:设计值。

标准状态:标准值±20 mm。

警示值:标准值±30 mm。

限界值:标准值±50 mm。

(二) 中心柱处两悬挂垂直距离、水平距离

1. 接触线(承力索)垂直距离。

标准值:等高(设计值)。

标准状态:20 mm(标准值±20 mm)。

警示值:20 mm(标准值±30 mm)。

限界值:30 mm(标准值±50 mm)。

2. 接触线(承力索)水平距离:同转换柱。

3. 中心柱处接触线等高点接触线高度不应低于相邻工作支吊弦点，允许高于相邻吊弦点 0~10 mm。

五跨锚段关节中间跨为过渡跨，接触线等高点（屋脊处）宜在过渡跨跨中，高度比相邻定位点工作支接触线抬高 0~40 mm。

（三）两接触悬挂接触线工作支过渡处调整符合运行要求。

（四）转换柱处绝缘子串距悬挂点的距离符合设计要求，允许偏差±50 mm。承力索、接触线两绝缘子串上下应对齐，允许偏差±100 mm。

（五）任何情况下，两接触悬挂及定位支撑装置带电体各部分应满足空气绝缘间隙要求。锚段关节内的定位支撑、吊弦载流环、斜拉线等不得减小空气绝缘间隙。

（六）关节式分相中性区和无电区长度符合设计要求。

（七）绝缘锚段关节处隔离开关宜安装在开口侧。

【案例 1】冬季低温天气下，接触网六跨锚段关节电分相东侧两支反定位管末端空气间隙不足实际处于导通状态，列车通过西侧断口时，受电弓滑板将西侧断口沟通，造成相间短路引发跳闸，短路电流将吊弦烧断，承力索烧断股。腕臂偏移及吊弦烧断如图 7-27 所示。

（a）两腕臂对向偏移　　（b）烧断的接触网吊弦

图 7-27　腕臂偏移及吊弦烧断

【案例 2】下行线接触网分相断口处接触网支柱两组腕臂在夏季高温的情况下对向偏移间距缩小，中性区接触网导通。电力机车从另一断口进入分相瞬间，分相两侧的两相接触网瞬间短路，造成接触网跳闸。腕臂对向偏移及其示意如图 7-28 所示。

（a）两腕臂对向偏移

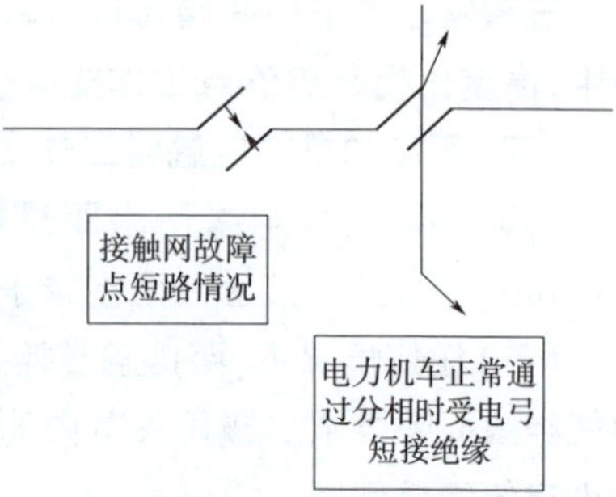

（b）示意

图 7-28　腕臂对向偏移及其示意

【案例 3】车站接触网支柱悬挂车站 1 锚段的腕臂偏移严重，导致 A 相供电臂与分相中性锚段绝缘距离不足，电力机车通过时受电弓短接 B 相供电臂与分相中性锚段，引起相间短路跳闸。接触网支柱腕臂偏移如图 7-29 所示。

图 7-29　5 号接触网支柱腕臂偏移

《接触网分相装置及设置的规定》（建技〔2004〕42 号）规定“锚段关节式电分相设计应满足多机多弓运输组织的需要，当列车编组采用多弓运行时，若多弓有高压母线连接，任意两受电弓的距离必须小于电分相无电区的长度;若多弓无高压母线连接,任意两受电弓之间的距离应小于无电区的长度或大于中性区的长度”。分相区弓网参数匹配不良存在造成分相接触网烧损甚至断线的严重隐患,在接触网分相改造、新图调整、新车型上线、新增回送径路等情况时,要全面研判风险,做好分相参数审核,确保行车安全。

【案例 1】列车通过分相时变电所 211、213 号馈线跳闸,同时前后受电弓均有放电现象。原因为调图后新车型与分相参数不匹配。跳闸接触网分相中性区长度 396 m,无电区长度 224. 3 m,新车型升 5 号和 15 号车受电弓过分相时受电弓间距 283. 5 m,受电弓间距大于分相无电区长度,与《接触网分相装置及设置的规定》(建技〔2004〕42 号)中“当列车编组采用多弓运行时,若多弓有高压母线连接,任意两受电弓的距离必须小于电分相无电区的长度”的规定不符,发生相间短路,造成接触网跳闸。

【案例 2】施工单位进行接触网锚段关节长分相(十二跨关节式两断口电分相,分相全长 623 m,无电区长度 222 m,中性区长度 518 m)改短分相(六跨关节式电分相,中性区长度小于 190 m),施工结束后过渡方案的分相参数和列车双弓间距不匹配(中性区 328 m,无电区 97 m),不满足长编动车组双弓过分相条件,长编动车组(双弓间距为 211. 5 m)通过分相时发生相间短路,烧断接触线及承力索,构成铁路交通一般 C 类事故。事故现场如图 7-30 所示。

图 7-30　事故现场

第一百一十三条　非绝缘锚段关节

(一)设计极限温度下,两悬挂各部分(包括零部件)之间的距离应保持 50 mm 以上。

(二)转换柱处两接触线水平距离。

标准值:设计值。

标准状态:标准值±20 mm。

警示值:标准值±50 mm。

限界值:标准值±100 mm。

(三)转换柱处两接触线垂直距离。

标准值:设计值。

标准状态:标准值±20 mm。

警示值:标准值±30 mm。

限界值:标准值±50 mm。

(四)中心柱处两接触线水平距离同转换柱处;中心柱处两接触线距轨面等高,允许偏差±20 mm。两接触悬挂接触线工作支过渡处接触线调整符合运行要求。

第一百一十四条　锚支接触线在其垂直投影与线路钢轨交叉处,应高于工作支接触线 300 mm 以上,并持续抬升至下锚处。下锚角钢安装高度应符合线索延伸下锚抬升的需要。

中 心 锚 结

第一百一十五条　中心锚结按其作用分为防断和防窜两种形式。设置位置满足其两边接触悬挂的补偿条件基本相等。

【案例】供电人员巡视发现车站 5 道多处接触网支柱定位器偏移,5 道 150 号中心锚结严重偏斜且三腕臂支柱斜腕臂底座角钢变形。原因为接触网中心锚结设计不合理,中心锚结两侧受力不均,与《普铁维规》中“设置位置满足其两边接触悬挂的补偿条件基本相等”的规定不符,造成锚段整体向车站西侧窜动,由于受力较大,造成三腕臂底座角钢发生变形。三腕臂中心锚结及其安装示意如图 7-31 所示。

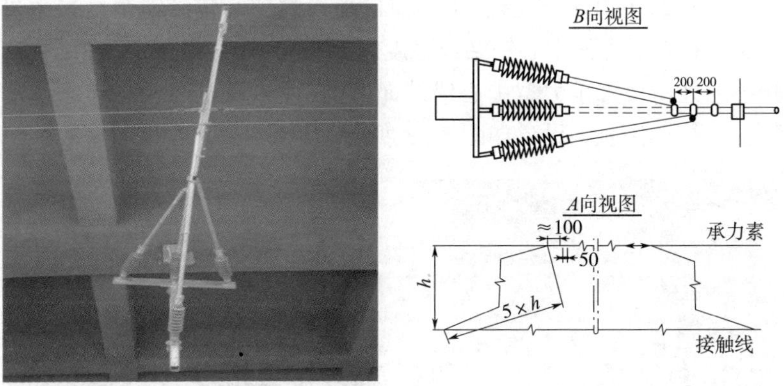

（a）现场　　（b）三腕臂中心锚结安装示意（单位：mm）

图 7-31　三腕臂中心锚结及其安装示意

第一百一十六条　防断中心锚结

(一)中心锚结安装位置、形式、采用的线材及连接件规格、型号应符合设计要求。

(二)承力索中心锚结绳。

1. 中心锚结绳范围内承力索不得有接头和补强。

2. 中心锚结绳、固定线夹应与承力索材质匹配,其设置位置符合设计要求,承力索中心锚结线夹辅助绳外露长度不小于 50 mm。

3. 中心锚结绳弛度应等于或略高于该处承力索弛度,承力索中心锚结绳在其垂直投影与线路钢轨交叉处,应高于接触线 300 mm 以上。

4. 中心锚结绳的张力符合设计要求。

发生过多起承力索中心锚结绳击打通过列车受电弓的安全问题。造成承力索中心锚结绳击打通过列车受电弓的因素很多,常见原因有以下几种:

(1)设计不合理

【案例】夏季 K706+491 m 处承力索中心锚结绳弛度过大,与通过列车发生弓网故障。原因为设计不合理,承力索中心锚结绳所在跨距结构高度仅为 600 mm，而根据设计单位提供的该线“中心锚结绳张力及弛度曲线图”，在跨距 50 m 气温达 40 ℃时，承力索中心锚结绳弛度最大可达 520 mm，40 ℃承力索中心锚结绳弛度仅比接触线高 80 mm。在结构高度如此小的处所设置承力索中心锚结绳，存在侵入受电弓动态包络线的安全隐患。打坏接触网设备如图 7-32 所示。

图 7-32　打坏接触网设备

(2)施工原因

未按设计方案施工，施工时不按照温度曲线进行承力索中心锚结绳的架设，均存在造成承力索中心锚结绳击打受电弓的安全风险。

【案例 1】下行线 K706+500 m 处承力索中心锚结绳低于接触线 173 mm，与通过的列车发生刮弓故障。原因是未按照设计图施工。设计图该处承力索中心锚结设计位置在 G057—G059—G061 号接触网支柱间，施工单位将 G057 号接触网承力索中心锚结绳落锚改移到 G055 号接触网支柱，且未按照“中心锚结绳张力及弛度曲线图”调整线索弛度，高温天气情况下承力索中心锚结绳弛度低于接触线，引发弓网故障。刮弓故障如图 7-33 所示。

【案例 2】施工改造后承力索中心锚结绳弛度过大，侵入受电弓动态包络线，发生弓网故障影响行车。承力索中心锚结绳上线路侧有侧向刮

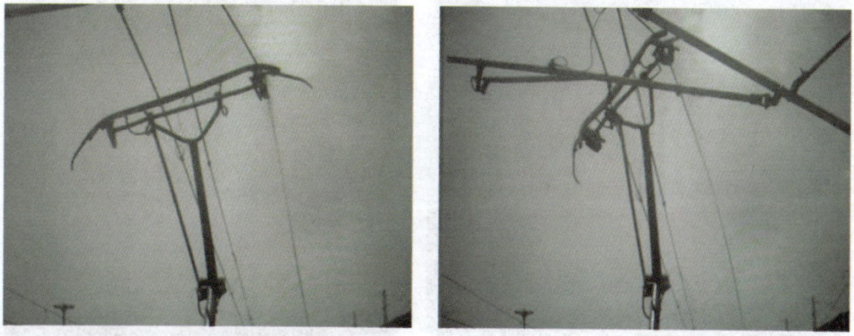

（a）弓角从中心锚结绳上方钻入　　（b）受电弓与支柱定位装置刮碰

图 7-33　刮弓故障

痕，该刮痕长度 350 mm。刮痕位置及现场示意如图 7-34 所示。

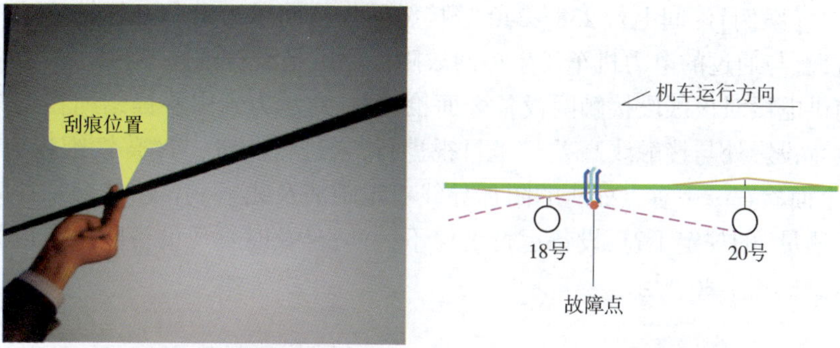

（a）刮痕位置　　（b）现场示意

图 7-34　刮痕位置及现场示意

【案例 3】区间 567～569 号接触网支柱间承力索中心锚结绳仅高于接触线 289 mm，与《普铁维规》中“承力索中心锚结绳在其垂直投影与线路钢轨交叉处，应高于接触线 300 mm 以上”的规定不符，造成通过列车发生弓网故障。原因是未按照设计图施工。设计图中承力索中心锚结绳下锚角钢安装高度比承力索悬挂高度高 500 mm，现场实测承力索中心锚结绳下锚安装高度仅比承力索悬挂安装高度高 220 mm；设计安装曲线中 15 ℃时弛度为 333.6 mm，现场实测弛度为 919 mm，与设计弛度相差达 585.4 mm，反映出不按设计施工的问题。现场如图 7-35 所示。

（a）受电弓钻弓　　（b）下锚安装

图 7-35　现场

(3)运行维修不科学

【案例】区间上行 238~240 号接触网支柱间承力索中心锚结绳弛度过大,与通过的电力机车发生弓网故障。原因是设备维修不科学,1 个月前供电段对该区段接触网设备全面检查时,对承力索中心锚结绳在钢轨垂直投影处与接触线高差只是目视进行,未进行测量,与《普铁维规》中"全面检查……重点处所的附加导线对地距离及线索、引线、接触悬挂间距测量"的规定不符,设备运行维修不科学,未及时发现设备隐患。现场示意如图 7-36 所示。

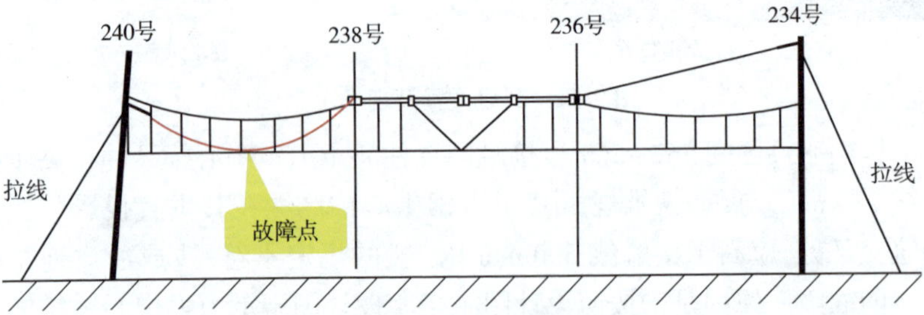

图 7-36　现场示意

(4)设备巡视不到位

【案例】夏季暑期高温天气下(七月中旬),279~283 号接触网支柱间承力索中心锚结绳低于接触线,列车受电弓钻入承力索中心锚结绳,发生弓网故障。查阅工区巡视记录，暑期以来未进行高温巡视，未能及时发现设备隐患。故障现场及临时处理如图 7-37 所示。

（a）故障现场　　（b）临时处理

图 7-37　故障现场及临时处理

（5）补偿装置卡滞

【案例 1】隧道内 T16 号承力索棘轮补偿绳与棘轮边沿偏磨卡滞，中心锚结小里程的半个锚段因下锚卡滞，接触网无法正常调节张力变化，中心锚结大里程的半个锚段能正常调节接触网张力变化，整锚段的线索向大里程移动，造成承力索中心锚结绳的弛度增大，侵入受电弓的动态包络线，与通过列车发生弓网故障。偏磨现场及打坏的受电弓如图 7-38 所示。

（a）补偿绳与棘轮边沿偏磨　　（b）被打坏的受电弓

图 7-38　偏磨现场及打坏的受电弓

【案例 2】下行线补偿装置卡滞，导致 33～35 号接触网支柱间中心锚结绳弛度变大低于接触线，侵入受电弓动态包络线，造成通过列车受电弓钻弓，引发弓网故障。受电弓钻弓及中心锚结绳弛度如图 7-39 所示。

（a）受电弓钻弓　（b）中心锚结绳弛度大

图 7-39　受电弓钻弓及中心锚结绳弛度

(6)其他原因

【案例 1】供电段在将下行线承力索中心锚结的瓷质绝缘子更换为硅橡胶绝缘子后，未调整中心锚结绳长度，由于硅橡胶绝缘子较瓷质绝缘子重量轻，承力索中心锚结绳的重心向中心锚结线夹偏移，加之更换的硅橡胶绝缘子长度大于瓷质绝缘子，造成承力索中心锚结绳弛度变大后发生弓网故障。

【案例 2】施工单位在车站进行改锚作业，改锚过程中将一端旧线撤除 300 m，中心锚结位置却未改动，致使中心锚结两端接触线、承力索的长度不等，造成中心锚结两侧的张力不均匀，导致线索向一侧移动，造成 38 号接触网支柱西侧中心锚结绳松弛。

(三)接触线中心锚结绳。

1. 中心锚结所在的跨距内接触线不得有接头和补强。

2. 中心锚结绳范围内不得安装吊弦和电连接。两端距相邻的吊弦或电连接距离不得小于 500 mm。

3. 中心锚结绳处于受力状态,不得触及弹性吊索,不得改变相邻吊弦受力和接触线高度。

4. 中心锚结绳两端与承力索固定线夹的设置和间距符合设计要求。接触线侧锚结绳压接后回头外露长度不小于 20 mm。

【案例 1】接触线补偿装置卡滞,导致接触线中心锚结绳松弛,低于接触线,击打通过列车受电弓。现场示意如图 7-40 所示。

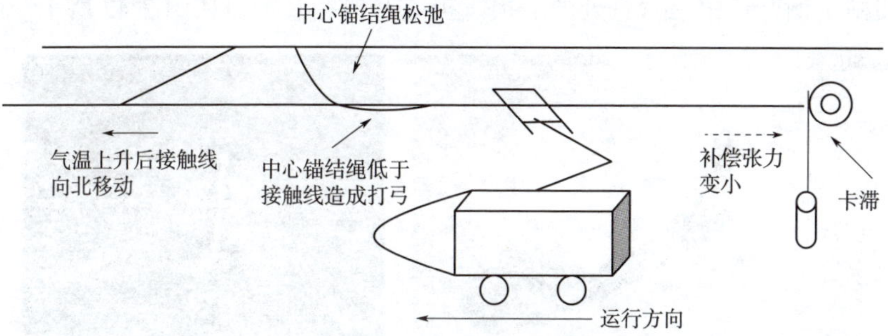

图 7-40　现场示意

【案例 2】承力索补偿装置卡滞,夏季高温情况下接触线中心锚结绳低于接触线,及时被工区巡视检查发现后进行了处置。接触线中心锚结绳低于接触线如图 7-41 所示。

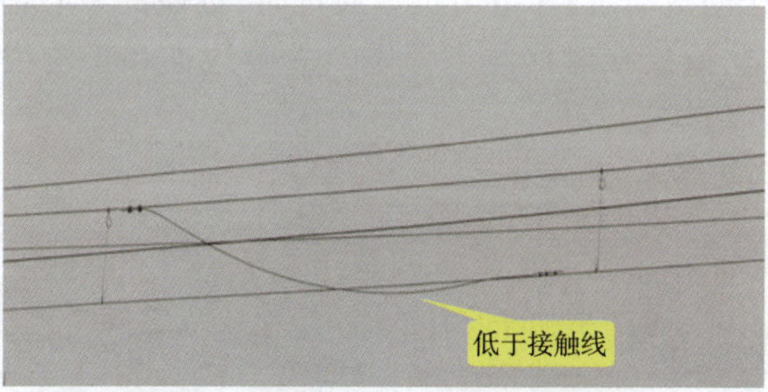

图 7-41　接触线中心锚结绳低于接触线

(四)接触线中心锚结线夹。

1. 中心锚结线夹应安装牢固,在直线上保持铅垂状态,在曲线上与接触线的倾斜度一致。

2. 中心锚结线夹处接触线高度与相邻吊弦处接触线高度应相等，允许偏差 0~20 mm。

【案例 1】接触线中心锚结线夹铜质开口销折断，销钉脱落，接触线中心锚结绳垂地，发生接触网跳闸。折断一侧的开口销弯折角度不足 60°，未折断一侧开口销未弯折，且该处不锈钢销钉未安装垫片，造成受电弓通过后接触网振动时铜开口销与不锈钢销钉之间相对窜动的活动量增加，加剧了铜开口销在弯折处的磨损。折断开口销及销钉如图 7-42 所示。

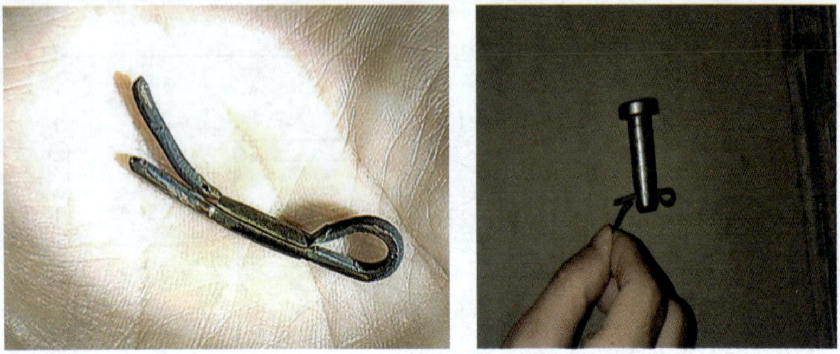

图 7-42 折断开口销及销钉

【案例 2】接触线上的中心锚结绳线夹钳压管压接力不足，中心锚结绳与钳压管松动后抽脱，在电力机车通过时，抽脱的中心锚结绳与车顶发生接地放电，造成接触网跳闸停电。故障线夹和正常线夹如图 7-43 所示。

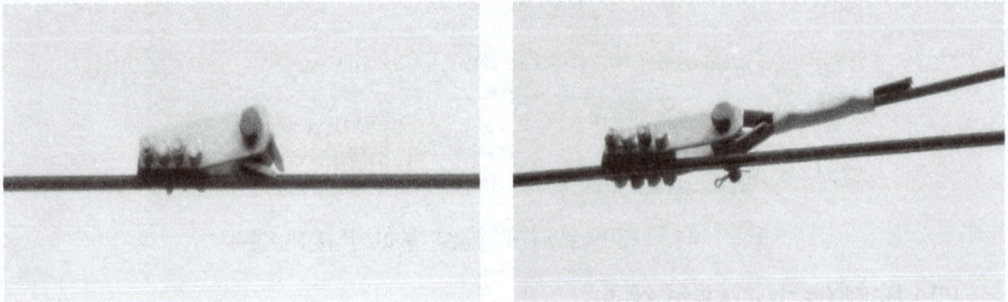

（a）故障线夹 （b）正常状态线夹

图 7-43 故障线夹和正常线夹

【案例 3】下行线接触线中心锚结线夹紧固不到位，接触线中心锚结线夹向承力索中心锚结线夹方向偏移，接触线中心锚结绳弛度变大下垂侵入受电弓动态包络线，造成通过列车紧急降弓。弛度变大的中心锚结和列车抬高接触线后中心锚结绳情况如图 7-44 所示。

（a）弛度变大中心锚结　　（b）列车抬高接触线后中心锚结绳情况

图 7-44　弛度变大的中心锚结和列车抬高接触线后中心锚结绳情况

第一百一十七条　防窜中心锚结

（一）防窜绳两端固定线夹的设置和间距符合设计要求。

（二）接触线中心锚结绳与防断式相同。

线　岔

第一百一十八条　由正线与侧线组成的交叉线岔，正线接触线位于侧线接触线的下方；由侧线和侧线组成的交叉线岔，距中心锚结较近的接触线位于下方。

【案例】施工单位在车站上行 22 号支柱处进行上下行渡 2 锚段倒锚，施工时作业组织不合理，发生锚段位移，造成车站下行 11 号线岔侧线接触线低于正线，与《普铁维规》中“由正线与侧线组成的交叉线岔，正线接触线位于侧线接触线的下方”的规定不符，导致列车通过时发生弓网故障。弓网故障现场如图 7-45 所示。

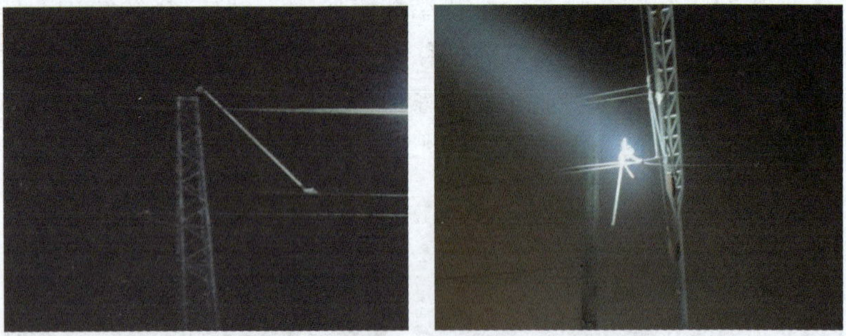

（a）线岔限制管脱落　　（b）折断的受电弓

图 7-45　弓网故障现场

第一百一十九条　单开、对称(双开)道岔的交叉线岔

(一)道岔定位支柱位置应符合设计。

(二)线岔交叉点两侧定位点拉出值满足设计要求,并应保证两接触线交叉点位于规定范围内,任何情况下线岔定位拉出值不大于450 mm。

(三)交叉点位置。

标准值:横向距两线路任一线路中心不大于350 mm,纵向距道岔定位大于2.5 m。

标准状态:交叉点位于道岔导曲线两内轨距735~1 050 mm范围的横向中间位置。允许偏差±50 mm。

警示值:同标准状态。

限界值:交叉点位于道岔导曲线两内轨距630~1 085 mm范围的横向中间位置。允许偏差±50 mm。

(四)两接触线高差。

标准值:当两支接触线均为工作支时,两线相距500 mm、800 mm处,正线线岔的侧线接触线比正线接触线高20 mm,侧线线岔两接触线等高;当一支为非工作支时,距线路中心800 mm处,非工作支接触线比工作支接触线抬高80 mm,并向下锚方向均匀抬升。

标准状态:当两支接触线均为工作支时,两线相距500 mm、800 mm处,正线线岔侧线接触线比正线接触线高15~25 mm,侧线线岔两接触线

高差不大于 20 mm；当一支为非工作支时，其距线路中心 800 mm 处，非工作支接触线比工作支接触线抬高 60～90 mm，并向下锚方向均匀抬升。

警示值：同标准状态。

限界值：当两支接触线均为工作支时，两线相距 500 mm、800 mm 处，正线线岔侧线接触线比正线接触线高 10～30 mm，侧线线岔两接触线高差不大于 30 mm；当一支为非工作支时，其距线路中心 800 mm 处，非工作支接触线比工作支接触线抬高 50～100 mm，并向下锚方向均匀抬升。

（五）限制管。

限制管长度符合设计要求，安装牢固，并使两接触线有一定的活动间隙，保证接触线自由伸缩。

（六）始触区。

线岔两工作支中，任一工作支的垂直投影距另一股道线路中心 600～1 050 mm 的范围内，不得安装任何线夹。

（七）道岔定位器支座、软横跨定位立柱不得侵入本线及邻线受电弓动态包络线。

（八）道岔开口方向、道岔定位后的第一个悬挂点设在线间距大于等于 1 220 mm 处，并应保证两线接触悬挂的任一接触线分别与相邻线路中心的距离不小于 1 220 mm。

（九）当非工作支下锚偏角大于 10°时，非工作支应延长一跨并适当抬高后下锚。

（十）两支承力索交叉处，垂直间距不应小于 60 mm。

【案例 1】列车运行至车站 30 号接触网线岔时发生弓网故障。现场对 30 号线岔进行测量，发现 30 号线岔线间距 500 mm 处高差为 65 mm，与《普铁维规》规定不符。弓网故障现场如图 7-46 所示。

【案例 2】施工后的车站 39 号线岔限制管定位线夹未装入接触线沟槽，运行 36 天后限制管一端从接触线抽脱，与通过列车车体放电造成跳闸。限制管抽脱现场如图 7-47 所示。

（a）现场全景

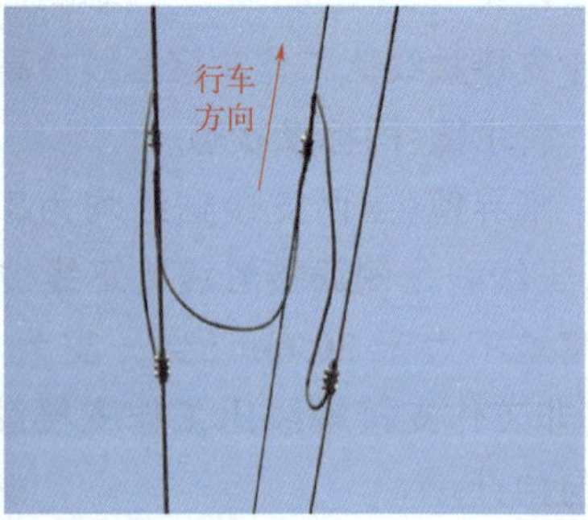

（b）刮弓位置

图 7-46　弓网故障现场

图 7-47　限制管抽脱现场

【案例 3】列车在车站上行出站处打弓。查看随车 3C 视频，发现该站上行 24～26 号支柱间 9 号线岔限制管脱落，接触线上只剩两个线岔定位线夹。故障原因为线岔限制管一侧连接双耳与侧线接触线长期互磨，造成连接双耳的套筒壁被磨漏，限制管从方头螺栓中脱出，侵入动态包络线，发生弓网故障。3C 视频截图及磨损定位线夹如图 7-48 所示。

【案例 4】列车运行至上行线线岔处发生弓网故障停车。原因为对线岔始触区的概念不清楚，技术标准不掌握。施工中线岔定位位置改变后，施工及盯控人员只对拉出值、岔心、500 mm 处抬高进行了测量，而忽略了

（a）3C视频截图

（b）线岔定位线夹磨损

图 7-48　3C 视频截图及磨损定位线夹

线岔始触区的测量，施工后线岔始触区（距离另一股道线路中心 743 mm 处）存在定位线夹，与《普铁维规》中"线岔两工作支中，任一工作支的垂直投影距另一股道线路中心 600～1 050 mm 的范围内，不得安装任何线夹"的规定不符，列车运行通过此处时发生弓网故障。弓网故障现场如图 7-49 所示。

（a）故障现场

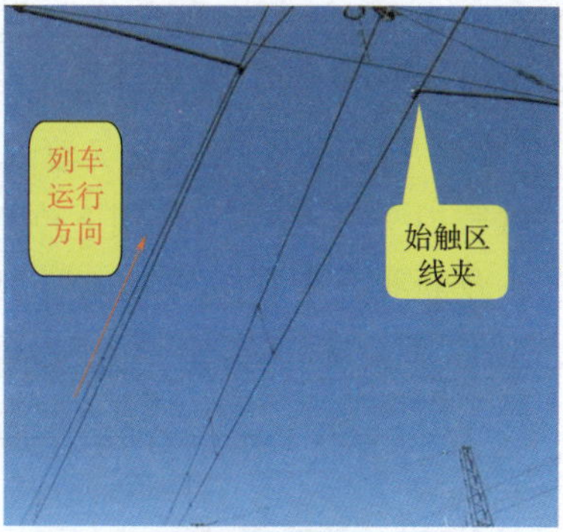

（b）现场设备

图 7-49　弓网故障现场

【案例 5】车站线岔电连接线夹安装在始触区内，与《普铁维规》中"线岔两工作支中，任一工作支的垂直投影距另一股道线路中心 600～1 050 mm 的范围内，不得安装任何线夹"的规定不符，列车通过时发生弓网故障,影响供电 24 min。现场全景和剐蹭痕迹如图 7-50 所示。

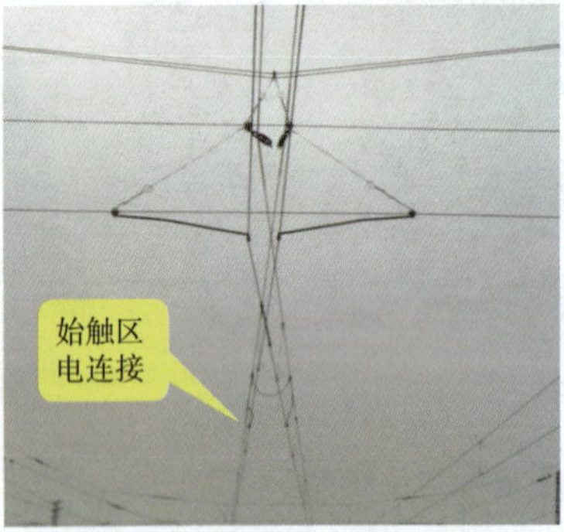

(a)现场全景

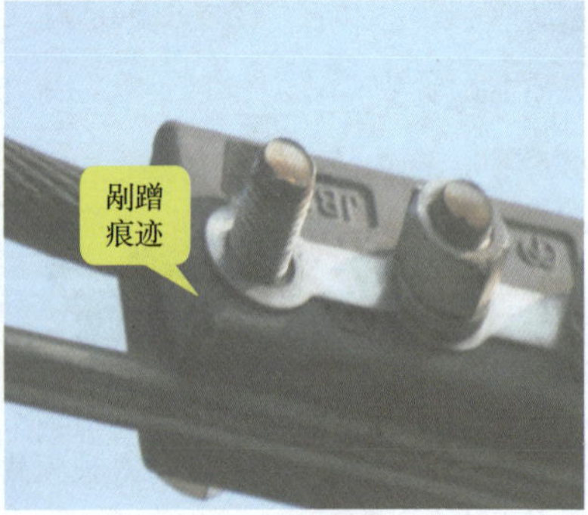

(b)剐蹭痕迹

图 7-50　现场全景和剐蹭痕迹

【案例 6】320 号道岔 174~188 号接触网支柱间承力索交叉互磨断线。原因是接触网设备检查缺乏专业手段。断线当月供电车间曾先后安排两次对断线处所接触网设备进行了人工检查,但检查时确定线索距离是否符合要求仅通过目视手段,未安排对交叉承力索的高差进行测量,致使隐患未能及时发现,最终导致接触网承力索断线。

【案例 7】车站 6~8 号交叉渡线承力索交叉处长期互磨,存在电腐蚀和机械磨损,在补偿张力作用下拉断,构成铁路交通一般 C 类事故。承力索断头及断线处全景如图 7-51 所示。

(a)承力索断头

(b)全景

图 7-51　承力索断头及断线处全景

【案例 8】供电段巡视发现 57~59 号支柱间承力索断股。原因为两承力索交叉处距离过小，在长期交叉互磨情况下发生断股（已磨断 3 股）。断股照片如图 7-52 所示。

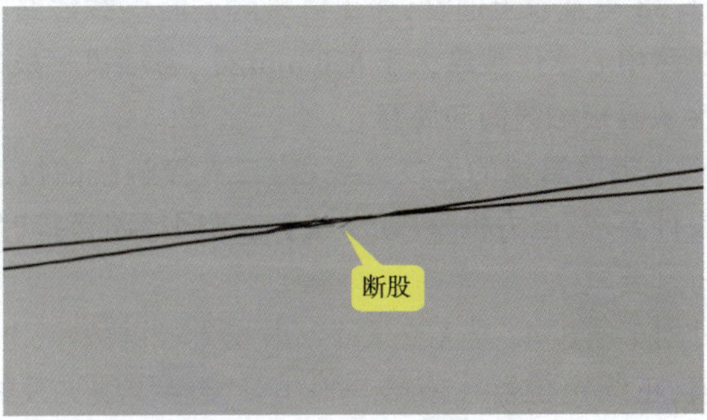

图 7-52　断股照片

第一百二十条　复式交分和交叉渡线道岔的交叉线岔

（一）复式交分道岔两接触线相交于中轴支距中点；交叉渡线道岔两接触线相交于两渡线中心线交点处。

标准值：0 mm。

标准状态：±50 mm。

警示值：±100 mm。

限界值：±150 mm。

（二）两接触线高差、限制管和始触区等，同单开道岔的线岔要求。

第一百二十一条　无交叉线岔

（一）岔心两端的定位柱距岔心距离符合设计规定。

（二）岔区腕臂顺线路偏移应符合设计要求，允许偏差±20 mm。

（三）两承力索垂直间距不应小于 60 mm。

（四）道岔柱处接触线高度应符合设计要求，两接触线之间的距离、任一接触线距离另一线路中心的距离应符合设计要求。任何情况下工作支拉出值不大于 450 mm。

（五）正线接触线距侧线线路中心，侧线接触线距正线线路中心水平投影 600～1 050 mm 范围为始触区。始触区不得安装除吊弦线夹以外的任何线夹类金具。

（六）对于 38 号及以上道岔，在正线接触线距侧线线路中心、侧线接触线距正线线路中心水平投影大于 850 mm 处，各增设一根吊弦，接触线吊弦线夹螺栓从两接触线间向外穿。

（七）对于带辅助悬挂的无交叉线岔，三支接触线的拉出值、定位点的抬升符合设计要求；电力机车（动车组）在不同径路运行时受电弓的动态包络线应符合要求。

【案例 1】列车通过 42 号无交叉线岔时发生弓网故障，Ⅱ道正线定位器侧面有刮痕，正线定位器往南第一根吊弦接触线线夹及螺栓有刮痕。原因为施工改造后仅对线岔处拉出值进行了测量，未对始触区进行检查，将定位器及定位线夹安装在始触区内，与《普铁维规》中“始触区不得安装除吊弦线夹以外的任何线夹类金具”的规定不符，造成通过列车发生弓网故障。损坏受电弓如图 7-53 所示。

图 7-53　损坏受电弓

【案例 2】供电人员进行接触网维修作业时，发现车站 177 号支柱定位点处接触线高度已磨耗 2. 6 mm（新线 14. 4 mm）。该站正线张力为 23 kN+28. 5 kN，渡线、侧线张力为 15 kN+15 kN。磨耗定位点位于该站侧线，接触网采用带第三辅助线索形式无交叉线岔，辅助索定位采用 TL 型非限位定位装置。原因为辅助线索接触线张力较小，列车高速运行时，接触线抬升量较大；由于非限位定位装置特型定位器与定位管间安装结构存在问题，接触线抬升到一定距离后，定位器与定位管接触形成硬点，长期运行后造成接触线局部磨耗严重。接触线磨耗如图 7-54 所示。

图 7-54 接触线磨耗

第一百二十二条 交叉吊弦

（一）交叉吊弦应安装在正线接触线距侧线线路中心线、侧线接触线距正线线路中心线水平投影 550～600 mm 的范围内，两交叉吊弦间距一般为 2 m。交叉吊弦与其他吊弦间距（始触区反侧）不大于 6～8 m。

（二）交叉吊弦的安装顺序应保证在受电弓从道岔开口方向进入时，先经过侧线承力索与正线接触线间的吊弦。

（三）交叉吊弦的承力索端采用滑动吊弦线夹时，绝缘垫块应安装正确，保证滑动灵活；交叉吊弦接触线端的吊弦线夹螺栓及载流环应朝向远离另一支接触线的方向，线夹倾斜角最大不得超过 15°。

接触网设计采用交叉吊弦目的是保证接触网线岔处两接触线的高差，但在应用中还应考虑线索伸缩窜动对线岔几何参数影响、绝缘安装形式下等电位问题，以及铁路大张力体系下实际同步抬升效果等具体情况。交叉吊弦连接的承力索及接触线属于不同的接触悬挂，当锚段长度差异较大或两只悬挂为相对方向下锚，在温度变化情况下，承力索和接触线沿线路方向的位移量不同。交叉吊弦采用非滑动吊弦或滑动吊弦滑动性能不良时,造成线岔几何参数超标,甚至出现吊弦缠绕及拉脱情况,风险较大。

【案例 1】列车运行过程中自动降弓停车,同时变电所 212 号馈线跳闸,重合成功。检查发现隧道内 D716~D718 号支柱间接触网吊弦断裂,遗留下部 1 个接触线吊弦线夹及 200 mm 吊弦线。断裂的接触网吊弦为交叉吊弦,其上部承力索端为绝缘安装形式,因绝缘垫块滑移后,吊弦承力索夹板固定螺栓处导电烧损熔穿,发生脱落,与通过列车发生弓网故障。吊弦安装及熔断烧穿吊弦夹板如图 7-55 所示。

(a) 现场安装情况

(b) 熔断烧穿的吊弦承力索夹板

图 7-55　吊弦安装及熔断烧穿吊弦夹板

【案例 2】列车运行至车站下行出站处自动降弓停车,现场检查确认 8 号道岔上方接触线交叉吊弦侧线接触线线夹脱落,击打受电弓导致自动降弓。原因为气温变化较大导致接触线向中心锚结偏移,正线与侧线的中心锚结分别在交叉吊弦的两侧,导致交叉吊弦张力变大,同时又因为接触线向吊弦受力侧扭面,从而导致吊弦脱落。吊弦线夹脱落及变形如图 7-56 所示。

【案例 3】接触网交叉吊弦烧断,造成 2 趟列车受电弓击打变形。原因为该处交叉吊弦存在分流情况,长期运行后交叉吊弦烧损、断脱。吊弦脱落及烧蚀如图 7-57 所示。

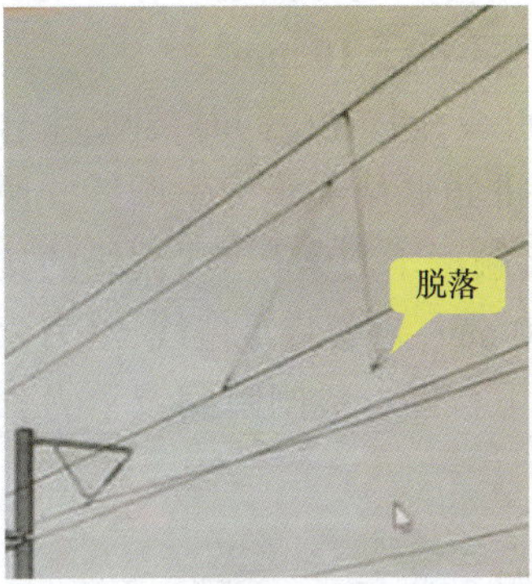

（a）交叉吊弦线夹脱落

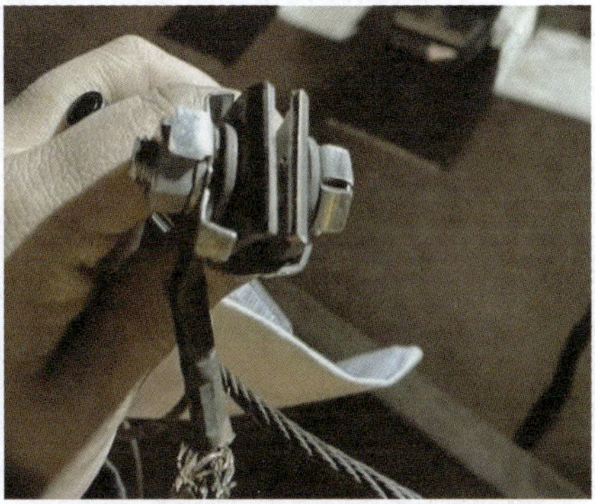

（b）线夹开口处变形

图 7-56　吊弦线夹脱落及变形

（a）吊弦脱落后刮碰受电弓弓角

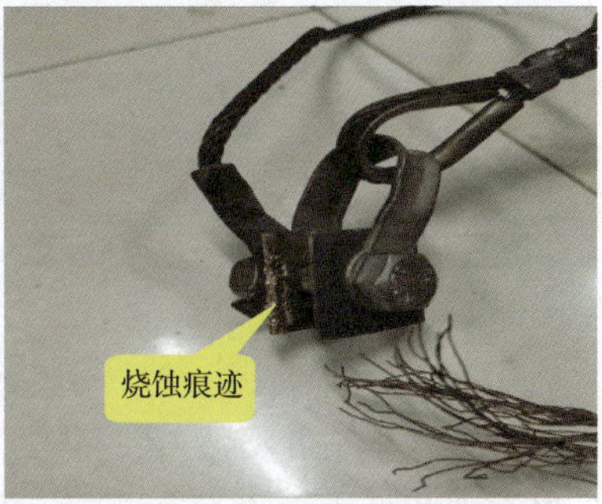

（b）交叉吊弦烧蚀痕迹

图 7-57　吊弦脱落及烧蚀

第一百二十三条　线岔的编号应以其所在的道岔编号命名。

电　连　接

第一百二十四条　在锚段关节、线岔、链型悬挂与简单悬挂的衔接处、加强线（载流承力索）的终端、车站电力机车（动车组）经常启动处的股道之间等处所，应装设电连接。

电连接位置和数量符合设计要求，安装位置允许偏差±500 mm。

交叉跨越线索间距不足 200 mm 的处所应加装等位线。等位线及其连接线夹应与被连接线索材质匹配，截面积不小于 10 mm^2。

【案例 1】变电所两条馈线（取自同一母线，同相位）同时跳闸，重合失败。检查发现馈线供电范围内车站Ⅳ道～Ⅱ道联络线承力索断线。原因为该站上行Ⅳ道～Ⅱ道（正线）联络线的接触网承力索与 D5 渡线的接触网承力索在跨中交叉，交叉处间隙不足 200 mm，未安装等位线，承力索间长期放电烧损，联络线承力索在张力作用下拉断。跳闸瞬间及承力索断头如图 7-58 所示。

（a）跳闸瞬间　　（b）承力索断头

图 7-58　跳闸瞬间及承力索断头

【案例 2】车站Ⅱ道渡线 2 锚段承力索断线。原因为 10 个月前工区已巡视发现此处承力索存在交叉互磨现象，车间片面认为在线索交叉附近区段加装电连接线便能消除电位差，组织在交叉处所 1 个跨距附近加装了电连接且位置不合理，《普铁维规》中“交叉跨越线索间距不足 200 mm 的处所应加装等位线”的规定没有得到落实，电力机车运行时两渡线存在分流，造成交叉处长期存在接触不良放电和电腐蚀现象，渡线 2 锚段承力索断股后最终被拉断。现场示意如图 7-59 所示。

【案例 3】电力机车车顶与接触网硬横梁处断开后下垂的上部固定绳放电跳闸。原因为施工单位违反《普铁维规》中“交叉跨越线索间距不足 200 mm 的处所应加装等位线。等位线应与被连接线材质相同，截面积不小于 10 mm^2”的规定，违规用 ϕ4. 0 铁线作为上部固定绳和承力索之间的

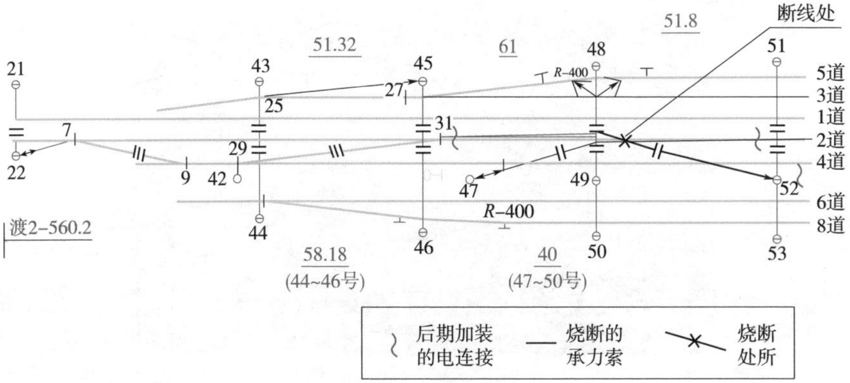

图 7-59　现场示意

过渡等位线使用，上部固定绳发生电蚀后机械强度降低断线，下垂后与机车车顶放电。故障现场及烧伤固定绳如图 7-60 所示。

（a）现场　　（b）电蚀烧伤的上部固定绳

图 7-60　故障现场及烧伤固定绳

【案例 4】渡线第 3 锚段承力索与 19 锚段承力索之间安装的等位线未按照工艺标准使用铜质并沟线夹与铜承力索固定，而是使用钢线卡子固定，与《普铁维规》中“等位线及其连接线夹应与被连接线索材质匹配”的要求不符，在电腐蚀、牵引电流情况下将连接部位的承力索烧伤，机械强度不断下降，在张力作用下，最终发生断线，构成铁路交通一般 C 类事故。断线处如图 7-61 所示。

图 7-61　断线处

【案例 5】施工单位更换车站 11 锚段承力索时，将本应上穿的承力索错误下穿既有 6 锚段承力索，造成两承力索交叉相磨。供电段在步行巡视检查、停电检修、2C 检测分析中均未发现此隐患，造成承力索磨损 10 股后，在补偿张力作用下发生断线。断线平面示意及承力索磨伤痕迹如图 7-62 所示。

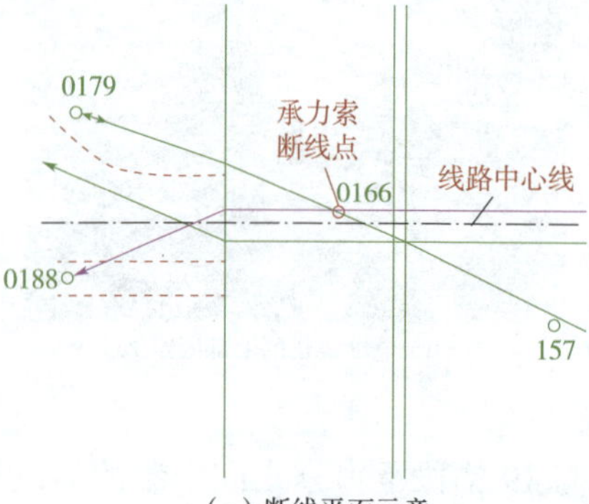

（a）断线平面示意

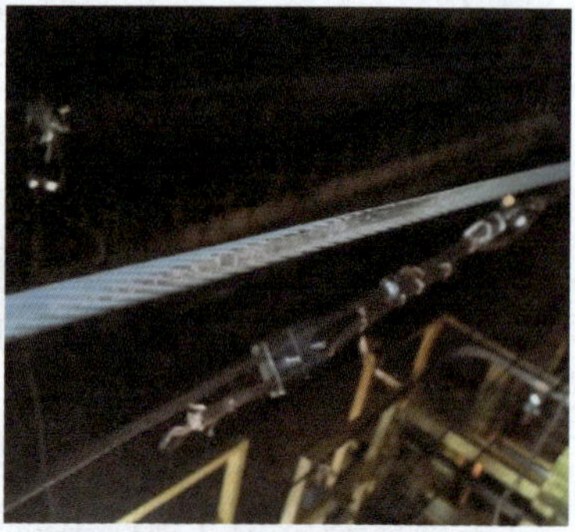

（b）承力索磨伤痕迹

图 7-62　断线平面示意及承力索磨伤痕迹

【案例 6】车站机 3～机 4 号软横跨上部固定绳与渡线下锚承力索之间距离仅为 50 mm 且未按规定装设等位线。两线索间距离不够，在长期电弧放电情况下烧伤、拉断承力索。断线承力索有 5 股旧痕，分析为距离不足长期放电烧断所致，剩余断痕全部呈锥形，具备明显的烧伤拉断特征。断线承力索如图 7-63 所示。

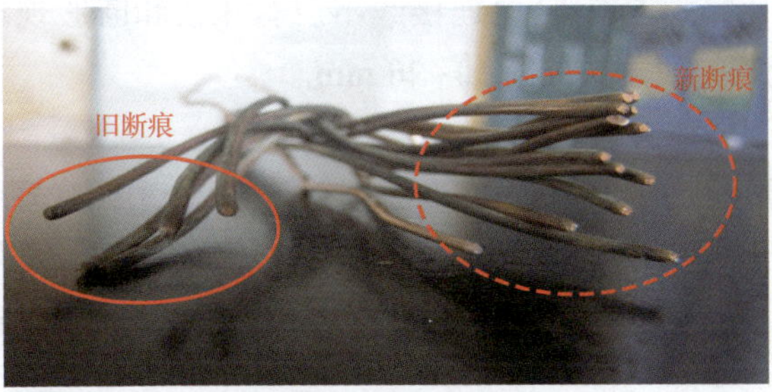

图 7-63 断线承力索

【案例 7】渡 3 与渡 4 锚段承力索交叉处间距不足，且未安装等位线，两承力索间距不足发生放电，造成线索烧伤。烧伤承力索如图 7-64 所示。

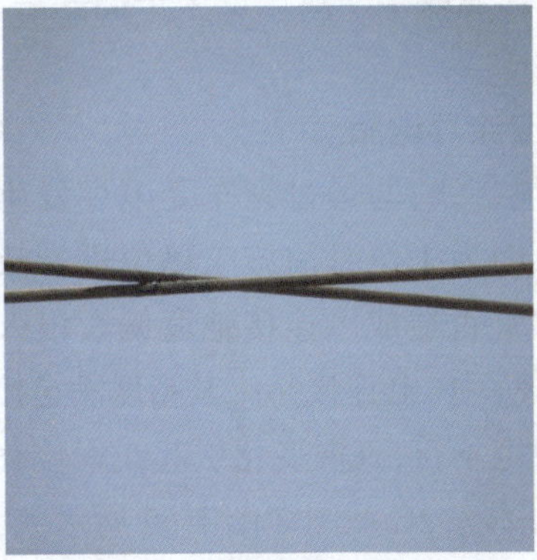

（a）远看

（b）拉近

图 7-64 烧伤承力索

第一百二十五条 电连接线及线夹

（一）电连接线。

1. 承力索、接触线间距≤1 000 mm 时采用"C"形连接方式；间距>1 000 mm 时采用"S"形连接。其裕度满足接触线、承力索因温度变化伸缩的要求。

2. 电连接线均要用多股软铜线做成，其额定载流量不小于被连接的接触悬挂、供电线的额定载流量，且不得有接头。

3. 对于压接式电连接，电连接线不应有压伤和断股现象；对于并接式电连接，电连接线端头外露 10~20 mm。

（二）电连接线夹。

1. 电连接线夹的材质和规格须与被连接线索相适应，宜采用压接形式。

2. 电连接线夹与接触线、承力索、供电线之间连接牢固，线夹内无杂物。

3. 接触线电连接线夹在直线处应处于铅垂状态，在曲线处应与接触线的倾斜度一致。

4. 工作支接触线电连接线夹处接触线高度与最近相邻吊弦点高度相等，允许偏差 0~10 mm。

5. 压接式接触线电连接线夹与线槽契合的 U 形螺纹卡子应平行压接于线槽内，不得跳出接触线线槽。U 形螺纹卡子应保证卡子插入后，另一端露头 1~3 mm。

（三）电连接线夹与线索接触面均应涂导电脂。

【案例 1】电连接侵入受电弓动态包络线，与通过列车受电弓发生弓网故障，电连接弧垂下部存在断股。原因为 1 个月前施工单位进行故障电连接安装时，没有针对线索温差偏移是否造成电连接弛度偏大侵入动态包络线等进行检算分析，与《普铁维规》中“电连接……其裕度满足接触线、承力索因温度变化伸缩的要求”的规定不符，气温变化引起线索位移造成电连接弛度过大，侵入受电弓动态包络线。2C 截图如图 7-65 所示。

【案例 2】车站东岔区隧道内渡线交叉处线岔西侧电连接弛度过大，侵入受电弓动态包络线，机车受电弓被击打变形，变形的受电弓继续运行钻入前方线岔被拉断，影响行车 106 min。原因为工区进行电连接更换时，没有针对线索温差偏移是否造成电连接弛度偏大侵入动态包络线等进行检算分析，与《普铁维规》中“电连接……其裕度满足接触线、承力索因温度变化伸缩的要求”的规定不符，造成电连接预留弛度过大，侵入受电弓动态包络线发生弓网故障。弛度过大的电连接如图 7-66 所示。

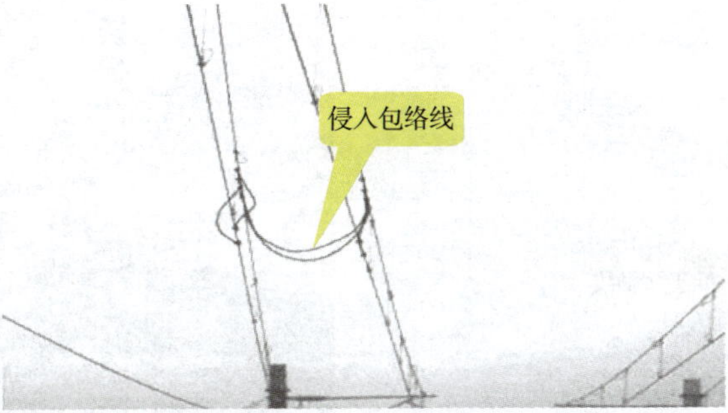

图 7-65　2C 截图

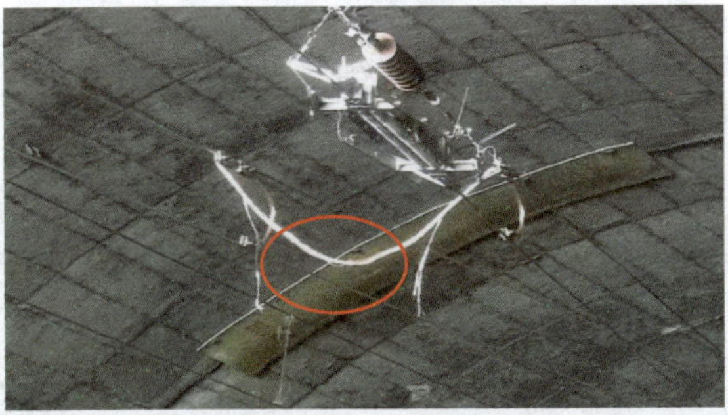

图 7-66　弛度过大的电连接

【案例 3】列车受电弓与从承力索处脱落后裕度过大的电连接线刮碰后发生弓网故障。原因为电连接施工不规范，施工安装后发现电连接裕度过大，将一部分电连接绑在承力索上，且绑扎不牢，绑线松脱致使电连接低于接触线，与通过列车发生弓网故障影响行车。故障现场及损坏受电弓如图 7-67 所示。

【案例 4】车站 47 号软横跨 3 道定位点北侧接触线从电连接线夹处拉断。原因是电连接线夹内存在杂物。供电段作业指导书中虽然规定全面检查时要对电连接线夹开盖检查并打磨、涂抹导电介质，实际检修中没有落实。故障电连接线夹内氧化物质多且存在烧蚀旧痕，导致接触电阻

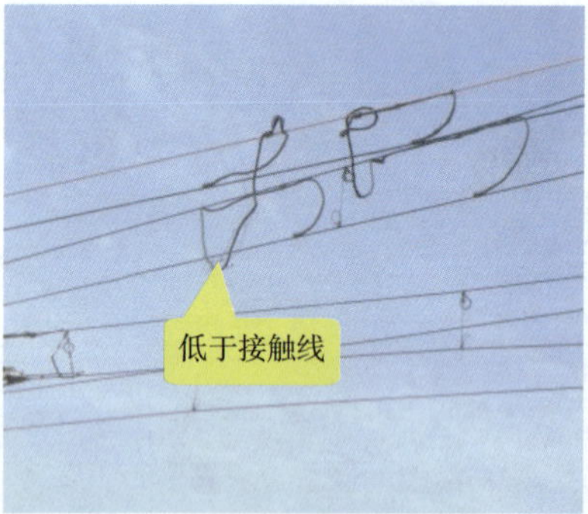

（a）现场

（b）损坏受电弓

图 7-67　故障现场及损坏受电弓

增大、主导电回路不畅后产生过热，烧灼的接触线在补偿张力作用下拉断。接触线断线如图 7-68 所示。

图 7-68　接触线断线

【案例 5】与接触线连接的电连接线夹安装不密贴，与《普铁维规》中"电连接线夹与接触线、承力索、供电线之间连接牢固"的要求不符，电连接线夹与接触线间导流不畅长期发热产生电腐蚀，在拉力作用下接触线被拉断。接触线电蚀情况及断口如图 7-69 所示。

【案例 6】区间电连接线夹偏斜，与《普铁维规》中"接触线电连接线夹在直线处应处于铅垂状态，在曲线处应与接触线的倾斜度一致"的规定

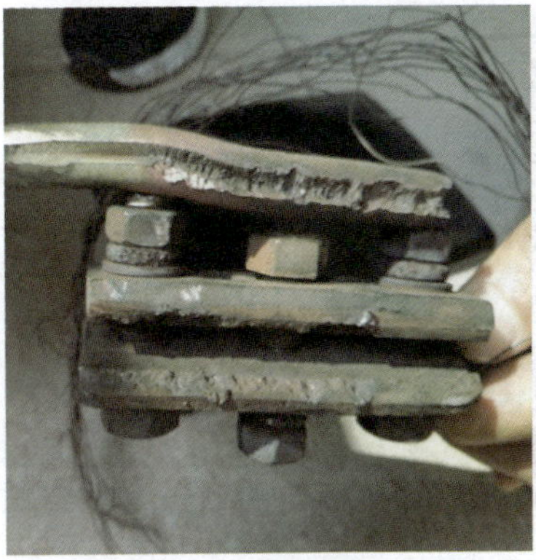

（a）接触线电蚀情况

（b）接触线断头

图 7-69　接触线电蚀情况及断头

不符，击打通过列车受电弓，受电弓偏斜后将运行前方 150 号支柱定位器从中部打断。断裂定位器如图 7-70 所示。

（a）现场

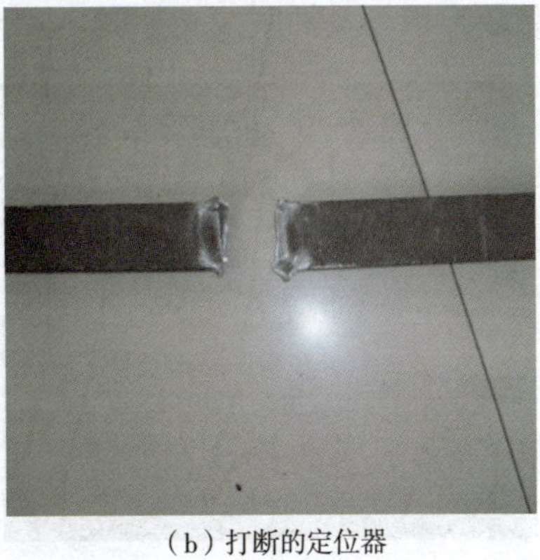

（b）打断的定位器

图 7-70　断裂定位器

发生过多起电连接线夹压接不到位，脱出后影响安全的问题。

【案例 1】电连接线夹压接不牢固，与《普铁维规》中“电连接线夹与接触线、承力索、供电线之间连接牢固”的规定不符，电连接线松动，即将脱出，工区及时发现并进行了处理。处理前后如图 7-71 所示。

（a）处理前

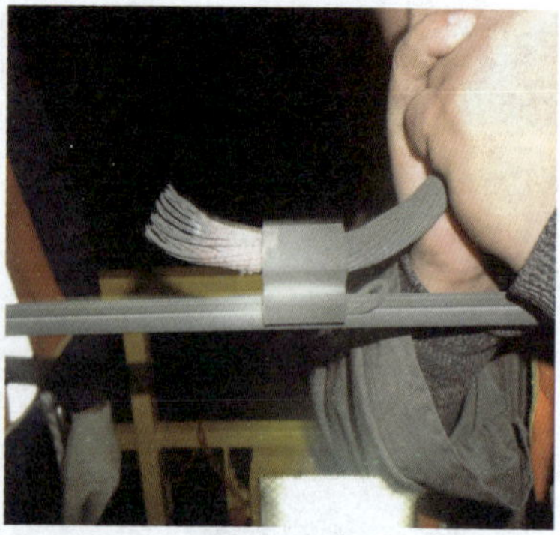

（b）处理后

图 7-71　处理前后

【案例 2】列车运行中自动降弓，受电弓被打坏。原因为区间接触线电连接线夹前期施工时线夹未完全压入接触线的线槽内，在列车运行振动和温度变化情况下，电连接线夹从接触线上脱开，打坏通过的列车受电弓。故障现场及抽脱线夹如图 7-72 所示。

（a）现场

（b）抽脱的线夹

图 7-72　故障现场及抽脱线夹

【案例 3】工作支电连接线夹松脱，与《普铁维规》中“电连接线夹与接触线、承力索、供电线之间连接牢固”的规定不符，松脱后的电连接线低于工作支接触线，列车通过时发生弓网故障。故障现场如图 7-73 所示。

图 7-73　故障现场

【案例 4】电连接线夹脱出后击打通过列车受电弓。原因为装设时电连接线夹压接不到位,电连接线夹与接触线咬合力不足,机械性能下降,在弓网长期振动过程中导致电连接线夹脱出。脱出线夹及螺纹卡子磨损如图 7-74 所示。

(a) 脱出线夹

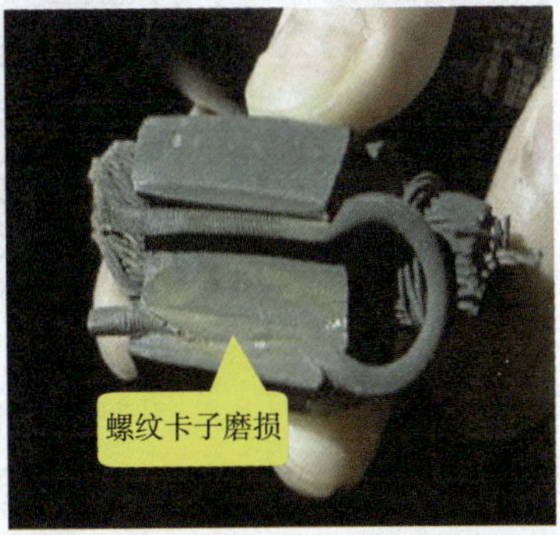

(b) 螺纹卡子磨损

图 7-74　脱出线夹及螺纹卡子磨损

补 偿 装 置

第一百二十六条　滑轮、棘轮补偿装置

(一)*a* 值、*b* 值。

标准值:设计值。

标准状态：标准值±100 mm。

警示值：标准值±200 mm。

限界值：任何情况下不小于 200 mm。

在夏季气温较高的情况下，容易出现补偿装置 *b* 值过小的设备隐患。

【案例 1】施工单位安装的接触线补偿坠砣抱箍距离限制架下角钢只有 30 mm，与《普铁维规》中“*b* 值任何情况下不小于 200 mm”的规定不符，温度变化情况下补偿卡滞造成张力失效，线索弛度增大，接触线波动传播速度减小，在受电弓多次冲击下使接触线形成长 50 mm、高 25 mm 的硬弯，造成多趟列车受电弓滑板损伤。*b* 值及接触线硬弯如图 7-75 所示。

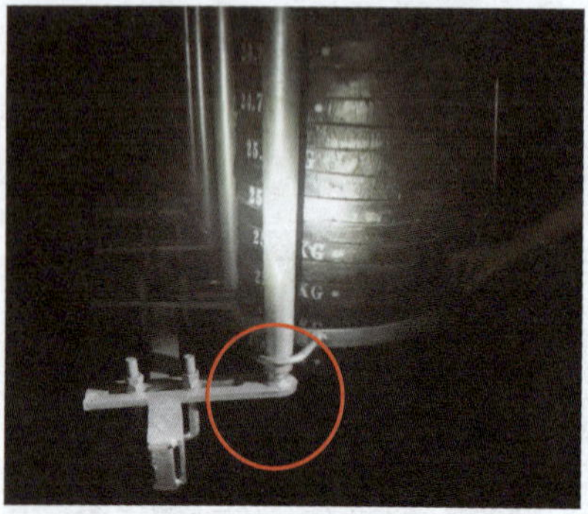

（a）*b*值30 mm

（b）接触线硬弯及划痕

图 7-75　*b* 值及接触线硬弯

【案例 2】铁路专用线接触网锚柱处，因高温天气下线索弛度发生变化，承力索下锚补偿坠砣落地，锚段内分段绝缘器参数超限，列车通过时发生弓网故障。落地坠砣及损坏受电弓如图 7-76 所示。

在冬季气温较低的情况下，容易出现补偿装置 *a* 值过小的设备隐患。

【案例 1】供电段低温巡视发现接触网支柱补偿坠砣限制架与抱箍距离 20 mm，与《普铁维规》中“*a* 值任何情况下不小于 200 mm”的规定不符，及时进行了处理。坠砣限制架与抱箍距离不足如图 7-77 所示。

（a）承力索补偿坠砣落地

（b）刮坏的机车受电弓

图 7-76　落地坠砣及损坏受电弓

图 7-77　坠砣限制架与抱箍距离不足

【案例 2】供电段低温巡视发现接触网支柱补偿装置补偿绳回头已碰到补偿滑轮，a 值已无调整余地，及时进行了处理。a 值过小如图 7-78 所示。

发生过多起声屏障、桥梁栏杆、CPⅢ桩、设备标志标识等其他设备影响接触网补偿装置升降的设备隐患。

【案例 1】接触网支柱上安装的公里标侵入接触线坠砣抱箍行程范围，造成该锚段补偿失效后发生弓网故障。公里标影响坠砣抱箍下降如图 7-79 所示。

图 7-78　a 值过小

（a）全貌　　（b）公里标影响坠砣抱箍下降

图 7-79　公里标影响坠砣抱箍下降

【案例 2】供电段巡视发现补偿装置下方声屏障处有一根 200 mm 的螺栓影响承力索补偿坠砣正常升降，导致区间接触线高度异常。螺栓影响坠砣升降如图 7-80 所示。

【案例 3】供电段在新线建设提前介入中发现 CPⅢ桩、桥梁栏杆影响补偿装置升降，及时协调进行了处理。CPⅢ桩、桥梁栏杆影响升降如图 7-81 所示。

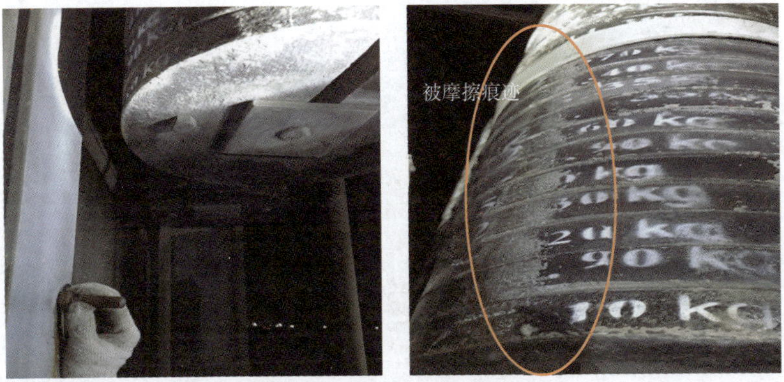

图 7-80 螺栓影响坠砣升降

（a）CPⅢ桩影响升降　　（b）桥梁栏杆影响升降

图 7-81 CPⅢ桩、桥梁栏杆影响升降

【案例 4】维管段分析 2C 数据发现车站接触线中心锚结绳松弛，经确认为车务部门在补偿装置限制管上装设了“进入有电区一度停车”标志牌，绑扎标志牌的铁线影响坠砣上升。现场组织拆除后，坠砣升降正常，中心锚结绳恢复受力状态。绑扎标志牌如图 7-82 所示。

（二）坠砣及坠砣限制架。

1. 坠砣宜采用铁质或高密度复合坠砣。

2. 坠砣块应完整，自上而下编号且叠码整齐，其缺口相互错开 180°。

图 7-82　绑扎标志牌

坠砣串的重量(包括坠砣杆的重量)符合规定,整串重量偏差小于 2%。

3. 限制架的安装位置应满足坠砣升降变化要求。山谷口、高路堤(一般指高出自然地面 5 m)、高架桥等"风口"地段,宜采用防风型坠砣限制架。

【案例 1】落锚处接触网支柱承力索、接触线补偿坠砣各被社会人员卸下 10 块(共 20 块),导致接触网张力不足后发生窜动,电连接下垂侵入受电弓动态包络线,造成通过列车发生弓网故障。现场坠砣如图 7-83 所示。

(a)剩余的坠砣　　(b)卸在地面坠砣

图 7-83　现场坠砣

【案例2】施工单位在作业前准备过程中(线路未封锁、接触网未停电),提前卸下接触网支柱接触线补偿装置的14块坠砣(共20块),造成整锚段接触线向一侧窜动,致使该锚段中心锚结绳脱落接地后变电所跳闸,影响列车运行,构成铁路交通事故。

【案例3】供电段在平推验收站内Ⅱ道接触网设备时,发现接触网支柱处坠砣块破裂,及时联系施工单位进行了更换,消除了设备运行隐患,原因为材质问题。坠砣如图7-84所示。

(a)裂开的坠砣　　(b)更换后

图7-84　坠砣

施工结束后,未对废弃的接触网坠砣进行清理而随意扔在线路旁,存在影响行车的安全隐患。

【案例】列车运行过程中与废弃的接触网坠砣相撞,构成铁路交通一般C类事故。原因为供电段施工结束后未清理废弃的接触网坠砣,随意扔在线路旁,被社会人员摆放在线路上。

接触网补偿装置限制架作为非接触悬挂设备,施工安装及日常检修中容易出现重视程度不够的问题,一旦安装不合理或松脱侵限,可能引发严重后果。

【案例1】供电段通过视频终端巡视发现接触网支柱坠砣在大风作用下来回摆动,及时进行了处理。原因为施工时未安装坠砣限制架。摆动坠砣如图7-85所示。

图 7-85　摆动坠砣

【案例 2】某线开通后一年内，维管段在巡视过程中发现多处接触网坠砣限制管脱出的设备隐患。原因是施工单位安装随意，部分钩螺栓插入深度不足，在坠砣串上下移动作用力情况下钩螺栓从坠砣限制管中脱出。限制管脱出、倾斜侵限如图 7-86 所示。

（a）限制管脱出　　（b）限制管倾斜侵限

图 7-86　限制管脱出、倾斜侵限

【案例 3】承力索坠砣限制管脱落后倾斜。原因为承力索补偿装置坠砣限制管上部与 T 形坠砣限制架槽钢调整槽的固定螺栓头部未安装平垫片，螺栓头部的螺帽由槽钢调整槽脱出后导致限制管倾斜。故障现场如图 7-87 所示。

（a）现场　　（b）正常安装

图 7-87　故障现场

【案例 4】承力索补偿装置限制管脱出。原因为坠砣限制管安装不垂直，坠砣抱箍在升降过程中与坠砣限制管的摩擦力造成坠砣限制管弯曲后从上部 L 形螺栓处脱出。脱出坠砣限制管及 L 形螺栓如图 7-88 所示。

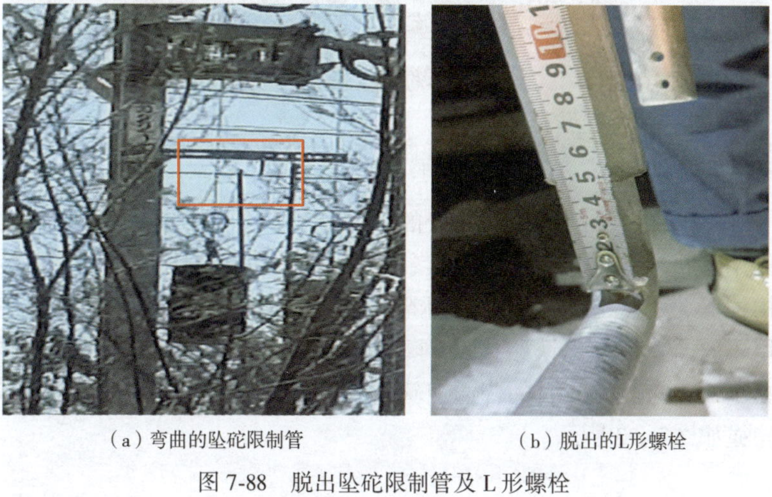

（a）弯曲的坠砣限制管　　（b）脱出的L形螺栓

图 7-88　脱出坠砣限制管及 L 形螺栓

（三）补偿绳。

1. 补偿绳不得有散股、断股、接头现象，且不得扭绞或与其他部件、线索相摩擦。

2. 棘轮装置大、小轮缠绕补偿绳符合要求。

3. 优先采用柔韧性好、抗疲劳强的补偿绳。

【案例 1】接触线棘轮补偿绳断裂。原因是棘轮补偿绳缠绕方式不符合规定，产品说明书中为由内向外缠绕，现场断裂补偿绳缠绕方式为由外向内缠绕，导致温度变化时补偿绳往内侧筋板处偏移，筋板长期与补偿绳接触磨损造成断股，最终补偿绳断裂。断裂补偿绳及落地坠砣如图 7-89 所示。

（a）断裂的补偿绳

（b）坠砣落地

图 7-89　断裂补偿绳及落地坠砣

【案例 2】接触网下锚支柱处的承力索棘轮补偿绳在承力索补偿张力作用下机械拉断，影响供电 142 min。将断裂的补偿绳送第三方检测机构检验，发现为起重用普通钢丝绳，多用于捆绑用途，施工单位违规使用不符合《电气化铁路接触网零部件　第 13 部分：棘轮补偿装置》（TB/T 2075.13—2020）的普通钢丝绳替代原厂棘轮补偿绳。断裂的棘轮补偿绳如图 7-90 所示。

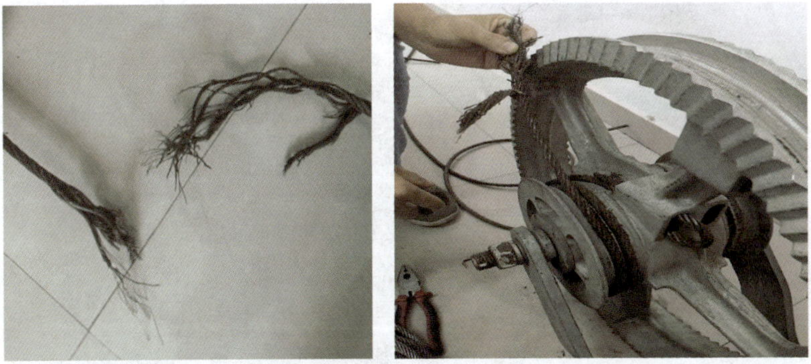

图 7-90　断裂的棘轮补偿绳

(四)滑轮补偿装置。

1. 滑轮补偿装置安装正确,本体无裂纹、变形,转动灵活无卡滞(人力用手托动坠砣能上下自由移动)。

2. 对需要加注润滑油的补偿滑轮,应按产品规定的期限加注润滑油,没有规定者至少 3 年一次。

3. 下锚角钢安装水平。定滑轮应保持铅垂状态,动滑轮偏转角度不得大于 45°。

4. 同一补偿装置的两补偿滑轮的间距,任何情况下不小于 500 mm。

5. 优先采用大直径滑轮补偿装置。

【案例 1】供电段职工巡视时用手托动下行接触网支柱处承力索、接触线补偿坠砣,发现承力索、接触线坠砣均不能上下自由移动,与《普铁维规》中“转动灵活无卡滞(人力用手托动坠砣能上下自由移动)”的规定不符,现场 a、b 值大于 200 mm,限制管无卡滞摩擦痕迹。将卡滞的补偿滑轮更换后,拆解发现承力索、接触线补偿滑轮轴承两端封口垫片锈蚀,锈蚀杂质进入转动工作面,造成摩擦增大后补偿滑轮不能转动。拆解后卡滞的补偿滑轮如图 7-91 所示。

【案例 2】供电段巡视发现接触网支柱接触线补偿装置滑轮间距不足 500 mm,及时对滑轮间距进行了调整。处理前后如图 7-92 所示。

图 7-91　卡滞的补偿滑轮

（a）处理前　　（b）处理后

图 7-92　处理前后

【案例 3】隧道内接触线下锚补偿绳断线，坠砣落地。原因为设备采用的是小直径的滑轮，与《普铁维规》中“优先采用大直径滑轮补偿装置”的规定不符，由于滑轮轮径太小，导致补偿绳长期被压，从里到外断股，且被包在滑轮和未断的线间，巡视不易发现。

【案例 4】承力索下锚补偿装置定滑轮偏斜，与《普铁维规》中“定滑轮应保持铅垂状态”的规定不符，补偿绳脱槽磨断。失去张力补偿的承力索下垂低于接触线，机车通过时钻弓，刮断承力索，构成铁路交通一般 C 类事故。补偿绳断点挤压痕迹及示意如图 7-93 所示。

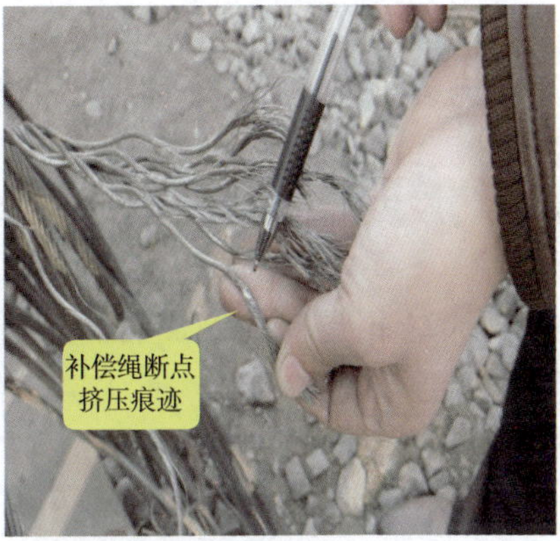

（a）补偿绳断点挤压痕迹

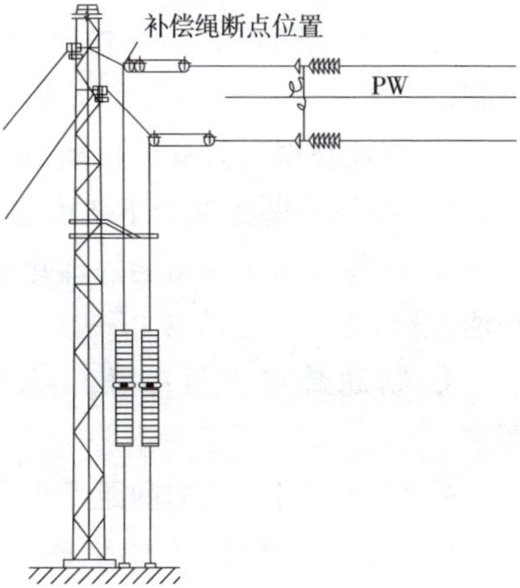

（b）示意

图 7-93　补偿绳断点挤压痕迹及示意

【案例 5】下行接触网支柱滑轮补偿装置定滑轮偏斜，与《普铁维规》中“定滑轮应保持铅垂状态”的规定不符，导致接触线下锚补偿绳脱槽，工区及时发现并进行了处理。补偿绳脱槽及滑轮偏磨如图 7-94 所示。

（a）补偿绳脱槽

（b）滑轮上的偏磨痕迹

图 7-94　补偿绳脱槽及滑轮偏磨

(五)棘轮补偿装置。

1. 采用不防断式中心锚结或下锚位于桥梁上时,宜选用棘轮补偿装置。

2. 棘轮补偿装置安装正确,棘轮本体无裂纹、变形,转动灵活无卡滞(人力用手托动坠砣能上下自由移动)。

3. 对需要加注润滑油的棘轮补偿滑轮,应按产品规定的期限加注润滑油,没有规定者至少3年一次。

4. 制动装置作用良好,制动卡块到大轮轮齿间的距离符合设计要求。

5. 平衡轮与棘轮的间距不小于500 mm。

6. 棘轮大小轮转动灵活,轮槽上下偏斜不得大于5 mm。

【案例1】供电段巡视发现接触线中心锚结绳一侧松弛、一侧绷紧。原因为0177号锚柱接触线和承力索补偿棘轮卡滞后转动不灵活,拆解发现棘轮两侧端盖密封毛毡圈腐烂,端盖内衬套锈蚀,棘轮主轴间充满杂质,主轴和两端盖卡死、不能滑动,端盖与轴承相互黏结,无法转动。切开后的棘轮轴端和联板焊块如图7-95所示。

(a)切开后的棘轮轴端

(b)切开后的联板焊块

图7-95　切开后的棘轮轴端和联板焊块

【案例2】区间接触网支柱处大轮补偿绳从槽道内脱出,半锚段接触线失去张力,造成通过的列车受电弓发生弓网故障。原因为接触线棘轮安装偏斜量为 24 mm，与《普铁维规》中“轮槽上下偏斜不得大于 5 mm”的规定不符，在温度变化棘轮转动情况下，大轮补偿绳从槽道内脱出，大轮补偿绳卡在小轮上，造成接触线补偿失效，受电弓抬升量增大，弓角从承力索中心锚结绳上方钻入，引发弓网故障。4C 检测照片和 3C 监测视频分析如图 7-96 所示。

（a）4C检测照片

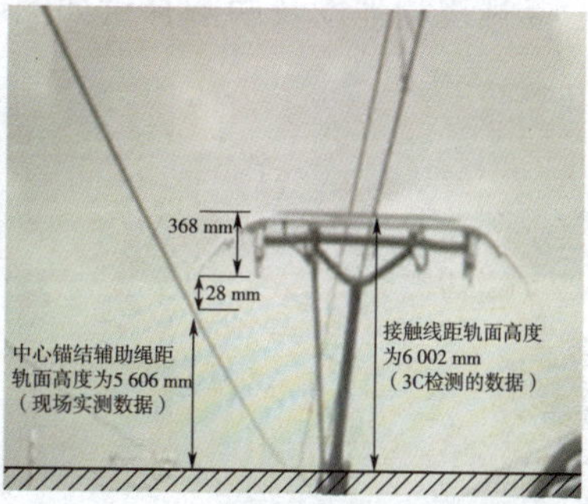

（b）3C监测视频分析

图 7-96　4C 检测照片和 3C 监测视频分析

（六）承力索、接触线两下锚绝缘子串应对齐，允许偏差为±100 mm。

第一百二十七条　弹簧补偿装置

（一）弹簧补偿装置刻度牌与环境温度相对应，补偿绳伸缩长度符合设计要求。

（二）弹簧补偿器本体安装牢固，位置符合设计要求。本体无裂纹、变形，与下锚方向在同一直线上。

（三）补偿绳位于渐开线轮槽正中，不得偏磨，不得有松股、断股和接头。

（四）弹簧补偿装置各零部件安装正确。

第一百二十八条　液压等其他结构形式补偿装置，其技术状态符合设计要求。

第一百二十九条　同一锚段两端，补偿装置型号应保持一致。

【案例】供电段巡视发现车站中心锚结柱一侧中心锚结绳弛度较大,另一侧中心锚结绳被拉紧,接触线被拉起,出现严重负弛度。原因为该锚段一侧下锚补偿装置为恒张力弹簧补偿,另一侧下锚补偿装置为棘轮补偿装置,与《普铁维规》中“同一锚段两端,补偿装置型号应保持一致”的规定不符,加之恒张力弹簧补偿装置张力不足,造成中心锚结向一侧偏移。接触线负弛度及两侧补偿如图7-97所示。

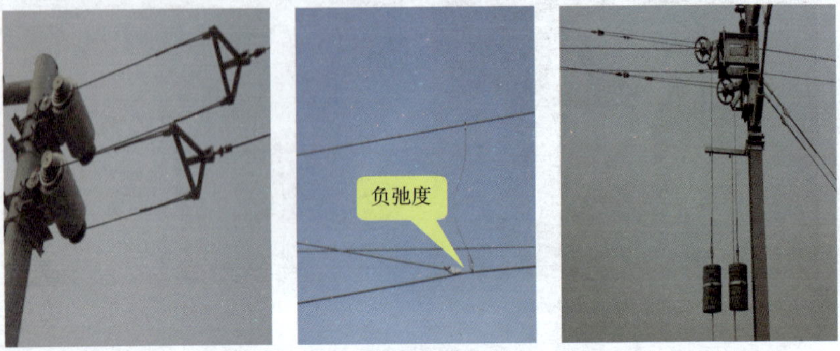

(a)一侧弹簧补偿　(b)接触线负弛度　(c)一侧棘轮补偿

图7-97　接触线负弛度及两侧补偿

第二节　定位支撑装置

软(硬)横跨

第一百三十条　软横跨

(一)横向承力索,上、下部固定绳。

1. 横向承力索(双横承力索为其中心线)的弛度应符合规定,和上、下部固定绳应布置在同一个铅垂面内。双横承力索两条线的张力应相等。

2. 上、下部固定绳应水平并处于拉紧状态,允许有平缓的负弛度,5股道及以下不超过100 mm,5股道以上不超过200 mm。

3. 上、下部固定绳弹簧补偿器处于固定绳受力小的一侧，张力符合设计规定。

4. 横向承力索和上、下部固定绳不得有接头、断股和补强，其机械强度安全系数应符合附件 **6** 的规定。

（二）吊线。

1. 软横跨直吊线、斜拉线应采用不锈钢等防腐性能好的材质。

2. 软横跨直吊线应保持铅垂，吊线呈拉紧状态，上端永久固定，无松弛，横向承力索与上部固定绳在最短吊线处距离为 **400～600 mm**。

3. 各吊线应留有不小于 **200 mm** 的余量。

（三）各部位几何尺寸。

1. 下部固定绳距工作支接触线的垂直距离不得小于 **250 mm**。

2. 横向承力索和上、下部固定绳的电分段绝缘子串应在同一垂直面内。位于站台沿上方绝缘子带电裙边应尽量与站台对齐，股道间横向电分段绝缘子应位于两股道中间。

3. 支柱上角钢底座应水平。各杵头杆螺纹外露长度应为 **20～80 mm**，调整螺栓的螺杆外露长度应为 **50 mm** 至螺纹全长的 **1/2**。

4. 非悬挂线索与固定绳间距离符合要求。

（四）软横跨应垂直于正线，各部螺栓、垫片、弹簧垫圈应齐全，螺栓紧固。

（五）悬吊滑轮与承力索材质相匹配，满足线索随温度变化伸缩要求。

【案例 1】软横跨下部固定绳松弛存在正弛度，与《普铁维规》中“上、下部固定绳应水平并处于拉紧状态，允许有平缓的负弛度”的规定不符，导致定位器坡度不足，造成通过列车发生弓网故障。

【案例 2】工区巡视发现车站接触网软横跨直吊线折断。原因为未采用不锈钢等防腐性能较好的材质，加之处于沿海地区腐蚀大，以至发生断裂。故障现场及断口如图 7-98 所示。

（a）现场　　　　（b）断口

图 7-98　故障现场及断口

【案例 3】161 号支柱处软横跨Ⅲ道非工作支定位拉线尾绳盘圈散开后下垂，造成列车自动降弓后停车。原因为站改施工时非工作支拉线尾部过长且绑扎不牢。拉线尾绳盘圈散开如图 7-99 所示。

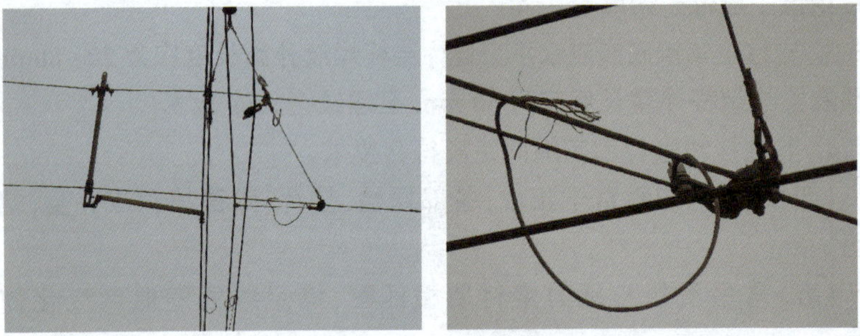

图 7-99　拉线尾绳盘圈散开

【案例 4】供电段巡视发现软横跨上部固定绳直吊线与承力索有间歇放电现象。原因为软横跨直吊线回头未绑扎牢固后下垂，因软横跨未带电，因此直吊线下垂后与带电的承力索发生放电现象。放电处如图 7-100 所示。

【案例 5】列车站内通过时受电弓被击打。原因为施工后软横跨下行正线处接触线与下部固定绳的距离仅为 80 mm，不但与《普铁维规》中"下

图 7-100　放电处

部固定绳距工作支接触线的垂直距离不得小于 250 mm”的规定不符，而且与“120～160 km/h 区段，受电弓动态抬升量为 120 mm”的规定不符，使安装在下部固定绳上的定位环线夹侵入受电弓动态包络线，与通过机车受电弓剐蹭。

第一百三十一条　硬横跨

（一）硬横梁的安装高度应符合设计要求，允许偏差$^{+100}_{0}$ mm。

（二）硬横梁应呈水平状态，允许向上微拱，铰接硬横梁的挠度小于梁长的 1/200，刚接硬横梁的挠度小于梁长的 1/360。

（三）硬横梁与支柱、硬横梁各梁段之间应结合密贴，连接牢固可靠，螺栓紧固力矩应符合设计要求。

（四）硬横梁（角钢）不得变形和开焊，锈蚀面积不得超过 20%，焊接处不得锈蚀。

（五）固定绳安装方式技术状态应符合第一百三十条相关要求。吊柱安装方式技术状态应符合第一百三十七条相关要求。

【案例 1】供电部门在提前介入中发现车站硬横梁中间梁段装反，造成向下微拱（塌腰），与《普铁维规》中“硬横梁应呈水平状态，允许向上微拱”的规定不符，及时联系施工单位进行了重新安装。硬横梁向下微拱如图 7-101 所示。

图 7-101　硬横梁向下微拱

【案例 2】供电段分析 4C 数据，发现接触网硬横梁安装时缺少多根螺栓，与《普铁维规》中“硬横梁与支柱、硬横梁各梁段之间应结合密贴，连接牢固可靠”的规定不符，及时组织进行了处理。硬横梁缺少螺栓如图 7-102 所示。

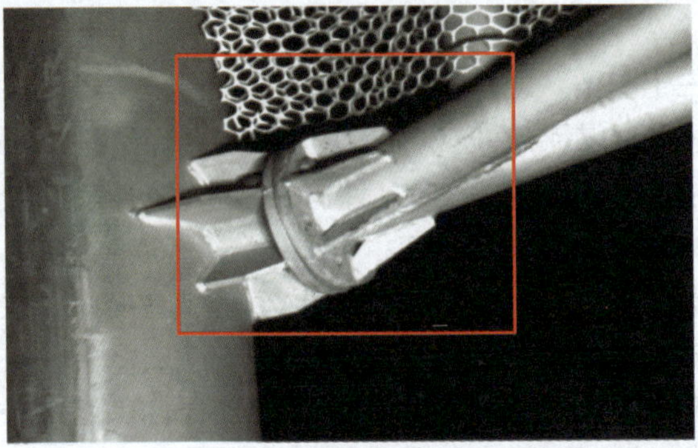

图 7-102　硬横梁缺少螺栓

支 撑 装 置

第一百三十二条　结构高度

标准值：设计值。

标准状态：标准值±50 mm。

警示值：标准值±200 mm。

限界值：（以跨距中最短吊弦长度为依据界定）最短吊弦长度不小于300 mm。

第一百三十三条　腕臂支撑装置

（一）腕臂支撑装置底座

腕臂、拉杆、压管底座应与支柱密贴，呈水平状态，两端高差不大于10 mm。安装高度符合设计要求，允许偏差±50 mm。

多线路腕臂底座及连接件安装高度应满足最高轨面至横梁下缘的设计高度，允许偏差±50 mm。

双腕臂底座间距应满足要求，极限温度时，两支悬挂及零部件间距不得小于60 mm，腕臂底座端头应封堵。

【案例1】维管段作业时发现车站城际场接触网支柱平腕臂旋转双耳一侧断裂，断裂部件为铝合金材质，及时进行了更换。原因为施工过程中平腕臂底座安装不水平，存在倾斜，与《普铁维规》中“腕臂底座应与支柱密贴，呈水平状态”的规定不符，绝缘子根部与旋转双耳和角钢连接部位转动不灵活造成旋转双耳断裂。平腕臂旋转双耳一侧断裂如图7-103所示。

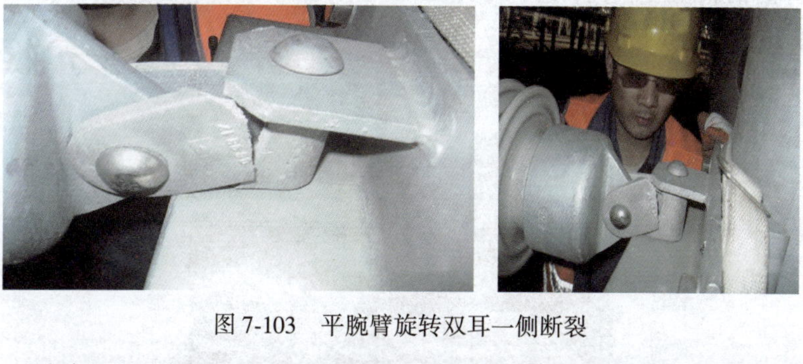

图7-103　平腕臂旋转双耳一侧断裂

【案例2】列车通过新组立接触网支柱时受电弓被刮坏。原因为新组立支柱腕臂高度不符合要求。当日天窗施工单位新组立了S50号接触网支柱，并装设了平腕臂和斜腕臂，没装定位管，为防止腕臂摆动将平腕臂固定在既有承力索上。平腕臂装得较设计值安装低了126 mm，斜腕臂较设计值安装低了 80 mm，与《普铁维规》中“安装高度符合设计要求，允许偏差±50 mm”的规定不符，导致在既有接触线高度处斜腕臂侵入受电弓动态包络线，刮坏列车受电弓。故障现场如图 7-104 所示。

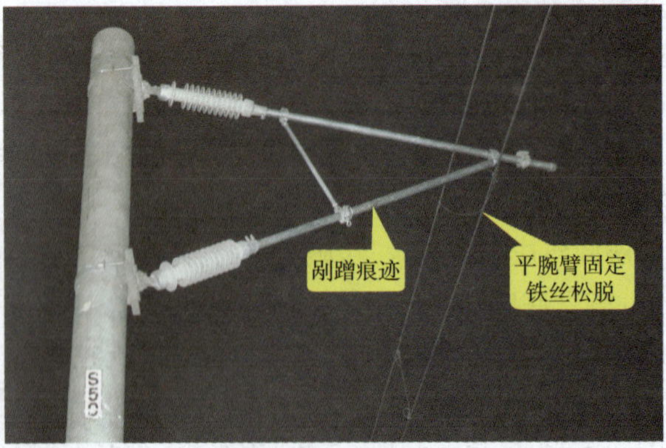

图 7-104　故障现场

【案例 3】蛇类攀爬接触网支柱造成接触网跳闸。原因为腕臂底座端头未封堵，与《普铁维规》中“腕臂底座端头应封堵”的规定不符，麻雀在腕臂槽钢底座内筑窝，蛇攀爬支柱捕鸟时短接绝缘子造成接触网跳闸。腕臂底座槽钢内的鸟窝如图 7-105 所示。

图 7-105　腕臂底座槽钢内的鸟窝

（二）腕臂

1. 腕臂不得明显弯曲且无永久性变形，端部非受力部分长度为100~200 mm，管口封堵良好。

2. 腕臂各部件组装正确，应与腕臂在同一垂直面内，铰接处要转动灵活，各部件间距离符合设计要求。

3. 腕臂的安装位置应满足承力索悬挂点（或支撑点）距轨面的距离（即导线高度加结构高度），悬挂点距线路中心的水平距离符合设计要求。

4. 腕臂偏移。

标准值：符合安装曲线要求。

标准状态：标准值±50 mm。

警示值：标准值±100 mm。

限界值：任何情况下不得超过腕臂垂直投影长度的1/3。

5. 双线路腕臂应保持水平状态，其允许仰高不超过100 mm，无永久性变形。定位立柱应保持铅垂状态。

6. 棒式绝缘子排水孔朝下。承力索座内的承力索置于受力方向指向轴心的槽内。

【案例1】接触网支柱反定位管支撑上端从平腕臂端头脱落，搭在定位管上，与通过列车发生弓网故障，影响列车15列。原因为装设在平腕臂上的反定位管支撑套管单耳底座距离定位管端头仅85 mm，不但与《普铁维规》中“腕臂不得明显弯曲且无永久性变形，端部非受力部分长度为100~200 mm”的规定不符，而且还与设计图中“安装完毕后，平腕臂余长一般为200 mm”的规定不符，加之套管单耳底座螺栓无备母，螺栓松动后套管单耳底座从平腕臂端头脱落。故障现场和打坏的受电弓如图7-106所示。

【案例2】供电段接触网工在接触网支柱检修过程中，将安全带打在平腕臂上。作业过程中，平腕臂突然从棒式绝缘子金属附件管内抽脱，安全带从抽脱处滑出，造成作业人员高空坠落死亡，构成铁路交通一般B类

（a）现场　　（b）打坏的受电弓

图 7-106　故障现场和打坏的受电弓

事故。原因为平腕臂插入棒式绝缘子金属附件管内深度不足,且铁锚压板连接不正确,与《普铁维规》中“腕臂各部件组装正确”的规定不符。

【案例 3】车站Ⅱ场东牵出线接触网支柱斜腕臂棒式绝缘子滴水孔排水不畅,斜腕臂内长期积水,腕臂锈蚀腐烂,斜腕臂从绝缘子带电侧根部折断。折断的腕臂如图 7-107 所示。

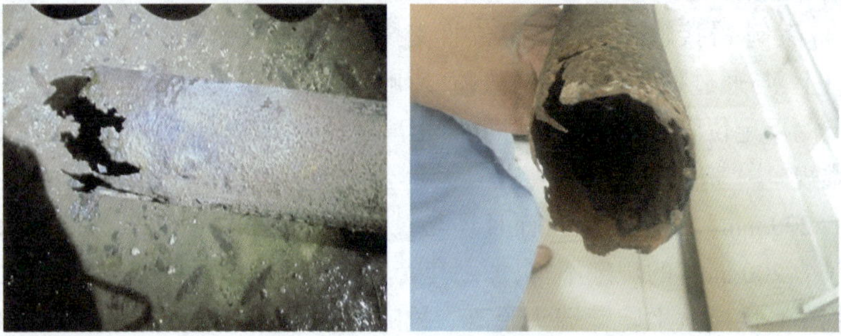

图 7-107　折断的腕臂

发生过多起未投入运行的腕臂由于固定不当,转动后与邻近带电接触网距离不足放电跳闸的安全问题。

【案例 1】施工单位将未投入运行的腕臂通过铁丝绑扎在底座上，捆绑铁丝在风摆作用下发生折断，腕臂偏移摆动后与带电的工作支接触网腕臂距离不足发生放电，造成接触网跳闸，影响供电 141 min。腕臂偏移后与带电接触网距离不足如图 7-108 所示。

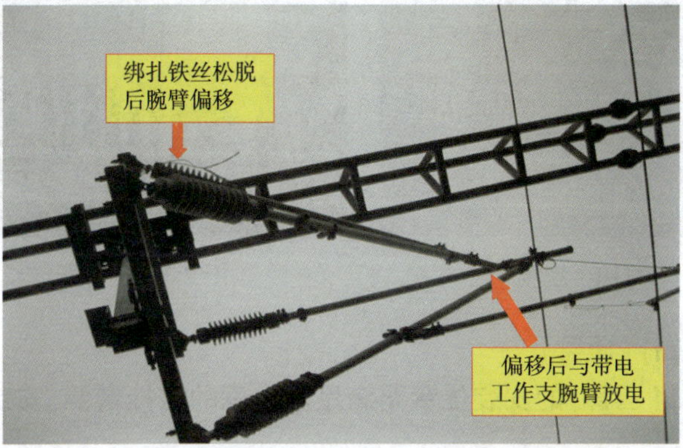

图 7-108　腕臂偏移后与带电接触网距离不足

【案例 2】大风天气下，施工单位新安装的接触网腕臂，由于绑扎固定铁线不牢，腕臂旋转后与带电承力索距离不足放电跳闸，影响供电 73 min。现场示意如图 7-109 所示。

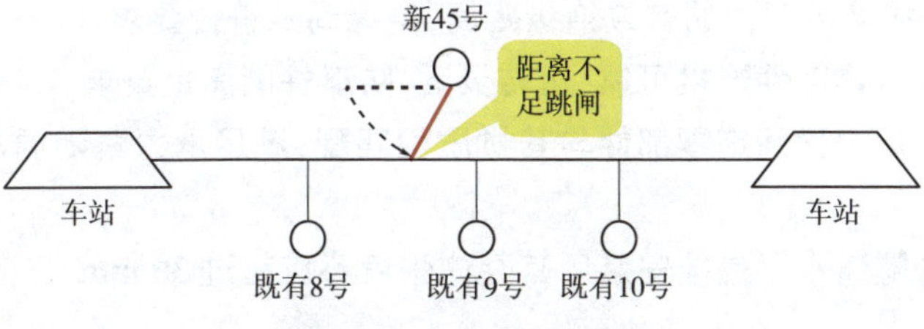

图 7-109　现场示意

【案例 3】未投运的接触网腕臂、定位管等支持装置固定不牢（仅用 ϕ4.0 铁线绑了 1 匝），在大风天气下摆动至运行的接触网承力索上，加之变电所保护跳闸未启动，持续放电造成平腕臂绝缘子折断，影响行车。现场如图 7-110 所示，折断绝缘子如图 7-111 所示。

图 7-110　现场

图 7-111　折断绝缘子

(三)拉杆(压管)

1. 拉杆(压管)的安装位置要满足承力索的悬挂需要,安装偏差与腕臂相同。

2. 拉杆(压管)应呈水平状态,允许悬挂点侧仰高不超过 **100 mm**。

3. 拉杆(压管)须处于受拉(受压)状态。

第一百三十四条　隧道悬挂装置

(一)隧道悬挂装置应满足隧道及线路所规定的限界要求,任何情况下不得短接绝缘部件的有效绝缘距离,绝缘间隙符合要求。

(二)各零部件连接可靠,运转灵活,防腐性能满足要求。

(三)承力索固定零部件与其材质相匹配,满足承力索随温度变化伸缩要求。

(四)隧道水平悬挂安装后其整体弛度不应超过 **30 mm**。

定 位 装 置

第一百三十五条　定位装置结构及安装状态应保证接触线工作面平行于轨面连线,定位点处接触线的弹性符合规定。当电力机车(动车组)受电弓通过和温度变化时,接触线能上下、左右自由移动。

(一)定位器

1. 定位器应处于受拉状态(拉力≥80 N),定位器静态角度(定位器与轨面连线之间的夹角)标准如下:

标准值:9°。

标准状态:8~11°。

警示值:7~14°。

限界值:6~17°。

对于非限位、弓形等定位器,安装应符合设计要求。

2. 定位器偏移:

定位器应与腕臂顺线路偏移的方向、角度相一致。

标准值:平均温度时垂直于线路中心线,温度变化时沿接触线纵向偏移与接触线在该点的伸缩量相一致。

标准状态:标准值±偏移量的10%。

警示值:标准值±偏移量的20%。

限界值:极限温度时,偏移值不得大于定位器(管)长度的1/3。

3. 定位器限位间隙应符合设计要求,允许偏差±1 mm。且应满足受电弓最大动态抬升量的限位要求,在1.5倍最大动态抬升量时限位间隙为0。非限位定位器根部与接触线高差符合设计要求,允许偏差±10 mm。

4. 转换支柱处两定位器能分别随温度变化自由转动,不得卡滞;非工作支和工作支定位器、管之间的间隙不小于50 mm。

【案例1】1111号接触网支柱处定位器脱落,击打通过列车导致紧急降弓。原因是1111号接触网支柱处于缓和曲线处,1111号、1113号接触网支柱同时布置为反定位,加之1111号支柱拉出值比设计值小45 mm(设计值200 mm、现场实测155 mm),造成1111号接触网支柱定位器受力未达到80 N标准要求,在列车运行过程中受电弓抬升导致的整体振动,造成定位器销轴与定位线夹内U形销频繁发生互磨,导致U形销本体受磨损不断变细折断,折断后定位器从定位线夹处脱出,侵入受电弓动态包络线,击打通过列车受电弓。现场开盖检查发现1113号接触网支柱定位线夹U形销同样存在异常磨损。现场示意如图 7-112 所示。

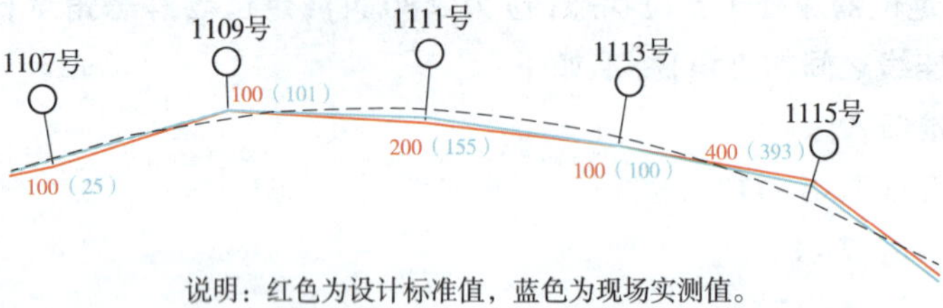

说明：红色为设计标准值，蓝色为现场实测值。

图 7-112　现场示意

【案例 2】区间 120、122、124 三根接触网支柱拉出值呈直线分布，中间的 122 支柱定位器未处于受拉状态，定位钩与定位器支座产生磨损，及时检测发现后进行了处理。接触网设备及定位钩与定位支座磨损情况如图 7-113 所示。

（a）拉出值呈直线

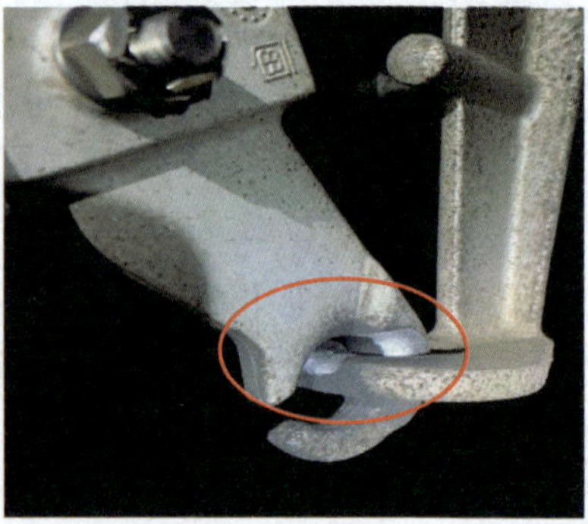

（b）磨损痕迹

图 7-113　拉出值呈直线及定位钩与定位支座磨损

【案例 3】工区巡视发现定位器偏移过大，及时进行了处理。处理前后如图 7-114 所示。

因为 U 形销采购不规范、安装不正确，发生了多起定位器脱落的安全问题。

【案例 1】列车运行至上行线 K823+000 m 处，受电弓与脱落的定位器刮碰发生弓网故障停车。原因是基础设施段在申请材料计划采购定位线

（a）处理前

（b）处理后

图 7-114　处理前后

夹 U 形销时，既没有明确技术参数，又没有注明规格型号，材料到货后也未采取现场比对试装等方式验证是否符合现场安装需求，造成段采购的 U 形销与在线运行定位器不匹配，U 形销与定位器销钉圆弧槽无法密贴，U 形销仅有两个边缘受力，安装后不到七个月就磨细磨断。原厂 U 形销与新采购 U 形销如图 7-115 所示。

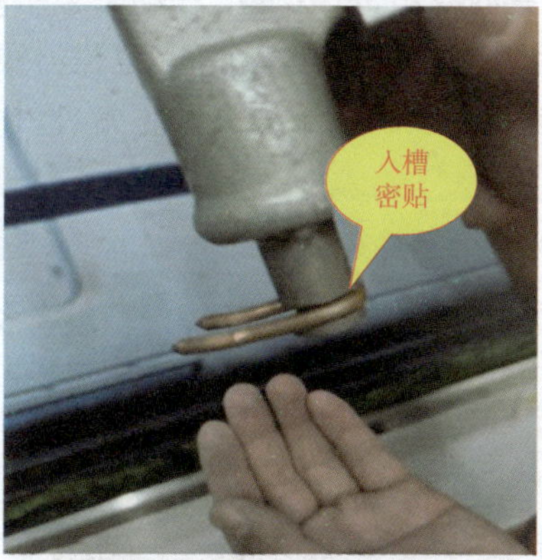

（a）原厂U形销

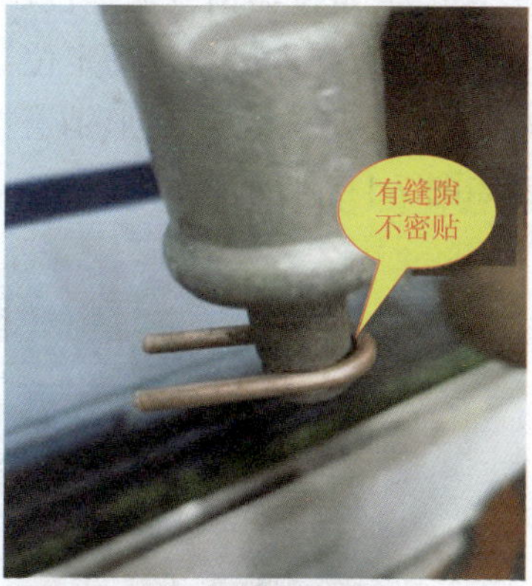

（b）新采购U形销

图 7-115　原厂 U 形销与新采购 U 形销

【案例 2】特型定位器从 A 型定位线夹脱落导致通过列车受电弓自动降弓停车。原因为脱落的定位线夹 U 形销尺寸与定位器不匹配，脱落的定位线夹U形销尺寸较定位线夹穿孔尺寸稍大，施工安装时敲击U形销导致U形销出现变形。U形销磨损与不匹配情况如图7-116所示。

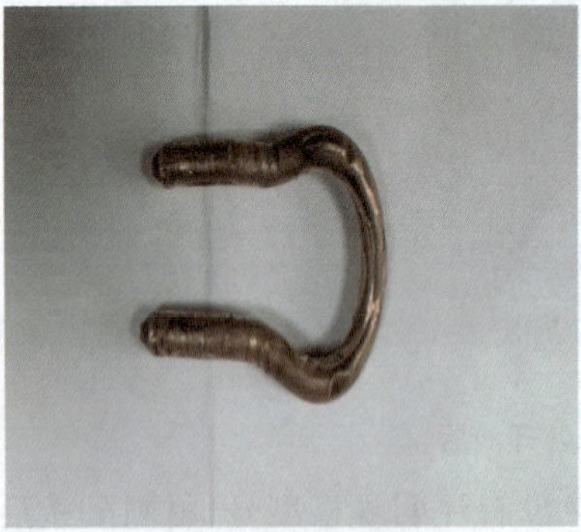

（a）U形销磨损情况

（b）U形销与定位线夹孔不匹配

图7-116　U形销磨损与不匹配情况

【案例3】定位器U形销与定位器销钉安装不密贴，在长期的弓网振动下，定位器U形销与定位器销钉长期互磨，导致定位器U形销磨损直至发生折断，定位器销钉从定位器线夹内脱出，侵入受电弓动态包络线，打坏通过列车受电弓。现场定位器销钉与定位器线夹分离，定位器线夹在接触线上，定位线夹U形销磨损断裂。现场定位线夹和正常、磨损U形销如图7-117所示。

（a）现场定位线夹

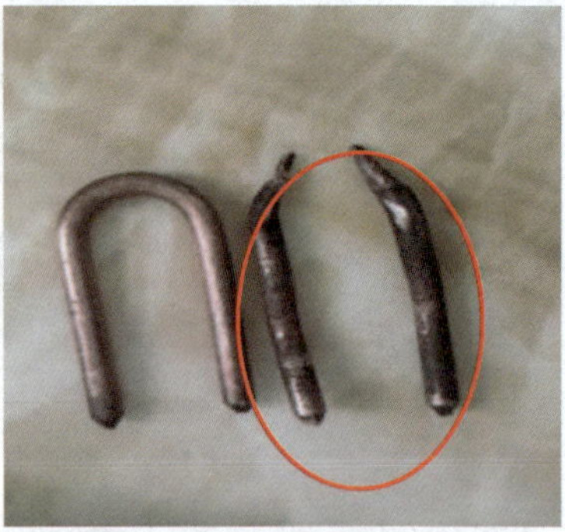

（b）正常和磨断的U形销

图7-117　现场定位线夹和正常、磨损U形销

(二)定位管

1. 正、反定位管状态均应符合设计要求,应与腕臂在同一垂面内。

2. 定位管端部余长为 50~150 mm,定位管管口封堵良好。

3. 定位管吊线应顺直受力,与弹性吊索间隙大于 50 mm。

采用"V"形吊线时,两侧吊线的长度张力应相等。固定吊线的定位环、支撑管卡子、吊线固定钩距定位器定位环应保持 100~150 mm 的距离。吊线固定钩开口方向符合规定。

4. 定位管支撑及两端支撑管卡子与腕臂在同一垂面内,定位管支撑与定位管之间夹角为 30°~60°。

【案例 1】接触网支柱定位管吊线从定位管定位钩中脱出,定位管搭在接触线上,影响列车运行。原因为定位管吊线固定钩开口方向装反,与《普铁维规》中"吊线固定钩开口方向符合规定"的规定不符,列车通过时斜拉线下端抬升后从定位钩中脱出。故障现场如图 7-118 所示。

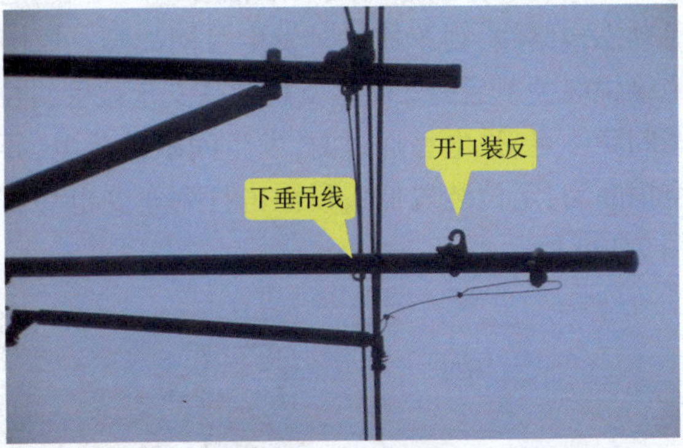

图 7-118　故障现场

【案例 2】发生一起定位管从定位环中脱落的故障,脱落的定位管钩头出现扭曲、开口张大,定位管上支撑管卡子与定位管钩头呈 45°,与《普铁维规》中"定位管支撑及两端支撑管卡子与腕臂在同一垂面内"的规定不符。原因为施工单位在预配定位管时没有在意支撑管卡子双耳的方向,安装时采取强制扳转的方式最后将定位管支撑与斜腕臂连接,在扳转的过程中造成了定位管钩头扭曲变形，钩口变大。变形定位管和钩头如图 7-119 所示。

（a）成45° 变形的定位管

（b）钩头

图 7-119　变形定位管和钩头

【案例 3】上行线 530 号接触网支柱定位管吊线断裂，定位管及定位器侵入受电弓动态包络线，列车通过时发生弓网故障。原因为非绝缘锚段关节改造绝缘锚段关节后的 530 号支柱抬高支定位管斜拉线与工作支承力索间动态间距不足，受电弓通过时，发生间歇性放电，导致抬高支定位管斜拉线烧损断裂，定位装置低头侵限击打列车受电弓。现场示意及安装工况如图 7-120 所示。

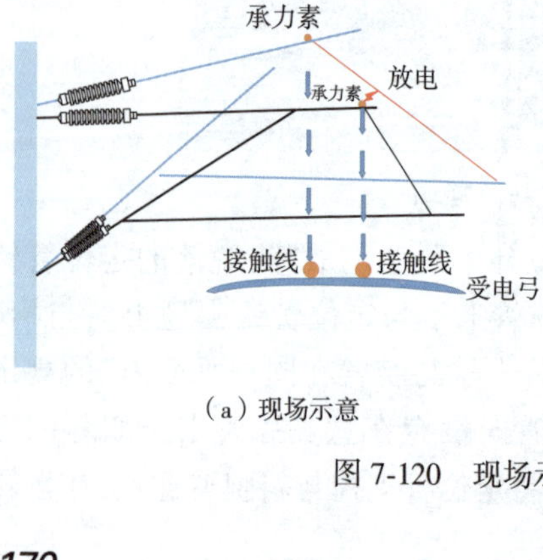

（a）现场示意

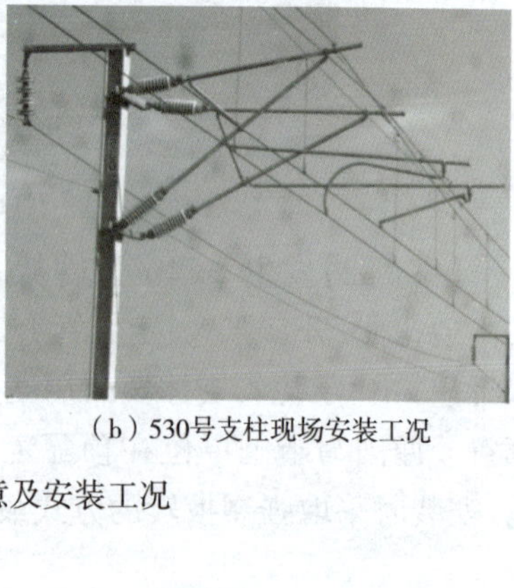
（b）530号支柱现场安装工况

图 7-120　现场示意及安装工况

【案例 4】下行线接触网支柱定位管支撑与定位管连接螺栓松脱，致使定位管低头，侵入受电弓动态包络线，打坏通过列车受电弓。现场如图 7-121 所示。

图 7-121　现场

【案例 5】接触网支柱定位管支撑铝管脱落，列车通过时发生弓网故障。原因为定位管支撑铝管与套筒双耳间采用丝扣连接方式，在列车通过时接触网高频振动运行工况下，内外丝扣螺纹长久反复摩擦，公差配合间隙渐大，达到极限值后突然滑扣，铝管从上部双耳套筒丝扣连接处脱落下垂，低于接触线面，与运行的列车受电弓碰撞，造成弓网故障。故障截图和公差间隙如图 7-122 所示。

（a）故障截图

（b）公差配合间隙过大

图 7-122　故障截图和公差间隙

发生过多起定位管吊线吊环断裂后导致弓网故障的安全问题，影响行车安全。要严格落实《电气化铁路接触网定位管吊线优化技术方案》（工电供电函〔2019〕24号）的要求，加强不锈钢件上线质量管理，确保设备运行安全。

【案例1】接触网支柱处的反定位管吊线U形环开裂、吊线脱出后，反定位管低头侵入受电弓动态包络线，影响电力机车正常运行。断裂的吊环如图7-123所示。

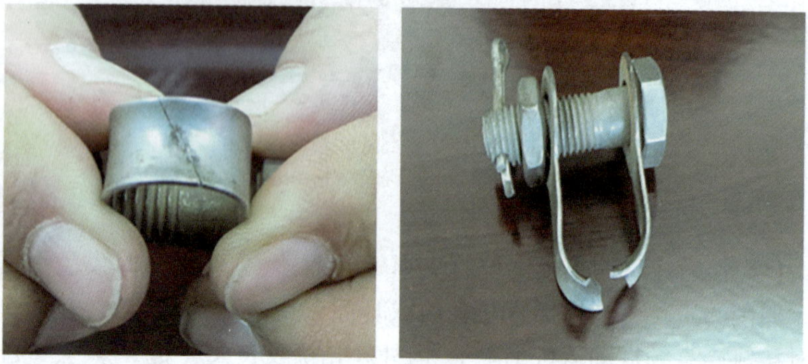

图7-123　断裂的吊环

【案例2】接触网支柱定位管吊线的吊环断裂，吊线上部连接心形环从吊环中脱出，定位管下垂侵入列车受电弓动态包络线，引发弓网故障。断裂的吊环如图7-124所示。

前期多数已开通线路，当接触网定位管与斜腕臂采用钩环连接形式时，对于定位环扁口朝向，设计方案未进行具体明确，各零部件厂家安装说明书要求也不统一，造成现场安装形式多样。针对存在的问题，国铁集团工电部印发了《接触网定位环安装方式专题会会议纪要》（工电供电函〔2020〕4号），经零部件结构分析、受力比较和运营实践总结，确定定位环扁口朝向支柱侧更为合理，具有更好的稳定性和安全性。

【案例】接触网支柱定位装置反定位管从与斜腕臂连接的定位环处脱出，与通过的列车发生弓网故障。调阅前期4C检测图像，发现定位环

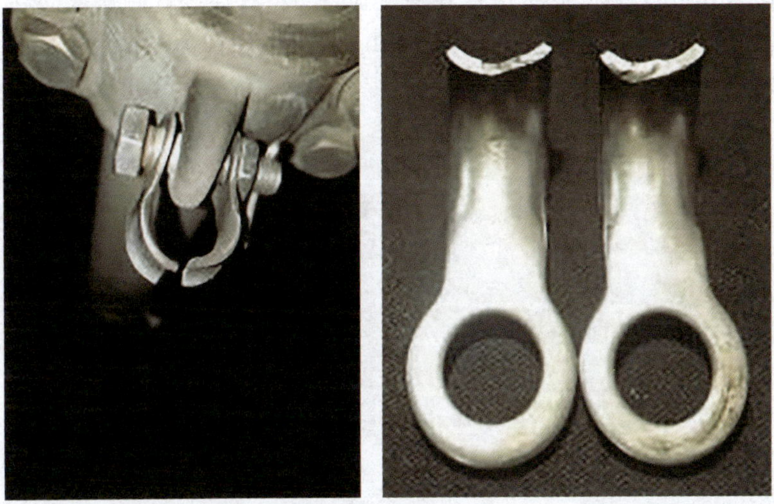

图 7-124　断裂的吊环

扁口没有朝向支柱侧，定位管尾部在定位环连接处安装受力状态不良。现场及 4C 图像如图 7-125 所示。

（a）现场　　（b）前期4C检测图像

图 7-125　现场及 4C 图像

因为定位管支撑卡子固定不牢，发生过多起安全问题。

【案例 1】接触网支柱定位管支撑与定位管连接的铝合金定位环套管

单耳的 U 形螺栓松动，定位环套管单耳沿定位管向支柱侧滑移，致使定位管低头，定位器坡度变小并侵入受电弓动态包络线内，与通过列车发生弓网故障。滑移前后如图 7-126 所示。

（a）现场

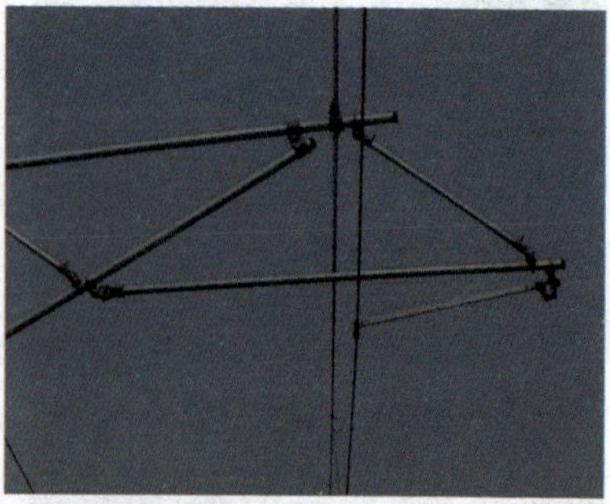

（b）未移动前照片

图 7-126　滑移前后

【案例 2】车站接触网支柱，由于反定位管与定位管支撑之间的连接卡子松动、发生滑动位移，导致反定位管低头后定位器坡度变小，与通过的电力机车受电弓刮碰，造成受电弓损坏，定位器折断，多处吊弦受损。滑移示意及发生滑移的定位管支撑卡子如图 7-127 所示。

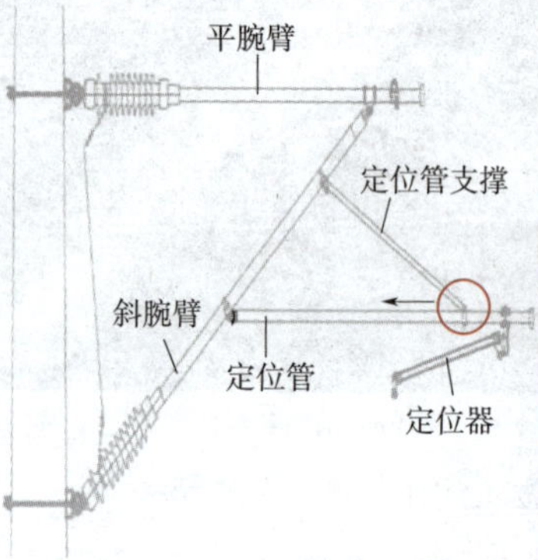

（a）滑移示意

（b）发生滑移的定位管支撑卡子

图 7-127　滑移示意及发生滑移的定位管支撑卡子

(三)其他

1. 防风拉线固定环面向下锚侧安装,距定位器端头水平距离为 600 mm,允许误差$^{+50}_{-100}$ mm。

防风拉线长环在定位管端,短环在定位器端。长环端回头 250 mm,短环端回头 100 mm,防风拉线固定环应位于长环中间位置。

2. 定位环应垂直线路方向安装。定位管上定位环的安装位置距定位管根部不小于 40 mm。

3. 定位装置各部件之间应连接可靠,定位钩与定位环的铰接状态良好。

4. 定位器支座处电气连接线安装符合设计要求,且不应与定位支座限位止钉相互摩擦,铜铝双面垫片安装正确。

5. 定位线夹或锚支定位卡子受力面符合要求,有环夹板远离定位钩和定位支座侧,U 形销向上弯折 60°。

【案例 1】上行接触网支柱定位器防风拉线固定环被防风拉线磨穿,防风拉线从固定环本体中脱出,发生弓网故障。故障现场及磨穿的防风拉线环如图 7-128 所示。

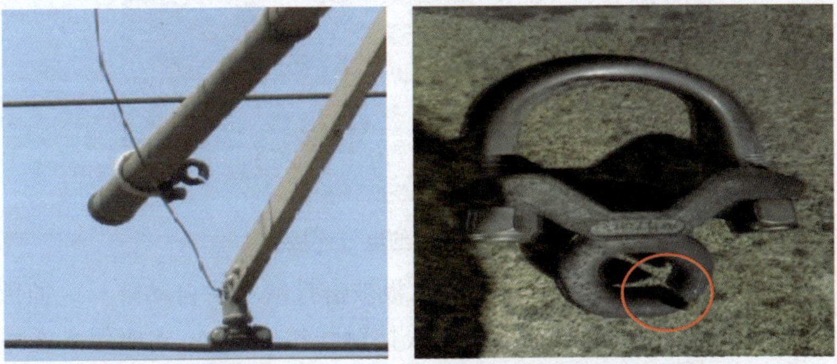

(a) 故障现场　　(b) 磨穿的防风拉线环

图 7-128　故障现场及磨穿的防风拉线环

【案例 2】接触网倒立柱反向定位器本体与定位线夹连接处半圆头铆钉脱落,在线索张力的作用下,造成定位器本体与线夹分离,原因为产品质量问题。故障现场及脱落铆钉如图 7-129 所示。

（a）故障现场

（b）定期器与销钉铆钉脱落

图 7-129　故障现场及脱落铆钉

【案例 3】供电段利用 2C 检测装置巡视发现定位器支座处电气连接线松脱，及时进行了处理。松脱的电气连接线如图 7-130 所示。

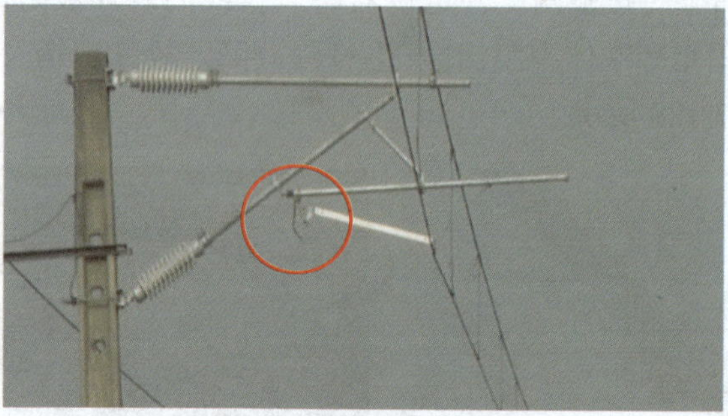

图 7-130　松脱的电气连接线

【案例 4】列车在区间受电弓碳滑板被击打缺块后自动降弓。原因为列车运行径路特型定位器支座对正线接触线抬高不足，支座侵入受电弓动态包络线，发生刮碰。特型定位器支座及撞击示意如图 7-131 所示。

【案例 5】定位器从定位器底座脱出，与通过列车发生弓网故障。原因为定位底座处开口销脱落，销钉逐渐退出造成定位器垂落击打受电弓。定位支座销钉退出情况如图 7-132 所示。

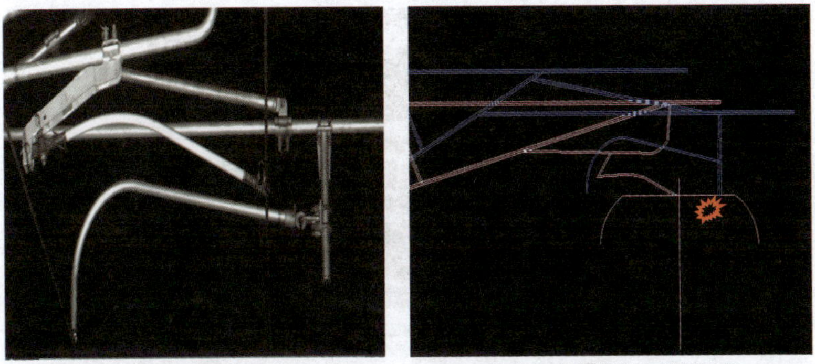

（a）特型定位器支座　　（b）过长侵限撞击情况示意

图 7-131 特型定位器支座及撞击示意

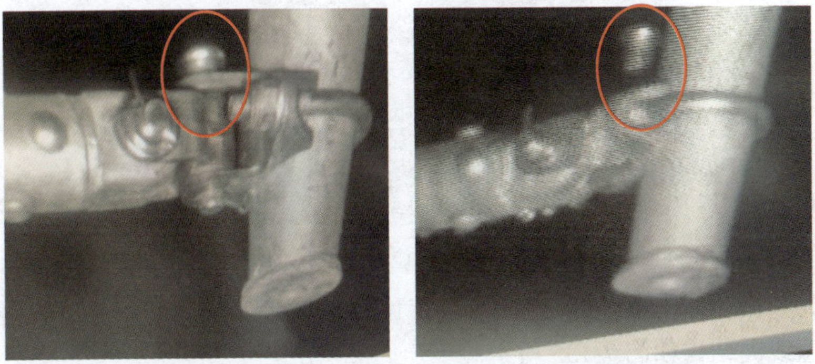

（a）定位支座开口销和销钉　　（b）销钉逐渐退出情况

图 7-132 定位支座销钉退出情况

【案例 6】区间接触网支柱定位支座螺母松脱后滑移，导致支柱拉出值由 92 mm 变化至 2 mm，被及时检测分析发现。现场设备如图 7-133 所示。

【案例 7】施工单位作业更换了下行接触网支柱定位器，定位器销钉未完全插入定位线夹卡槽。运行 4 天后，定位器从定位线夹脱出后定位器脱落，被通过列车发现。定位器脱落现场如图 7-134 所示。

【案例 8】列车司机发现下行线接触网定位器脱落。原因为施工单位在安装 C 型定位线夹时，无环夹板牙形卡槽未卡入定位销钉凹槽内（在定位线夹内，定位销钉凹槽内呈光滑的圆弧状，未见磨损痕迹），在列车运

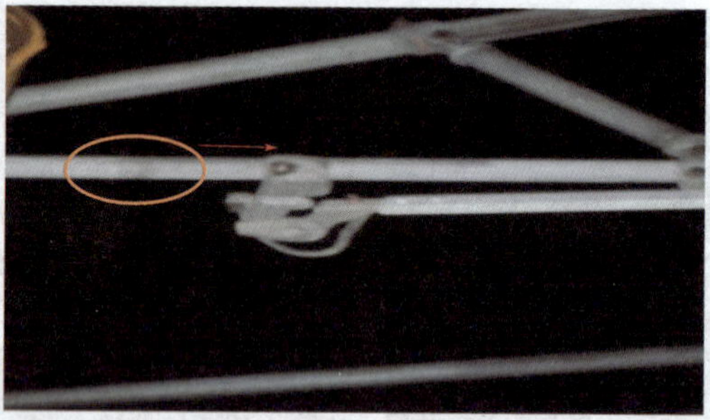

图 7-133　现场设备

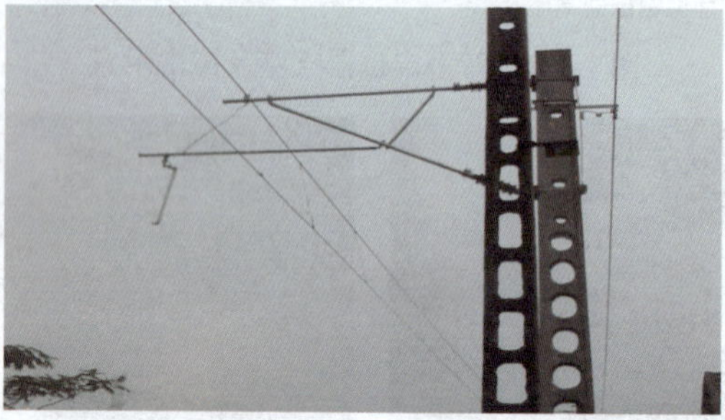

图 7-134　定位器脱落现场

行高频振动冲击下，导致定位器与定位线夹连接处脱开。定位器脱落及定位线夹结构如图 7-135 所示。

（a）定位器脱落

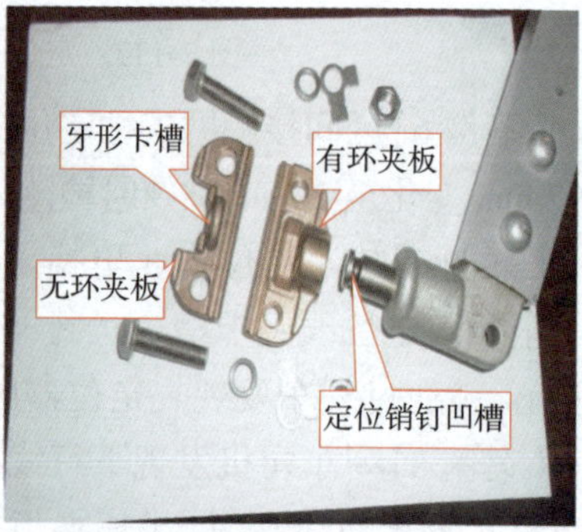

（b）定位线夹结构

图 7-135　定位器脱落及定位线夹结构

接触网定位器的定位线夹分 A、B、C 等型号,由于对不同型号区别不掌握,作业过程时更换的定位线夹与定位器的定位销钉不匹配,发生过多起安全问题。

【案例 1】接触网支柱定位器脱落,被通过的列车司机发现。原因为当日上午工区维修作业时发现该支柱 A 型定位线夹断裂,作业人员误将 C 型线夹安装到定位器上,更换的定位线夹和定位器销钉不匹配,导致定位器从定位线夹上脱出。定位器脱落现场如图 7-136 所示。

图 7-136　定位器脱落现场

【案例 2】集中修过程中发现车站Ⅱ道 194 号支柱非工作支定位器 C 型定位线夹有环夹板侧与接触线加持部位缺失三分之一,在未确认定位器线夹型号的情况下,盲目对定位线夹进行了更换。天窗结束后清理材料时,发现新安装的定位器固定销与换下的旧定位器固定销不一样,本应为 C 型,错误更换为 B 型,存在脱落安全隐患,立即申请要点进行了缺陷处理。C 型和 B 型线夹如图 7-137 所示。

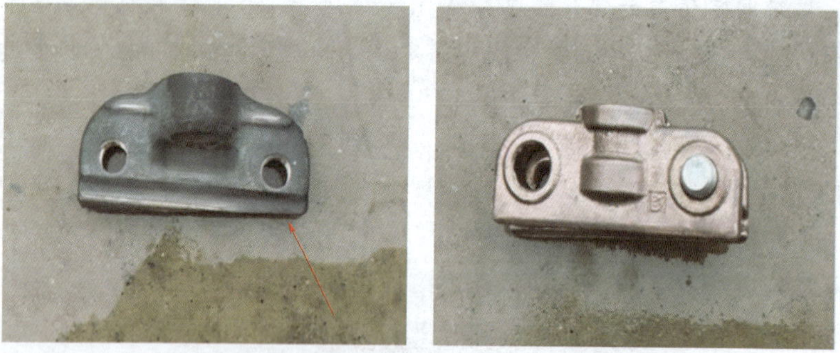

（a）C型线夹的夹持部缺少三分之一　　（b）错误更换的B型线夹

图 7-137　C 型和 B 型线夹

定位线夹未卡入接触线的线槽内，存在运行中定位器脱落击打受电弓的隐患。

【案例 1】特型定位器定位线夹一侧卡槽未入接触线线槽，卡在接触线线槽以下大面圆弧上，在运行中定位线夹从接触线松脱，定位器脱落，被通过列车司机发现。定位器脱落及定位线夹未卡在线槽内如图 7-138 所示。

（a）定位器脱落　　（b）定位线夹未卡在线槽内

图 7-138　定位器脱落及定位线夹未卡在线槽内

【案例 2】供电段全面检查过程中发现定位线夹未入接触线线槽，及时进行了处理。处理前后如图 7-139 所示。

（a）处理前

（b）处理后

图 7-139 处理前后

第三节 支柱、拉线和基础

支柱及吊柱

第一百三十六条 支柱

（一）支柱位置。

1. 支柱侧面限界应符合设计规定，允许偏差$^{+100}_{-60}$ mm，但最小不得小于《铁路技术管理规程（普速铁路部分）》规定的建筑限界值。跨距允许偏差$^{+1}_{-2}$ m。接触网整体更新改造时，接触网支柱侧面限界根据需要预留大机养护和调车作业条件。

2. 每组软横跨两支柱中心连线应垂直于正线，偏角不大于 3°；每组硬横跨两支柱中心连线应垂直于正线，偏角不大于 2°。

3. 支柱应尽量设在侧沟限界以外。若客观条件限制必须设在侧沟中，应留有排水通道，排水通道与排水沟应统一设计，避免对路基防排水系统的影响。支柱根部应用砂浆砌石加固。

4. 支柱埋设深度应符合设计要求，允许偏差±100 mm。

（二）支柱本体。

1. 横腹杆式钢筋混凝土支柱表面应光洁、平整。横腹板破损应及时修补，翼缘破损和露筋不超过两根且长度不超过 400 mm 应及时修补；露筋达两根以上但不超过 4 根且长度不超过 400 mm 可以修补后降级使用;露筋超过 4 根或者露筋长度超过 400 mm 应及时更换。

支柱翼缘不得有横向、斜向和纵向裂纹。支柱翼缘与横腹板结合处裂纹及横腹板裂纹宽度不超过 0.3 mm 时,要及时修补,大于 0.3 mm 时应更换。

混凝土支柱破损不露筋者,可以用水泥砂浆修补后使用。

2. 环形等径预应力混凝土支柱表面应光洁平整。合缝处不得漏浆,不应有混凝土剥落、露筋等缺陷。支柱弯曲度不大于 2‰,杆顶封堵良好。支柱应具有防止安装设备扭转及滑动措施。

横向裂纹宽度不超过 0.2 mm 且长度不超过 1/3 圆周长的支柱要及时修补,否则应更换;纵向裂纹宽度大于 0.2 mm 但不超过 1 mm 的支柱要及时修补,纵向裂纹宽度大于 1 mm 的支柱应更换。修补支柱破损部位的混凝土等级比支柱本身混凝土高一级。

3. 金属支柱及硬横梁支柱本体不得弯曲、扭转、变形,各焊接部分不得有裂纹、开焊,主角钢不应有扭转现象,弯曲不得超过 5‰,副角钢弯曲不得超过 2 根;表面防腐层剥落面积不得超过 10%。

4. 整正支柱使用的垫片不得超过 3 块。每块垫片的面积不小于 50 mm×100 mm,厚度不大于 10 mm。

【案例】综合维修段检修时发现双线路腕臂格构式钢柱斜撑角钢弯曲变形,与《普铁维规》中“金属支柱及硬横梁支柱本体不得弯曲、扭转、变形”的规定不符,采取安装临时过渡支柱减轻该支柱荷载并对其他支柱临时绑扎方钢管加固的措施,确保缺陷彻底整治前设备运行安全。整体情况及弯曲变形角钢如图 7-140 所示。

(三)支柱倾斜率。

1. 支柱在顺线路方向应保持铅垂状态,其倾斜率不超过 0.5%。锚柱应向拉线方向倾斜,其倾斜率不超过 1%。

2. 支柱在垂直线路方向均应直立,允许向受力的反向倾斜,腕臂柱、隔离开关支柱、硬横跨支柱倾斜率不超过 0.5%;软横跨支柱高度 13 m 的倾斜率为 0.5%~1%,高度 15 m 及以上的倾斜率为 1%~2%。

（a）整体情况

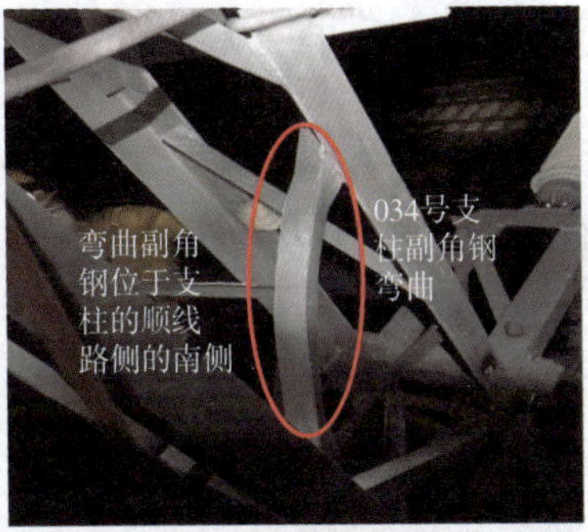

（b）斜撑角钢弯曲变形

图 7-140　整体情况及弯曲变形角钢

3. 接触网各种支柱，均不得向受力方向倾斜。向线路侧倾斜时，任何情况下不得侵入基本建筑限界。

【案例 1】接触网支柱向线路外侧倾斜角度达 4.3%，与《普铁维规》中“支柱在垂直线路方向均应直立，允许向受力的反向倾斜，腕臂柱、隔离开关支柱、硬横跨支柱倾斜率不超过 0.5%”的规定不符，造成接触网拉出值 780 mm，列车通过时发生弓网故障。原因为倾斜支柱为首次过冬设备，路基含水量较大，受冬季低温冻胀影响，在路基段形成了长 45 m、宽 100 mm 的冻胀裂纹，接触网支柱随之倾斜。倾斜支柱及受电弓钻弓现场如图 7-141 所示。

（a）倾斜支柱

（b）机车受电弓钻入接触线上方

图 7-141　倾斜支柱及受电弓钻弓现场

【案例 2】供电段汛期雨后巡视发现车站接触网支柱向线路内侧倾斜 6. 1°,与《普铁维规》中“支柱在垂直线路方向均应直立,允许向受力的反向倾斜,腕臂柱、隔离开关支柱、硬横跨支柱倾斜率不超过 0. 5%”的规定不符,及时进行了整正处理。整正前后如图 7-142 所示。

(a) 整正前　　(b) 整正后

图 7-142　整正前后

(四) 支柱防撞。

1. 道口两侧、经常有机动车辆运行的场所以及装卸货物站台上等易被碰撞的支柱,均应设置强度较高的防护桩。防护高度原则上不小于 1. 5 m,道口两侧支柱防护桩的高度为 2 m。

2. 支柱防护宜采用混凝土防护墩或钢结构防护,不应采用外围砖砌、内填石渣或砂土的封闭式防护方式。

采用混凝土防护墩防护时,厚度不小于 0. 4 m 并采用混凝土灌注基础,基础满足稳固要求,混凝土标号不小于 C20 并植入钢筋网;采用钢结构防护时,埋设深度应满足稳固要求并采用混凝土灌注基础。

3. 防护桩内壁与支柱保持 0. 5 m 的距离,且不得侵入铁路建筑限界。

4. 防护桩外表面应有黄黑相间的警示标识。

5. 需防护支柱装有开关操作机构时,需同时将开关操作支架纳入防护保护范围。

【案例 1】桥钢柱托架下角钢与通过大型货车剐蹭,造成支柱托架预埋件折断,接触网支柱倾斜。原因是经常有机动车辆运行的场所的桥钢柱未按规定设置防撞设施,事故桥钢柱支腿固定于靠近公路旁的桥墩上,桥钢柱支腿高度距地面 4 m 且向公路上方伸出 1 m。事故现场如图 7-143 所示。

图 7-143　事故现场

【案例 2】接触网支柱被施工车辆撞倒后向线路一侧倾倒。原因是供电段对施工地段需要设置防撞设施的接触网支柱排查不彻底。供电段虽然在施工协调会上就供电设备防护不足的问题多次与建设指挥部、施工单位进行反馈协调,施工单位更多是反馈一处、整改一处,供电段和施工单位均未对施工地段支柱防撞设施进行全面彻底的排查,发生事故的 77 号接触网支柱未做防撞防护。

【案例 3】区间接触网支柱在距地面 1 m 处被道路通过车辆撞断,倾斜的支柱被接触网拉住,未发生跳闸。原因为经常有机动车辆运行路旁的接触网支柱未设置防撞设施,与《普铁维规》中"道口两侧、经常有机动车辆运行的场所以及装卸货物站台上等易被碰撞的支柱,均应设置强度较高的防护桩"的规定不符。撞断支柱如图 7-144 所示。

图 7-144　撞断支柱

【案例 4】接触网软横跨钢柱被建筑工地装载汽车撞上后倾斜，接触网软横跨下坠，侵入受电弓动态包络线，影响上行线正常行车 121 min。原因为供电段接触网支柱防撞设施设置标准不高，210 号钢柱仅砌高 0.82 m 的土砖，与《普铁维规》中"防护高度原则上不小于 1.5 m"的规定不符，加之基础不深，结构不牢，抗机动车撞击能力差，不能对支柱形成有效防护。

【案例 5】一台装载机失控后与站内 5 道软横跨接触网钢柱发生相撞，软横跨钢柱向线路方向倾倒后侵限。原因是供电段虽然在道路边的接触网钢柱设置了防护桩，但是防护桩的高度和强度均存在不足，不能起到有效防护作用。事故现场如图 7-145 所示。

【案例 6】列车下行通过车站时，司机发现邻线接触网支柱倾斜 30°左右，立即在站内停车。原因为供电段在进行车站接触网钢柱防护墩施工时，违规使用石灰、煤渣、废枕木等具有腐蚀性的材料进行内填充，与《普铁维规》中"不应采用外围砖砌、内填石渣或砂土的封闭式防护方式"的规定不符，在雨水渗透、潮湿的环境下，钢柱根部腐蚀，3 根主角钢腐蚀断，承载力不足，最终钢柱整体向线路方向倾斜。角钢腐蚀及支柱倾斜如图 7-146 所示。

【案例 7】夜里，上行线接触网软横跨钢柱被车辆撞击后发生倾斜，导致该支柱上的接触网软横跨下坠，侵入受电弓动态包络线，与通过列车发

图 7-145　事故现场

（a）角钢腐蚀

（b）支柱倾斜

图 7-146　角钢腐蚀及支柱倾斜

生弓网故障。被撞接触网钢柱虽然做了护砌，但没有涂抹黄黑相间的警示标识，夜间运行车辆不易发现，与《普铁维规》中“防护桩外表面应有黄黑相间的警示标识”的规定不符。被撞接触网支柱如图 7-147 所示。

图 7-147　被撞接触网支柱

(五)支柱护坡。

1. 填方地段的支柱外缘距路基边坡的距离不小于 500 mm,否则应培土或砌石,其坡度应与原路基相同。高填方地段培土困难、流失严重或土质强度不够者,应采用砂浆砌石护坡加固,片石应挤压紧密、堆砌整齐,砂浆应饱满,标号符合规定。

支柱护坡应延伸至地面,并做深度不小于 0.6 m 护坡基础。上部宽度为支柱中心两侧各不小于 1 m,下部宽度为支柱中心两侧各不小于 2 m,厚度不小于 300 mm。距边坡坡底 1 m 处应设置 100 mm×100 mm 的泄水孔。

2. 路堑地段的基础外侧与水沟外侧的间距不小于 300 mm。

【案例】供电段在新线建设提前介入过程中,累计发现填方地段 200 处接触网支柱紧贴路基边坡,与《普铁维规》中"填方地段的支柱外缘距路基边坡的距离不小于 500 mm"的规定不符,及时督促施工单位进行了整改。支柱与路基边坡距离不足如图 7-148 所示。

(六)支柱容量满足受力要求,需要更新时宜采用热浸镀锌钢支柱,更新的混凝土支柱容量不应低于 60 kN · m。

【案例 1】车站下行线接触网支柱突然从根部处断裂,支柱内部钢筋断裂 3 根,支柱下锚拉线抽脱,拉线锚杆露出地面约 1 m 左右。原因为施

图 7-148　支柱与路基边坡距离不足

工单位在未采取任何安全措施的情况下，将新建下行货线接触网的承力索、接触线硬锚设置在 015 号锚柱上，导致该支柱承受的张力加倍，与《普铁维规》中“支柱容量满足受力要求”的规定不符，支柱容量不满足受力要求后发生折断。折断支柱如图 7-149 所示。

图 7-149　折断支柱

【案例2】大风天气下,特大桥36根接触网支柱斜腿部分角钢弯曲变形。原因为设计时角钢厚度不符合标准,造成支柱容量不满足受力要求。设计时钢支柱横杆、斜杆及缀条均为厚4 mm的角钢,不符合《铁路电力牵引供电设计规范》(TB/T 10009—2016)中“钢结构杆件使用钢材的最小厚度,其中横杆的钢材最小厚度为5 mm”的要求。弯曲变形的桥钢柱如图7-150所示。

(a)桥钢柱弯曲变形

(b)现场整体

图7-150　弯曲变形的桥钢柱

废弃接触网支柱不拆除,不但影响铁路沿线环境美观,而且还存在极大的安全风险。

【案例1】车站22号废弃接触网钢柱倒伏在运行接触网上,造成变电所跳闸,影响供电83 min。原因为供电段对已废弃接触网钢柱不拆除,加之日常失管,倒伏后影响供电。

【案例2】车站4道50~52号硬横跨处的跨中废弃钢柱与正馈线绝缘距离不足,在大风天气下发生跳闸。整体照片及放电痕迹如图7-151所示。

拆除支柱发生过多起安全问题,铁路维修和施工单位要强化支柱拆除过程中的安全风险防控。

【案例】施工单位在拆除接触网废弃支柱时,旧支柱顶部的腕臂底座未拆除,腕臂底座插入地下350 mm,切断电务信号电缆,中断行车128 min。

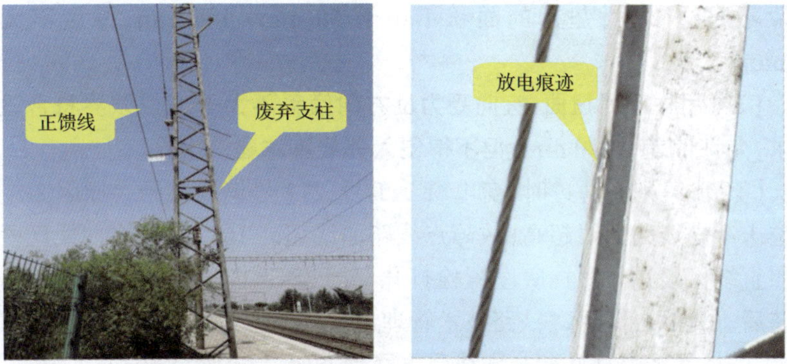

（a）整体照片　　（b）放电痕迹

图 7-151　整体照片及放电痕迹

原因为施工单位拆除过程中，没有将旧支柱顶部的腕臂底座卸下，加之信号电缆埋深不足，支柱倒地后，腕臂底座插入地下切断信号电缆。腕臂底座及切断的信号电缆如图 7-152 所示。

（a）腕臂底座　　（b）切断的信号电缆

图 7-152　腕臂底座及切断的信号电缆

第一百三十七条　吊柱

（一）吊柱型号、规格、防腐措施符合设计要求，锈蚀面积不超过 20%。当采用圆吊柱时，腕臂底座处应采取防扭转及滑动措施。

（二）吊柱法兰盘与隧道壁应结合密贴。吊柱固定螺栓应采用双螺母，拧紧螺帽后螺栓外露长度不得小于 30 mm；吊柱调整使用的镀锌闭环

垫片不超过 2 片,垫片的面积不小于 50 mm×100 mm,厚度不大于 10 mm。

(三)吊柱不得扭曲,宜向受力反方向倾斜不大于 1°。限界符合设计要求,允许偏差 0~20 mm,但不得侵入邻线基本建筑限界。

【案例 1】列车通过时,变电所 211 号、212 号馈线跳闸。原因为施工单位未考虑线路曲线超高(故障点线路曲线超高 165 mm),在曲线区段仍按照直线区段进行吊柱底座螺栓打孔,导致隧道内曲线区段接触网吊柱安装后,吊柱端部侵入《铁路技术管理规程(普速铁路部分)》规定的建筑限界,造成邻线吊柱底部与本线受电弓动态包络线绝缘间隙不足,受电弓对吊柱端部放电,引发上下行接触网设备同时跳闸。空气绝缘击穿前后如图 7-153 所示。

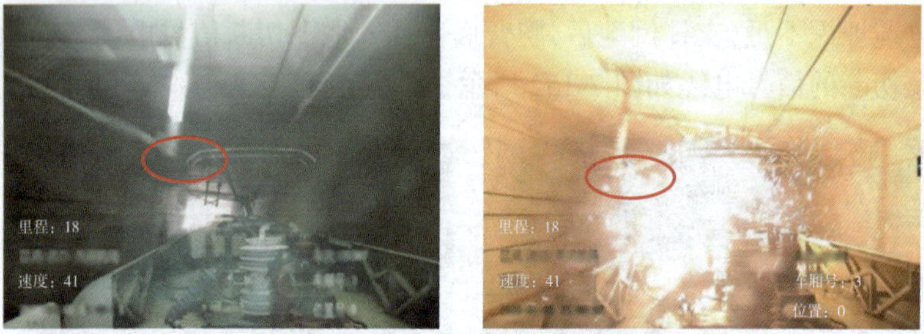

(a)空气绝缘击穿前　　(b)空气绝缘击穿后

图 7-153　空气绝缘击穿前后

【案例 2】超限货物列车在运行过程中,机后第 3 位装载的变压器右侧顶部与隧道内 178 号、180 号接触网吊柱端部剐碰。原因是供电部门在日常限界管理中,对接触网限界的认知,仅是接触网支柱和吊柱的侧面限界和受电弓动态包络线,对两线间的吊柱没有复核是否侵入基本建筑限界。加之事故地点 178 号、180 号接触网吊柱比设计标准长 260 mm,与《普铁维规》中“吊柱型号、规格、防腐措施符合设计要求”的规定不符,邻线吊柱端部侵入本线铁路基本建筑限界,刮碰超限货物。现场吊柱及示意如图 7-154 所示。

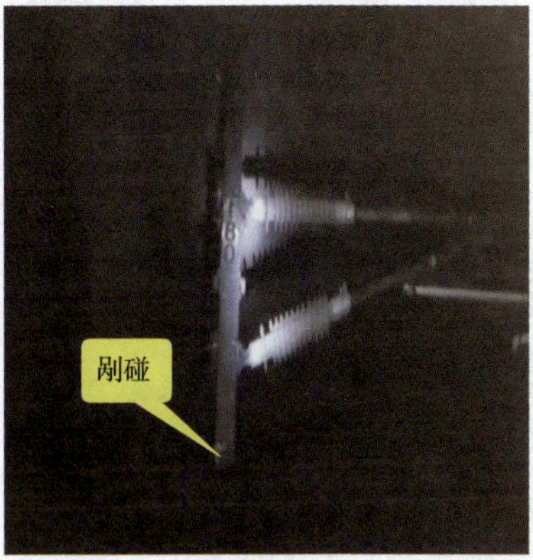

（a）现场吊柱

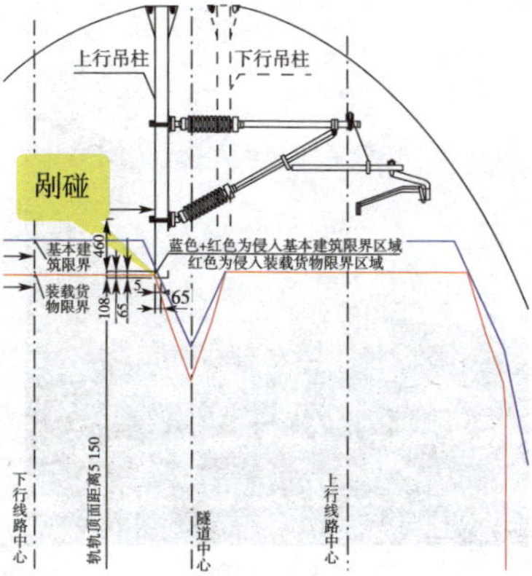

（b）现场示意（单位：mm）

图 7-154　现场吊柱及示意

基础及拉线

第一百三十八条　支柱基础

（一）金属支柱基础面应高出地面（或站台面）100～200 mm。基础外露 400 mm 以上者应培土，每边培土宽度为 500 mm，培土边坡与水平面呈 45°。金属支柱有基础帽时，基础帽应完整无破损、无裂纹。

（二）支柱根部周围 5 m 范围内不得取土，1 m 范围内应保持清洁，不得有积水和杂物。

【案例 1】工务段巡视发现接触网钢柱倾斜，影响电力机车运行。原因为供电段曾对该钢柱基础帽进行了破拆，破拆后未恢复基础帽，与《普铁维规》中“金属支柱有基础帽时，基础帽应完整无破损”的规定不符。后来工务段清筛又在支柱周围堆积了 400 mm 厚的弃土，造成支柱基础位于弃土形成的低洼处，又与《普铁维规》中“支柱根部……1 m 范围内应保持清洁，不得有积水和杂物”的规定不符，在受潮和雨水长期浸泡后不断氧化、锈蚀，根部受力主角钢结构强度下降后倾斜。钢柱倾斜和根部腐烂情况如图 7-155 所示。

（a）钢柱倾斜　　（b）根部腐烂情况

图 7-155　钢柱倾斜和根部腐烂情况

【案例 2】施工单位在接触网支柱根部 0.4 m 处进行孔桩坑施工，与《普铁维规》中“支柱根部周围 5 m 范围内不得取土”的规定不符，造成接触网支柱向线路方向倾斜 8°，定位器支座侵入受电弓动态包络线，列车通过时发生弓网故障。倾斜支柱和孔桩如图 7-156 所示。

（a）支柱倾斜　　（b）孔桩

图 7-156　倾斜支柱和孔桩

【案例 3】工区隐患排查发现车站硬横梁支柱地脚螺栓锈蚀腐烂严重,及时进行了隐患整治。原因为硬横梁地脚螺栓处于低洼地带,下雨时存在积水杂物导致地脚螺栓腐蚀,与《普铁维规》中“支柱根部……1 m 范围内应保持清洁,不得有积水和杂物”的规定不符。锈蚀螺栓及处于低洼地点的支柱基础如图 7-157 所示。

(a)锈蚀螺栓

(b)支柱基础处于低洼地点

图 7-157 锈蚀螺栓及处于低洼地点的支柱基础

第一百三十九条 桥梁、隧道内埋入杆件

(一)桥梁、隧道内的埋入杆件(包括立柱)应安装牢固,无断裂、变形,其填充物不得剥落和裂纹,杆件要做好防腐处理。埋入杆件受力后,其周围灌注部分不得有裂纹、破损及脱落现象,螺栓本体不得松动和变形。

(二)后植锚栓或后植滑槽应避免设置在隧道伸缩缝、不同断面接缝、石缝或明显渗水、漏水处所。后植锚栓各埋入杆件的埋深、外露、距离符合设计要求,杆件之间距离允许偏差±20 mm。滑槽 T 形螺栓距槽道端部不小于 25 mm。

(三)使用后植化学黏结锚栓时,其黏结材料(剂)的养护(固化)时间应达到相关要求。锚固拉拔力不应小于设计值。

【案例1】隧道拱顶保护线跳线脱落搭接正馈线，影响供电160 min。原因是化学锚栓安装不牢固，设计图纸为M12型（外径12 mm）化学锚栓，现场保护线接地线固定螺栓安装的却是M7型（外径7 mm）螺栓，但隧道壁跳线卡子螺栓孔径却达到了20 mm，M7型锚栓植入后不牢固，脱出隧道壁搭接正馈线引发接触网跳闸。脱落保护线及掉落膨胀螺栓如图7-158所示。

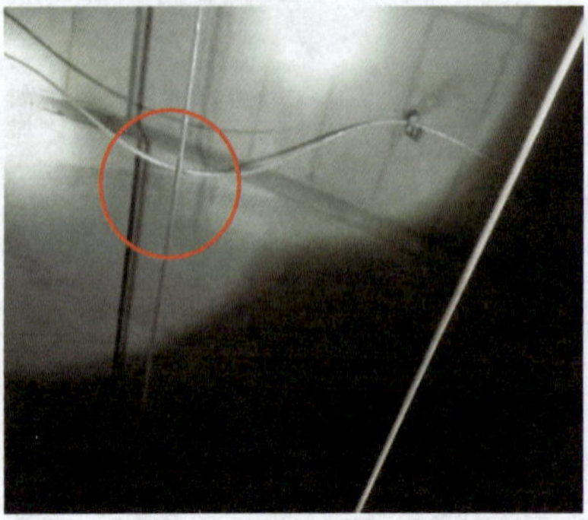

（a）保护线脱落后搭接在F线上

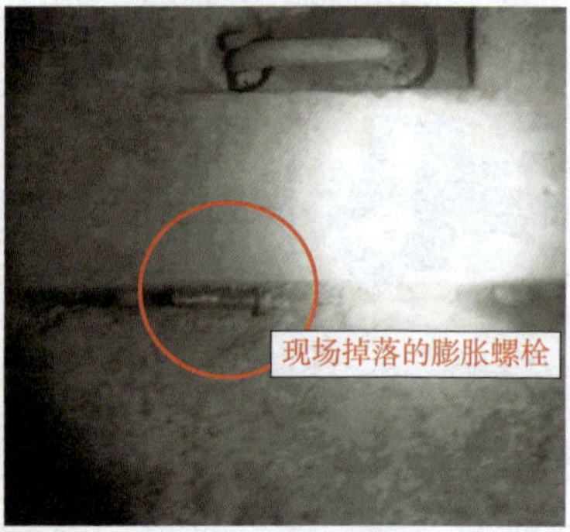

（b）现场掉落膨胀螺栓

图7-158　脱落保护线及掉落膨胀螺栓

【案例2】供电段巡视发现隧道内接触网吊柱处于隧道空洞范围内，进一步排查发现空洞大小为6.5 m×1.2 m。隧道空洞如图7-159所示。

图7-159　隧道空洞

【案例 3】隧道内接地跳线脱落后搭接在正馈线上发生跳闸，影响供电 23 min。原因是接地跳线膨胀螺栓安装在隧道内衬层接缝处，与《普铁维规》中“后植锚栓或后植滑槽应避免设置在隧道伸缩缝、不同断面接缝”的规定不符，安装不牢固，在运行中发生脱落。故障现场如图 7-160 所示。

图 7-160　故障现场

【案例 4】供电段在隐患排查中，发现隧道内承力索落锚棘轮滑槽一段化学锚栓固定在隧道缝隙中，不受力，与《普铁维规》中“后植锚栓或后植滑槽应避免设置在隧道伸缩缝、不同断面接缝”的规定不符，及时进行了整治。滑槽螺栓如图 7-161 所示。

（a）滑槽螺栓缺少

（b）滑槽螺栓在隧道伸缩缝

图 7-161　滑槽螺栓

【案例 5】列车回库检查发现 4 车受电弓存在击打痕迹。原因为隧道内接触网吊柱倾斜侵限，固定接触网吊柱底座的 4 颗化学锚栓中的 2 颗，因施工工艺不到位（孔内壁清扫不彻底）、锚固剂混合不均匀（胶体黏合物软化、未完全凝固）且注胶量不足（螺杆埋入部分拔出后超过 1/2 表面无胶附着），发生松脱后滑出。倾斜吊柱及松脱化学锚栓如图 7-162 所示。

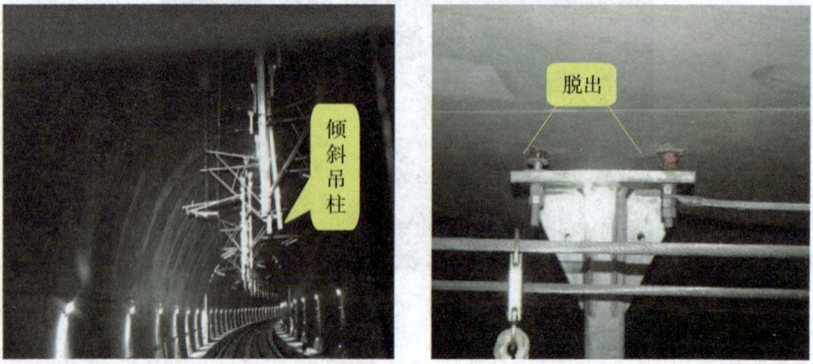

（a）吊柱倾斜　（b）化学锚栓松脱退出

图 7-162　倾斜吊柱及松脱化学锚栓

【案例 6】供电段维修作业发现隧道内接触网吊柱化学锚栓松脱滑出，原因为锚固拉拔力不达标，小于设计值。松脱化学锚栓如图 7-163 所示。

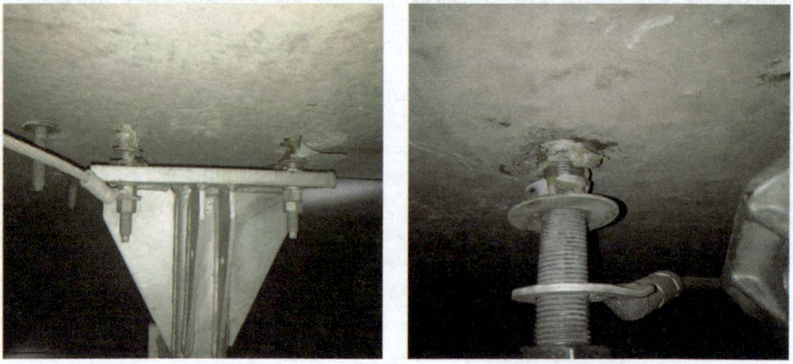

（a）整体图　（b）化学锚栓松脱退出

图 7-163　松脱化学锚栓

第一百四十条　拉线和拉线基础

(一)接触悬挂、附加导线下锚拉线基础宜采用钢筋混凝土浇筑基础,外形尺寸和位置应符合设计要求。拉线应位于下锚支导线的延长线上,在任何情况下不得侵入限界;与地面夹角一般为45°,最大不得超过60°。

(二)拉线应绷紧,在同一支柱上的各拉线应受力均衡;锚板拉杆与拉线应成一条直线。

(三)拉线应采取防腐措施且不得有断股、松股、接头及严重锈蚀。

(四)UT型楔形线夹螺纹外露长度不小于20 mm且不大于螺纹全长的1/2。

(五)拉线及下锚零部件不得与回流线、保护线、地线间形成环流通路。

(六)基础周围5 m范围内不得取土,1 m范围内应保持清洁,不得有积水和杂物。

(七)对道口两侧、经常有机动车辆运行的场所以及装卸货物站台上等易被碰撞的拉线,应采取防护措施,参照第一百三十六条支柱防撞标准执行。

【案例1】供电段登乘发现下行接触网支柱下锚拉线弛度大。现场检查发现接触网下锚拉线基础底部断裂,及时进行了处理。原因是施工单位浇筑的下锚拉线基础外形尺寸与设计图不符,设计图中拉线基础顶面高出地面标准为200 mm,而现场接触网支柱下锚拉线基础顶面高于地面达1 100 mm,与《普铁维规》中"接触悬挂、附加导线下锚拉线基础宜采用钢筋混凝土浇筑基础,外形尺寸和位置应符合设计要求"的规定不符。拉线基础开裂如图7-164所示。

【案例2】工区巡视时打开车站接触线下锚拉线(共19股)防护套管后,发现下锚拉线锈蚀断股,随即对该处拉线进行了临时补强处理。原因为供电段在"标准线"建设期间,为追求美观,为拉线统一安装了2 m长的防护套管。在防护套管安装后,雨水、煤粉、灰尘等顺着拉线流入防护套管内,使钢绞线严重锈蚀。锈蚀的拉线如图7-165所示。

图 7-164 拉线基础开裂

图 7-165 锈蚀的拉线

【案例 3】供电段巡视检查发现接触网支柱拉线与回流线接地跳线间距离不足，有放电烧伤痕迹，与《普铁维规》中“拉线及下锚零部件不得与回流线、保护线、地线间形成环流通路”的规定不符，及时进行了处理，避免了可能发生的拉线烧断造成支柱倾倒的事故隐患。放电痕迹及拉线跳线关系如图 7-166 所示。

（a）放电痕迹　　（b）拉线跳线关系

图 7-166　放电痕迹及拉线跳线关系

【案例 4】车站接触网支柱下锚拉线烧断后支柱倾倒，构成铁路交通一般 C 类事故。原因为接触网支柱下锚拉线基础周围存在大量的垃圾，与《普铁维规》中“支柱基础……1 m 范围内应保持清洁，不得有积水和杂物”的规定不符，垃圾着火后下锚拉线被接触网张力拉断。

【案例 5】锚板形式接触网拉线基础受连续降雨积水浸泡（积水深度 500 mm），地锚松动后落锚支柱断裂倾斜侵限后与通过列车发生弓网故障，锚柱倒伏，影响供电 161 min。断裂支柱和锚板及拉线棒如图 7-167 所示。

（a）现场支柱断裂　　（b）现场锚板及拉线棒

图 7-167　断裂支柱和锚板及拉线棒

【案例 6】施工单位擅自在接触网支柱下锚拉线处进行挖土作业，与《普铁维规》中拉线“基础周围 5 m 范围内不得取土”的规定不符，造成拉线基础下陷，接触网支柱从根部折断并错位，构成铁路交通一般 C 类事故。下陷的拉线基础和折断的支柱如图 7-168 所示。

（a）下陷的拉线基础　　（b）折断的支柱

图 7-168　下陷的拉线基础和折断的支柱

【案例 7】接触网支柱拉线基础被施工场地车辆挂住后拉断。原因是经常有施工车辆运行场所的拉线未按规定设置防撞设施，与《普铁维规》中“对道口两侧、经常有机动车辆运行的场所以及装卸货物站台上等易被碰撞的拉线，应采取防护措施”的规定不符。施工车辆拉断的下锚拉线如图 7-169 所示。

近年来，发生多起拉线及下锚零部件参与回流造成的故障，2017 版《普铁维规》增加了“拉线及下锚零部件不得与回流线、保护线、地线间形成环流通路”的规定。

【案例】接触网支柱承力索下锚补偿绳断裂，接触网设备侵入受电弓动态包络线，与通过列车发生弓网故障。原因为该站 8 号支柱处，工务进行护坡加固施工搭建脚手架，接触网承力索下锚补偿坠砣因脚手架钢管侵入卡死，无法正常移动，造成承力索下锚补偿绳松弛并和回流线间跳线搭接，下锚拉线、下锚角钢、下锚补偿绳和回流线间形成回流径路，与《普

图 7-169　施工车辆拉断的下锚拉线

铁维规》中"拉线及下锚零部件不得与回流线、保护线、地线间形成环流通路"的规定不符，补偿绳与跳线接触部位放电断股，在坠砣重力作用下发生断裂。变形脚手架钢管及故障回流径路模拟如图 7-170 所示。

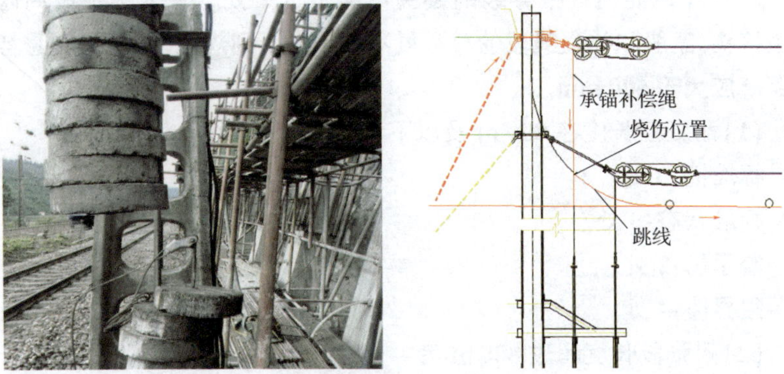

（a）脚手架钢管已被压弯变形　　（b）故障回流径路模拟

图 7-170　变形脚手架钢管及故障回流径路模拟

第四节　附 加 悬 挂

第一百四十一条　附加导线系指接触悬挂以外的架空导线，包括供电线、加强线、正馈线、回流线、保护线、架空地线、架空避雷线等。

（一）附加导线的材质和截面积应满足通过的最大电流和附件 6 规定的机械强度安全系数。

（二）张力和弛度。

标准值：符合安装曲线的要求。

标准状态：标准值±6%。

警示值：标准值±8%。

限界值：标准值±10%。

支柱同一侧悬挂为不同线径及材质的导线时，导线的弛度应以其中弛度较大的导线为准。

（三）接头及损伤。

1. 跨越铁路，一、二级公路，重要通航河流时，附加导线不得有接头。不同金属、不同规格、不同绞制方向的导线严禁直接进行接头。

2. 一个跨距内一根导线的接头不得超过 1 处。一个耐张段内附加导线接头、断股和补强线段的总数量不得超过下列规定，且接头距悬挂点的距离应大于 500 mm。

（1）耐张段长度在 800 m 及以下者

标准值：0 处。

标准状态：0 处。

警示值：2 处。

限界值：4 处。

（2）耐张段长度超过 800 m 者

标准值：0 处。

标准状态：0 处。

警示值：4 处。

限界值：8 处。

3. 附加导线不得散股，损伤断股标准如下。

标准值：无损伤。

标准状态：无损伤。

警示值：无断股。

限界值：断股。

铝绞线和钢芯铝绞线的铝线断股、损伤 3 股及以下时，可用预绞丝接续条或铝绑线绑扎补强，缠绕方向与被接续导线外层绞向一致，绑扎长度超出缺陷部分 30～50 mm；当断股、损伤 3 股以上、7 股以下时，应采用同材质导线进行补强；当断股、损伤 7 股及以上时，应重新制作接头或更换。

钢芯铝绞线的钢芯断股或损伤时应重新制作接头或更换。

钢芯铝绞线与绝缘子或金具的固定处缠绕铝包带时，应密贴缠绕，不得重叠，绕向与导线绕向一致，绑扎长度为 200 mm。

4. 附加导线在接头、下锚和补强处所采用预绞丝护线条时，预绞丝护线条的型号、规格应与附加导线材质相匹配，缠绕方向与附加导线绞向一致。接续时，其缠绕长度、机械性能符合设计要求，接续点处导电性能不低于被接续导线。

【案例 1】变电所 261 馈线供电线在 G86 号支柱处烧损断开，两耐张导线由预绞丝护线条处断开悬空，导线及预绞丝护线条均呈现大面积的高温熔断痕迹。供电线在 G86 号杆为转角耐张钢杆，两耐张导线采用预绞丝护线条连接。原因为生产厂家供货材料不满足设计图标准，设计图中单丝根数规定为 12 根，实际供货为 11 根，安装后存在明显间隙，与《普铁维规》中“附加导线在接头、下锚和补强处所采用预绞丝护线条时，预绞丝护线条的型号、规格应与附加导线材质相匹配”的规定不符，载流截面存在不足，运行中发生烧损断开。现场及烧损的供电线如图 7-171 所示。

【案例 2】变电所值班员巡视中发现 03 号供电线杆悬挂供电线烧伤。原因是预绞丝护线条使用错误。03 号供电杆悬挂变电所 211 号供电线 T 线、F 线和 212 号供电线 T 线、F 线，211 号供电线 T 线两支分别采用 240 型、300 型接续条，212 号供电线 T 线两支均采用 240 型接续条。240 型接续条电气性能与所接续的 LBGLJ－300 供电线不匹配，预绞丝护线条连接后线索不密贴，电气接触不良。供电线烧伤如图 7-172 所示。

（a）现场　　（b）烧损熔融的供电线

图 7-171　现场及烧损的供电线

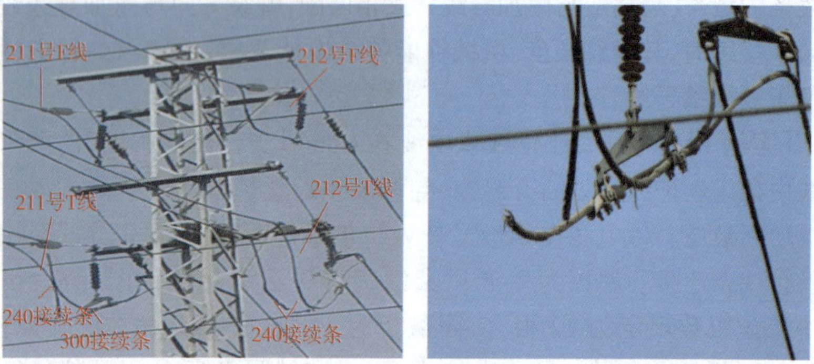

（a）整体图　　（b）供电线烧伤

图 7-172　供电线烧伤

（四）附加导线不得跨越屋顶为易燃材料的建筑物；对耐火屋顶的建筑物也要尽量避免跨越，若必须跨越时，其距建筑物的距离要符合第一百四十一条第（五）项的规定，且跨越的跨距内不得有接头、断股和补强。

【案例】正馈线（绝缘导线）跨中热胀松弛下垂，与跨越房屋的房顶距离减小、相磨，使得绝缘导线绝缘性能下降，对房顶放电、击穿，引起跳闸。反映出日常巡视检查不认真的问题，主观认为正馈线为绝缘线，不存在绝缘距离问题，对绝缘馈线与房顶互磨的隐患未引起重视。且日常检查手段单一，仅采用目视检查方式进行远距离观察，未采用科技手段对绝缘线的绝缘性能进行监测，也未根据季节特点对正馈线和房顶距离进行检测，为故障的发生埋下了隐患。正馈线击穿处如图 7-173 所示。

图 7-173　正馈线击穿处

（五）附加导线对地面及相互距离在任何情况下不应小于表 7-1 的数值。

表 7-1　附加导线对地面及相互距离的最小值（mm）

序号	有关情况		供电线、正馈线、加强线	保护线、回流线、架空地线架空避雷线
1	导线在最大弛度时距地面的高度	居民区及车站站台处	7 000	6 000
		非居民区	6 000	5 000
		车辆、农业机械不能到达的山坡、峭壁和岩石	5 000	4 000
2	导线距离峭壁、挡土墙和岩石	无风时	1 000	500
		计算最大风偏时	300	75
3	导线跨越铁路时	跨越非电气化股道（对轨面）	7 500	7 500
		跨越不同回路电气化股道（对承力索或无承力索时对接触线）	3 000	2 000

续上表

序号	有关情况		供电线、正馈线、加强线	保护线、回流线、架空地线架空避雷线
4	不同相或不同供电分段两导线悬挂点间距离	两线水平排列	2 400	—
		导线垂直排列，上方为供电线，下方为供电线或回流线	2 000	—
5	与建筑物间的最小距离	最大弛度时最小垂直距离	4 000	2 500
		边导线最大风速时最小水平距离	3 000	1 000

【案例 1】站内正馈线与保护线弛度均大于安装曲线标准，冬季 3~4 级风力作用下正馈线与保护线空气间隙击穿放电造成接触网跳闸。保护线上有长 0. 5 m 烧伤痕迹，正馈线有 3 处断股。放电痕迹如图 7-174 所示。

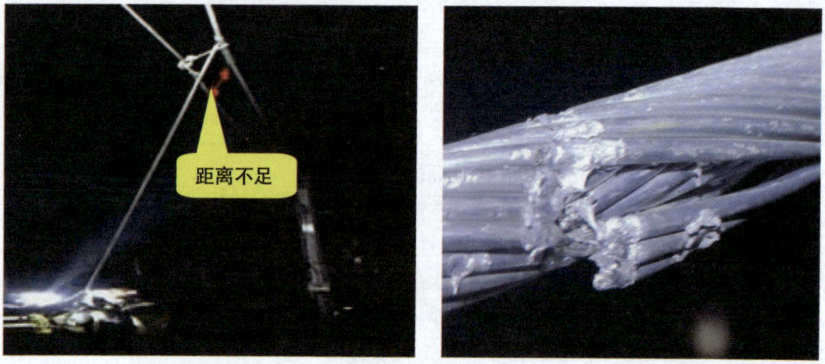

(a) 距离不足　　(b) 正馈线放电痕迹

图 7-174　放电痕迹

【案例 2】区间保护线在暑期高温天气下弛度变大，与承力索距离不足发生跳闸。故障现场如图 7-175 所示。

图 7-175　故障现场

（六）附加导线与接触网同杆合架时，供电线、加强线、正馈线带电部分与支柱边沿的距离应不小于 1 m。

附加导线与接触网分杆架设时，应符合电力部门架空输电线路有关规定。

【案例 1】接触网桥钢柱处，正馈线虽然距离接触网支柱 1 000 mm，但是在正馈线和支柱之间安装的接地跳线缩减了正馈线的空气绝缘间隙，与《普铁维规》中“供电线、加强线、正馈线带电部分与支柱边沿的距离应不小于 1 m”的规定不符，正馈线与接地跳线在风力作用下空气绝缘间隙击穿放电。接地跳线减小空气绝缘间隙如图 7-176 所示。

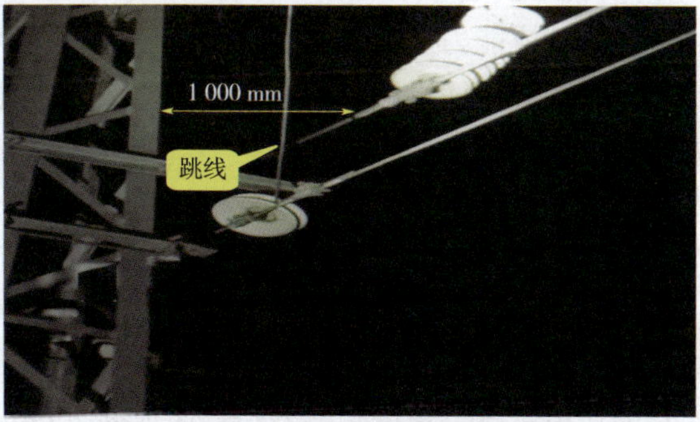

图 7-176　接地跳线减小空气绝缘间隙

【案例 2】供电线与杆号牌距离不足发生放电跳闸。跳闸处所供电线虽然距离接触网支柱为 1 020 mm,但是在支柱侧安装的杆号牌长度为 450 mm,缩短了与供电线的距离,与《普铁维规》中“供电线、加强线、正馈线带电部分与支柱边沿的距离应不小于 1 m”的规定不符,在大风情况下发生跳闸。跳闸现场如图 7-177 所示。

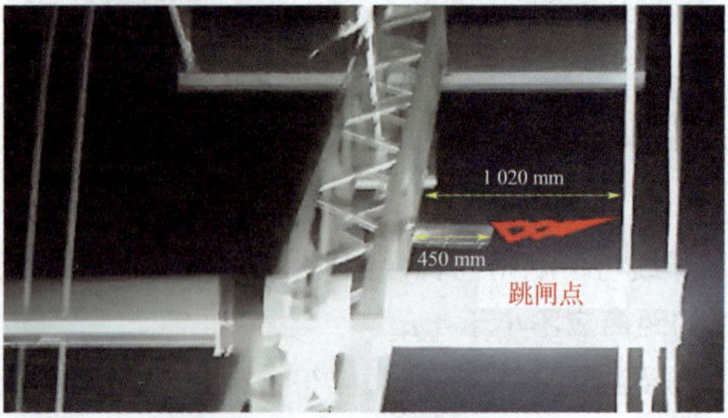

图 7-177　跳闸现场

供电线 T 接上网处所,因其引接安装形式多样,加之施工工艺影响,易成为主导电回路薄弱点。且由于供电线一般架空较高,位置特殊,日常检修易形成盲区,导致 T 接上网引线烧损、断裂情况具有一定普遍性。

【案例】变电所 211 号馈线供电线上网点 T 接引线断脱后打坏通过列车受电弓。原因为供电线 T 接转角处引线在弯折处受重力应力及长期氧化腐蚀,电阻增大、载流能力下降,加之设备线夹安装位置高,日常检修困难,最终在自重、振动和风摆影响下熔断引发故障。上网引线断脱情况及并沟线夹处断口如图 7-178 所示。

接触网支柱转角处,供电线、加强线、正馈线的桥线与下锚绝缘子杵环杆距离不足,发生过多起跳闸。

【案例 1】变电所 217 馈线供电线钢柱处供电线跳转位置与下锚绝缘子接地侧距离不足发生放电跳闸,下锚绝缘子接地侧第一片伞裙、供电线跳转位置有明显的放电痕迹。放电痕迹及设计图如图 7-179 所示。

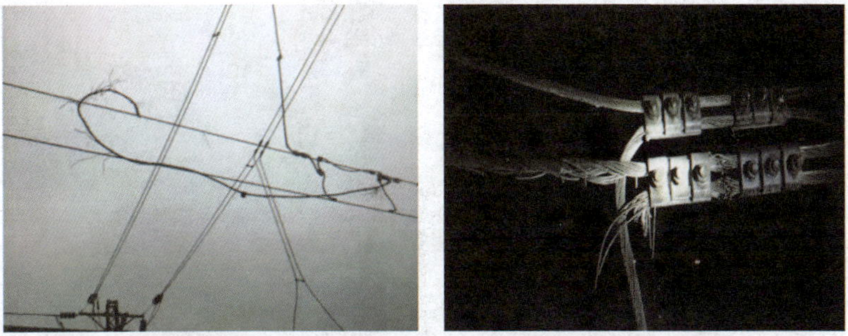

（a）上网引线断脱情况　　（b）并沟线夹处断口

图 7-178　上网引线断脱情况及并沟线夹处断口

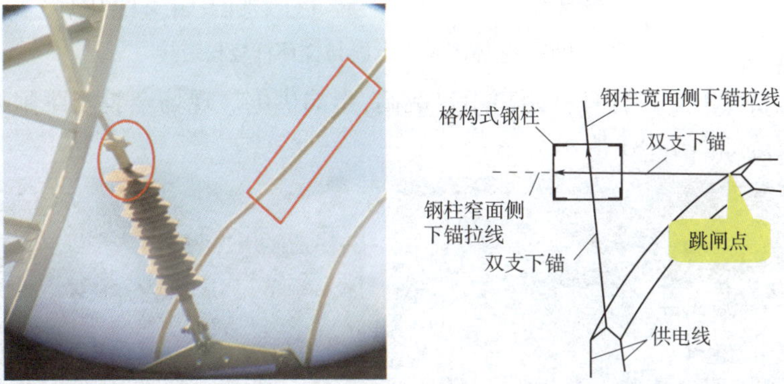

（a）放电痕迹　　（b）设计图

图 7-179　放电痕迹及设计图

【案例 2】转角处供电线桥线与下锚绝缘子接地侧杵环杆距离不足，在大风天气下发生跳闸。原因为供电线桥线弛度过大，在检查过程中利用人力可轻松将供电线与杵环杆短接。整体图及供电线与杵环杆轻松短接如图 7-180 所示。

【案例 3】变电所 213 号馈线跳闸，重合失败，影响供电 151 min。原因为 36 天前施工单位在安装供电线时，未考虑线索弛度和外界环境的影响，供电线桥线与绝缘子下锚杵环杆距离不足，在大风天气下弛度过大的

（a）整体图

（b）供电线与杵环杆轻松短接

图 7-180　整体图及供电线与杵环杆轻松短接

供电桥线与下锚杵环杆距离不足跳闸，影响供电。现场全貌及跳闸处放电痕迹如图 7-181 所示。

（a）现场全貌

（b）跳闸处放电痕迹

图 7-181　现场全貌及跳闸处放电痕迹

铁路供电设备运行维护单位在日常工作中，不但应重视接触网线索间，接触网线索对地、对上跨结构物、隧道等的距离，与电力线路的距离也不应忽视。

【案例 1】接触网供电线与邻近的 10 kV 电力线距离不足，在风摆过程中放电跳闸。现场测量供电线与电力线静态时的水平距离为 1.2 m，不符合《铁路电力设计规范》（TB 10008—2015）“铁路 35 kV 及以下电力架空线路与架空明线间最小水平距离 4.0 m”的规定。放电跳闸现场如图 7-182 所示。

图 7-182　放电跳闸现场

【案例 2】电力贯通线路边相导线被大风吹到 25 号接触网支柱定位器支座上，造成跳闸。原因为贯通线路 104～105 号杆跨水库跨距较大，为 473 m，因大风造成导线向上摆动挂到 25 号接触网支柱定位器支座上，造成接触网和电力贯通线短路跳闸停电。现场及挂在定位器支座的电力线如图 7-183 所示。

在相邻支柱固定点位置高、存在曲线转角等情况下，若仅采取一支绝缘子对供电线、正馈线、加强线进行垂直悬挂固定，这种固定方式不稳定，在大风、低温等环境下易发生跳闸。

【案例 1】变电所 G20 支柱供电线因低温线索收紧，造成悬式绝缘子上翻，与肩架安全距离不足放电，造成跳闸，影响供电 149 min。故障现场 G20 水泥柱紧邻 G19 钢柱，G19 钢柱比 G20 支柱高 2.5 m，且存在转角。G20 与 G19 支柱间供电线弛度不足，两支柱间供电线在低温天气下形成向上的力将供电线兜向肩架，造成供电线与肩架放电。悬式绝缘子与肩架距离不足如图 7-184 所示。

(a)现场

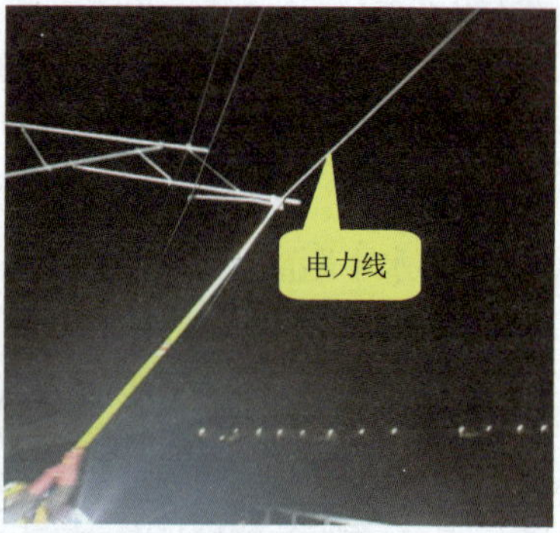

(b)电力边导线挂在定位器支座

图 7-183　现场及挂在定位器支座的电力线

图 7-184　悬式绝缘子与肩架距离不足

【案例 2】接触网支柱正馈线悬挂点与正馈线肩架斜支撑绝缘距离不足引起放电。原因为相邻钢柱正馈线肩架高 3 m,在冬季低温天气下形成向上的力将供电线兜向肩架,造成供电线与肩架放电。跳闸现场如图 7-185 所示。

【案例 3】冬季车站接触网钢柱加强线因低温线索收紧,造成悬式绝缘子上翻,与肩架安全距离不足放电,发生跳闸,影响停电 96 min。悬式绝缘子上翻现场如图 7-186 所示。

图 7-185　跳闸现场

图 7-186　悬式绝缘子上翻现场

第一百四十二条　附加导线肩架

(一)肩架安装位置正确,允许偏差+50 mm。

(二)肩架安装牢固,呈水平状态。

(三)肩架采用方(槽)钢方式时,端头应封堵。

【案例 1】2C 分析发现改造后的 6 号接触网支柱缺回流线肩架(图 7-187),暴露出设备改造不规范的问题。

图 7-187　接触网支柱缺回流线肩架

【案例 2】369 号支柱附加悬挂斜支撑角钢螺栓螺母松脱，斜支撑松脱下垂后被通过列车司机发现。脱落前后对比如图 7-188 所示。

（a）脱落照片　（b）未脱落

图 7-188　脱落前后对比

【案例 3】02 号供电线支柱肩架处螺栓紧固不到位，肩架低头，供电线桥线与杆体下部肩架距离不足，发生放电引起接触网跳闸。故障现场如图 7-189 所示。

图 7-189　故障现场

第五节　单项设备

隔离(负荷)开关

第一百四十三条　隔离(负荷)开关

(一)隔离(负荷)开关应动作可靠、转动灵活,转动部分应注以适合当地气候的润滑油。分闸角度及合闸状态应符合产品技术要求,止钉间隙符合规定。

(二)隔离(负荷)开关触头接触面应平整、光洁无损伤,并涂以导电脂。触头间接触紧密,接触压力均匀,用 0.05 mm×10 mm 的塞尺检查,线接触为 0 mm,面接触不大于 4 mm。

(三)引线和连接线的截面与开关额定电流及所连接接触网当量截面相适应,引线连接良好且不得有接头。引线及连接线应连接牢固接触良好,无破损和烧伤。当接触悬挂受温度变化偏移时,引线的长度应保证有一定的活动余量并不得侵入限界,引线摆动到极限位置对接地体的距离不小于 350 mm。

（四）支持绝缘子应清洁无破损和放电痕迹，瓷釉剥落面积不超过 300 mm²。

（五）新安装的隔离（负荷）开关在投入运行前应按《电气装置安装工程　电气设备交接试验标准》（GB 50150）进行交接试验，试验合格后方可投入运行。

（六）负荷开关的技术状态应符合产品技术要求。

【案例1】上行接触网支柱隔离开关触头弹簧失效，合闸不到位引起燃弧，导致隔离开关顶部烧熔脱落，造成跳闸，停电 109 min。隔离开关触头虚接放电烧损如图 7-190 所示。

图 7-190　隔离开关触头虚接放电烧损

【案例2】列车司机发现上行线接触网支柱放电。供电段巡视发现锚段关节隔离开关打火。原因为隔离开关刀闸动触头与静触头之间存在间隙，造成两触头间放电并产生火花。烧伤的触头及放电情况如图 7-191 所示。

【案例3】列车司机发现接触网支柱有放电现象。原因为接触网支柱隔离开关法兰盘在连接杆处断裂，造成隔离开关动触头和静触头之间存在间隙，两触头间放电并产生火花。法兰盘连接部及放电情况如图 7-192 所示。

（a）烧伤的触头

（b）放电情况

图 7-191　烧伤的触头及放电情况

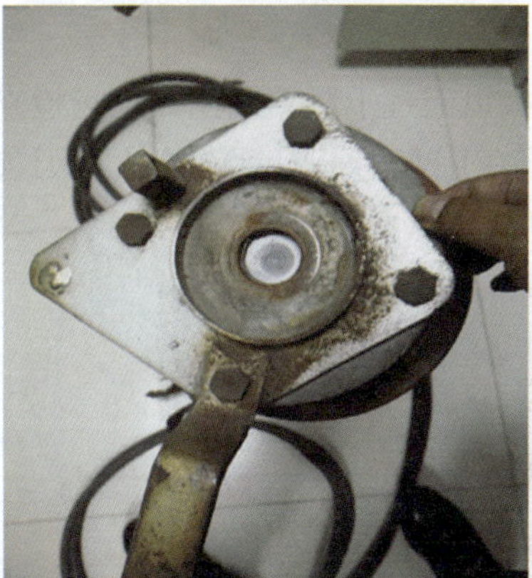

（a）法兰盘连接部

（b）放电情况

图 7-192　法兰盘连接部及放电情况

隔离开关引线的弛度应合理，过小、过大都存在安全隐患。

【案例 1】上行接触网支柱隔离开关引线脱出，与通过列车发生弓网故障。原因为隔离开关引线安装时裕度不足，低温情况下线索偏移导致隔离开关引线从支持绝缘子处设备线夹脱出,下垂后侵入受电弓动态包络线,发生弓网故障。隔离开关引线抽脱及打坏的受电弓如图 7-193 所示。

(a)隔离开关引线抽脱

(b)打坏的受电弓

图 7-193　隔离开关引线抽脱及打坏的受电弓

【案例 2】区间上下行线接触网在大风天气下频繁跳闸。现场检查发现 428 号、427 号支柱处接触网隔离开关上网引线弛度大,在大风天气下隔离开关引线对 H 形钢柱间歇性放电。现场情况如图 7-194 所示。

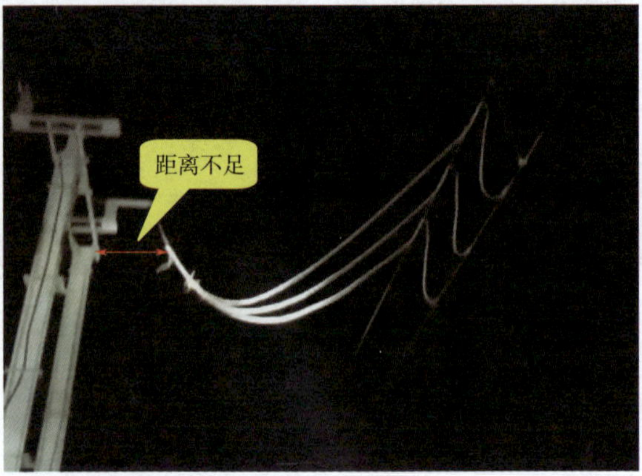

图 7-194　现场情况

【案例3】区间接触网支柱上负荷隔离开关引线弛度大，大风天气造成引线大幅度摆动与保护线间绝缘距离不足，引起接触网跳闸。跳闸现场如图7-195所示。

图7-195　跳闸现场

接触网隔离开关引线抽脱、设备线夹烧损等已成为目前供电设备惯性故障，且脱落后可能引发较严重后果。《电气化铁路接触网隔离开关设计安装技术要求》(工电供电函〔2020〕83号)从隔离开关选型、引线及连接方式、安装固定形式、零部件匹配、施工安装工艺要求等方面进行了规范和改进，在新线建设设计方案施工图审查、工程安装介入等环节须注意把控。

【案例1】上行线接触网支柱隔离开关引线下垂后侵入受电弓动态包络线。原因为隔离开关所用95型镀锡压接型铜接线端子材质不良，使用过程中铜鼻子断裂导致隔离开关引线下垂。断裂铜鼻子如图7-196所示。

【案例2】隔离开关上网引线在连接处脱落。原因为不同材质连接未采取过渡措施。隔离开关引线型号TJR-95，隔离开关本体引线连接板为铝合金材质，隔离开关铝合金连接板与铜合金母排未采取铜铝过渡导流措施，两种不同材质的零部件发生电腐蚀后导流不良，产生发热继而烧熔连接板，上网引线在自重作用下脱落。烧损的隔离开关及铝合金连接板如图7-197所示。

图 7-196　断裂铜鼻子

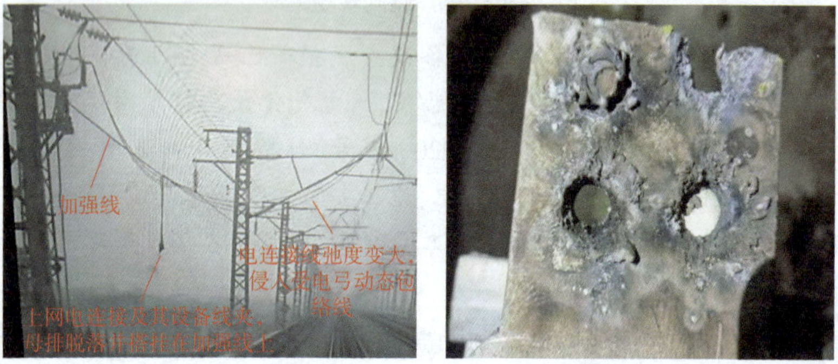

（a）故障现场烧损的隔离开关　　　　（b）铝合金连接板

图 7-197　烧损的隔离开关及铝合金连接板

【案例 3】变电所 212、213 号馈线跳闸，巡视发现接触网支柱双极手动隔离开关设备线夹、固定螺栓、隔离开关引线脱落于线路中心。原因为设备线夹固定螺孔孔径不合理（螺栓孔径 ϕ20 mm、螺杆 ϕ12 mm、螺帽 ϕ20 mm、垫片为 ϕ24 mm），螺帽及垫片不能有效对设备线夹进行紧固，设备线夹虚接、放电发热，最终导致螺杆烧断脱出。设备线夹孔径情况如图 7-198 所示。

图 7-198 设备线夹孔径情况

针对压接式电连接线夹,发生过多起因为线径不匹配、插入深度不足、压接不紧实等原因发生的隔离开关引线从压接式电连接现场抽脱的安全问题。

【案例 1】接触网分相区内隔离开关因设备线夹和引线线径不匹配(95 型号引线,120 型号设备线夹),压接不紧实,造成设备线夹处引线抽脱,引发弓网故障。隔离开关引线抽脱及抽脱的设备线夹如图 7-199 所示。

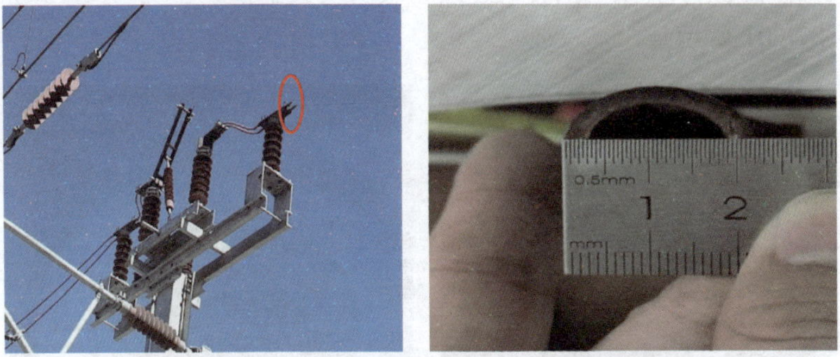

(a)隔离开关引线抽脱　　(b)抽脱的设备线夹

图 7-199 隔离开关引线抽脱及抽脱的设备线夹

【案例 2】分相处隔离开关引线从设备线夹中抽脱,搭接在上行线道心,引发接触网跳闸故障。原因为施工过程中隔离开关引线与设备线夹连接处未按规范进行压接,隔离开关设备线夹压接痕迹不明显,造成引线未能可靠固定被抽脱。抽脱引线及压接痕迹如图 7-200 所示。

(a) 引线从设备线夹处抽脱　　(b) 压接痕迹不明显

图 7-200　抽脱引线及压接痕迹

【案例 3】接触网支柱隔离开关电连接引线抽脱，原因为压接式电连接线夹与电连接引线压接过程不规范，抽脱电连接引线线鼻子表面压接痕迹较浅，三道压痕之间间距和深度不一致，线鼻子内部表面较为圆滑，无明显的压接形变痕迹，反映出电连接压接过程中不紧实，在长期风摆以及线索自重作用下，电连接引线从线夹中抽脱。现场及压接痕迹如图 7-201 所示。

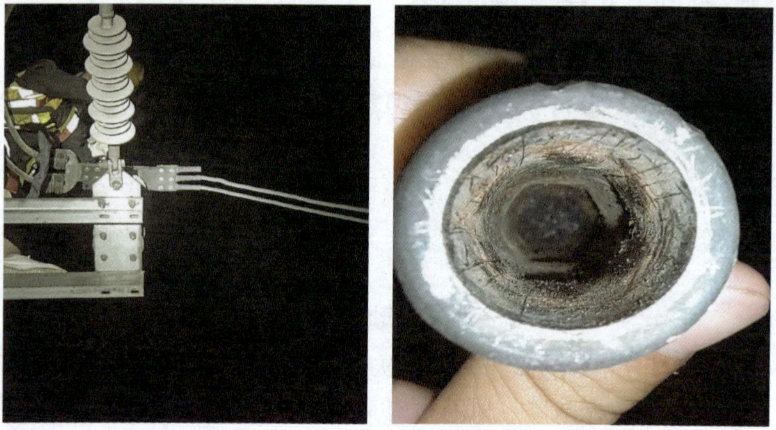

(a) 现场　　(b) 压接痕迹不明显

图 7-201　现场及压接痕迹

隔离开关检修作业结束，需对隔离开关的开合状态进行检查确认，确保符合要求。

【案例】供电段在凌晨天窗点内更换上行分相处G322号隔离开关机构箱时，将常开的隔离开关置于闭合状态，作业结束未恢复原位，送电后分相中性区带电，动检车行至该分相断口处，发生相间短路，构成铁路交通一般D类事故。原因是在更换G322号隔离开关机构箱作业过程中，作业组安排委外人员负责更换隔离开关机构箱作业，作业现场没有专门的监控人员，作业结束后没有核查G322号隔离开关分合状态，未能将隔离开关恢复至原位。现场示意如图7-202所示。

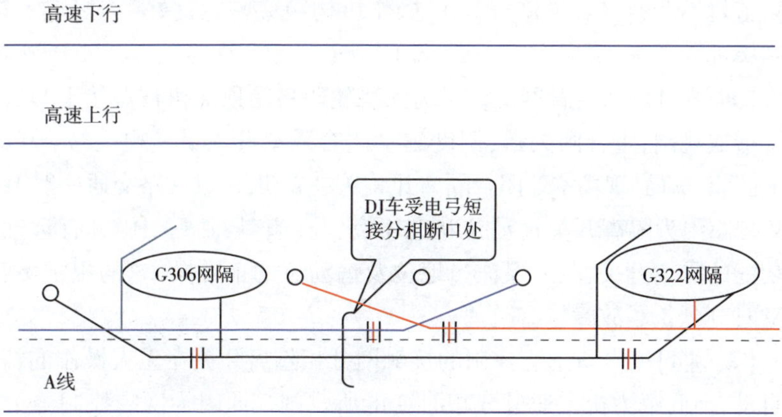

图7-202 现场示意

第一百四十四条 隔离开关操作机构

（一）隔离开关操作机构应完好无损并加锁。操作时平稳正确无卡阻和冲击，联锁、限位器作用良好可靠。操作机构箱应密封良好，箱体及托架等无锈蚀并可靠接地。

（二）具有远动操作功能的隔离开关，应能保证当地位及远动位的正常操作。

（三）电动隔离开关操作机构的分合闸电机、接触器等部件状态良好，接线紧固，限位开关位置正确，操作灵活可靠。

（四）驱动装置的电机转向正确，机械系统润滑良好，分、合闸指示器与开关实际位置相符合。驱动装置的电机和传动器的滑动离合器应符合技术要求。

【案例1】区间接触网停电。供电段巡视发现区间12号接触网隔离开关被人为打开，合上开关后送电成功，影响供电53 min。原因为区间12号接触网支柱隔离开关锁丢失后，未及时补装也未采取应急措施，与《普铁维规》中“隔离开关操作机构应完好无损并加锁”的规定不符，加之处于未封闭线路，被社会人员拉开。

【案例2】变电所电分相303号隔离开关非远动合闸。原因为操作机构箱密封不严，与《普铁维规》中“操作机构箱应密封良好”的规定不符，控制箱进入雨水，造成RTU接线端子短路，导致303号隔离开关合闸。

【案例3】区间接触网支柱承力索棘轮防鸟箱顶部树枝短接平腕臂绝缘子造成跳闸，重合闸失败，调度远动闭合隔离开关试送电失败，69 min后工区职工赶到现场本地闭合隔离开关送电成功，构成铁路交通一般D类事故。原因为隔离开关远动位状态不良，与《普铁维规》中“具有远动操作功能的隔离开关，应能保证当地位及远动位的正常操作”的规定不符，关键时刻延长了故障抢修时间。

【案例4】变电所远程控制的接触网分相隔离开关在无人操作的情况下自动合闸，电力机车通过分相时变电所跳闸。原因为网隔控制屏RTU的IP地址与其他变电所网隔控制屏RTU重复设置，当其他变电所操作时，导致该所网隔跟随动作。

【案例5】W302隔离开关刀闸下垂后与导电静触头接触，导致分相中性区带电，列车通过时发生接触网跳闸。原因为隔离开关上部传动机构抱箍固定螺帽未采取防松措施，在长期受风吹、列车振动情况下发生松动，隔离开关刀闸受自身重力作用，下垂与静触头接触。故障刀闸和正常刀闸如图7-203所示。

图 7-203　故障刀闸和正常刀闸

【案例 6】隔离开关远动光纤监控装置箱控制回路电线绝缘层融化，引发相邻的电操合闸控制线接通，引起隔离开关误合闸，造成分相中性区带电。列车通过时发生相间短路，烧断承力索，构成铁路交通一般 C 类事故。相间短路及 RTU 箱内烧伤粘连如图 7-204 所示。

（a）相间短路

（b）RTU箱内烧伤粘连

图 7-204　相间短路及 RTU 箱内烧伤粘连

【案例 7】机务折返段整备线隔离开关区东西端接地杆装设在接触线上情况下，隔离开关刀闸非正常闭合，造成变电所跳闸，接触线在接地杆处断线。原因为供电段、机务段在电动隔离开关操作改造过程中，过分依靠厂家，作业现场失控，发生了电源线错接。接触线断线及隔离开关操作机构箱如图 7-205 所示。

（a）接触线断线　　（b）隔离开关操作机构箱

图 7-205　接触线断线及隔离开关操作机构箱

分段、分相绝缘器

第一百四十五条　分段绝缘器

（一）分段绝缘器通过速度不得超过 120 km/h。空气绝缘间隙不小于 300 mm。

（二）分段绝缘器主绝缘应完好，其表面放电痕迹应不超过有效绝缘长度的 20%。主绝缘严重磨损应及时更换。

（三）分段绝缘器应位于受电弓中心，一般情况下偏差不超过 100 mm。相对于两侧吊弦点有 5～15 mm 的负弛度。滑道底面应平行于轨面，最大偏差不超过 10 mm。

（四）分段绝缘器导线接头、导流滑道端头处过渡平滑。承力索分段绝缘子应采用重量较轻的有机复合绝缘子。

（五）分段绝缘器不应长时间处于对地耐压状态。雨、雪、雾、霾、冻雨等恶劣天气下，起电分段作用的隔离开关严禁处于分闸状态。隔离开关应在作业开始前 30 min 内断开，在作业间歇时间大于 30 min 时应闭合，继续作业时再断开，作业结束后应及时闭合。

(六)分段绝缘器安装位置符合规定,距离定位点不得小于 2 m。

【案例 1】机务段内 5 道分段绝缘器绝缘板击穿。原因为主绝缘严重老化,将绝缘击穿的分段绝缘器拆下后进行耐压试验,该分段绝缘器绝缘板绝缘强度已由 2. 5 kV/cm 降低到 0. 2 kV/cm。

【案例 2】电力机车运行至上行 18 ~ 20 号分段绝缘器时发生弓网故障,原因为分段绝缘器与轨面不平行,消弧角与受电弓刮碰。刮坏消弧角如图 7-206 所示。

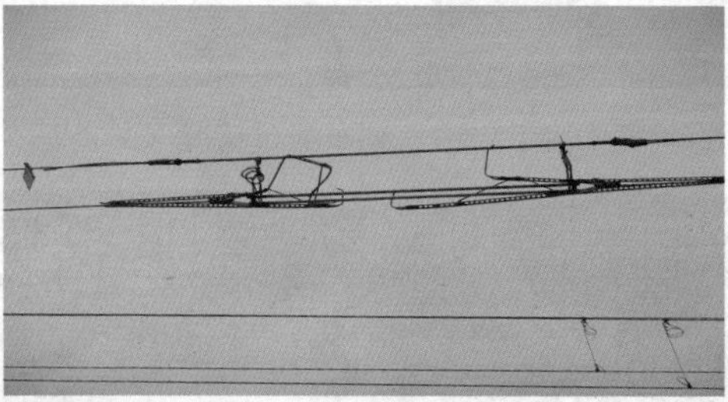

图 7-206　刮坏消弧角

【案例 3】列车通过车站上下行渡线接触网分段绝缘器时异常燃弧,司机采取紧急措施停车。原因为该分段绝缘器相对于两侧吊弦点存在 2 mm 的正弛度,与《普铁维规》中“相对于两侧吊弦点有 5 ~ 15 mm 的负弛度”的规定不符;对轨面水平高差 15 mm(东侧低,西侧高),与《普铁维规》中“滑道底面应平行于轨面,最大偏差不超过 10 mm”的规定不符。列车通过情况如图 7-207 所示。

【案例 4】连续两天某线多趟列车受电弓的碳滑板被打,打弓均在受电弓的同一位置。原因为供电段对分段绝缘器参数调整时,一根导流滑道比分段绝缘器绝缘棒低 8 mm,列车通过时击打受电弓。故障现场如图 7-208 所示。

【案例 5】工区巡视人员发现站内分段绝缘器吊索支撑西侧螺母脱落,造成吊索支撑下垂低于接触线而影响行车,临时申请天窗进行了处理。原因为更换分段时未加装防松垫片。分段绝缘器吊索支撑下垂如图 7-209 所示。

图 7-207　列车通过情况

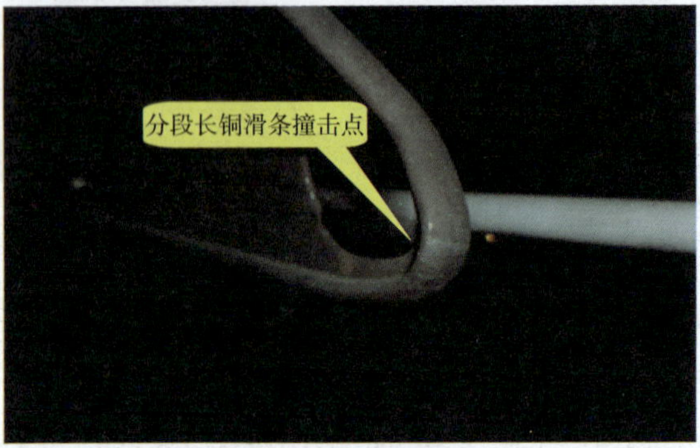

图 7-208　故障现场

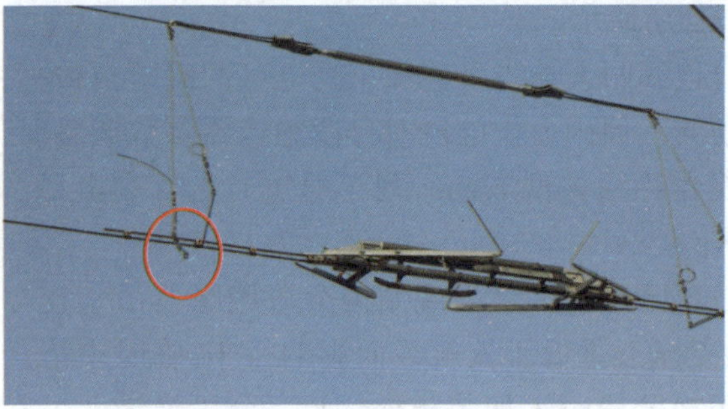

图 7-209　分段绝缘器吊索支撑下垂

【案例6】冬季小雨天气下，机务段整备场作业人员打开隔离开关作业，不符合《普铁维规》中“雨、雪、雾、霾、冻雨等恶劣天气下，起电分段作用的隔离开关严禁处于分闸状态”的规定，造成菱形分段绝缘器击穿跳闸。原因为在冬季小雨天气下，分段绝缘器表面覆冰，当机务段打开带接地刀闸隔离开关，造成分段绝缘器一端接地，一端为27.5 kV电压，形成较大电位差，导致闪络。

【案例7】站内分段绝缘器击穿。原因为车站邻近钢铁厂，钢厂扬起的铁矿粉对分段及绝缘子造成了严重污染，致使绝缘性能下降。加上隔离开关为带接地闸刀的常闭开关，自投入以来一直处于分闸状态，使分段绝缘器一直处于耐压状态，与《普铁维规》中“分段绝缘器不应长时间处于对地耐压状态”的规定不符，造成绝缘强度下降后击穿。发生击穿的分段绝缘器如图7-210所示。

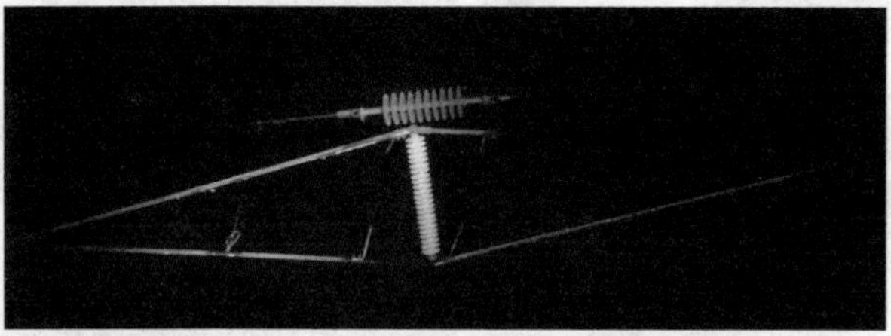

图7-210　发生击穿的分段绝缘器

因为分段绝缘器安装位置不合理，发生过多起安全问题。

【案例1】工区巡视发现机务折返段出库线菱形分段绝缘器绝缘滑道有烧伤，有一电力机车停在距该分段绝缘器20 m左右。原因为分段绝缘器安装位置不合理，分段绝缘器安装在机务折返段出库线上，分段两端均有一度停车标，电力机车经常在分段绝缘器附近等待信号，启动电流大，运行缓慢，造成受电弓通过分段绝缘器时间长，接触绝缘滑道位置拉弧时间长，造成该分段绝缘器烧伤。故障现场如图7-211所示。

【案例2】车站4道停留的列车，受电弓停于分段绝缘器内，与分段绝缘器南头长导弧角拉弧放电，将铜制的导弧角烧熔后垂下。下一架受电

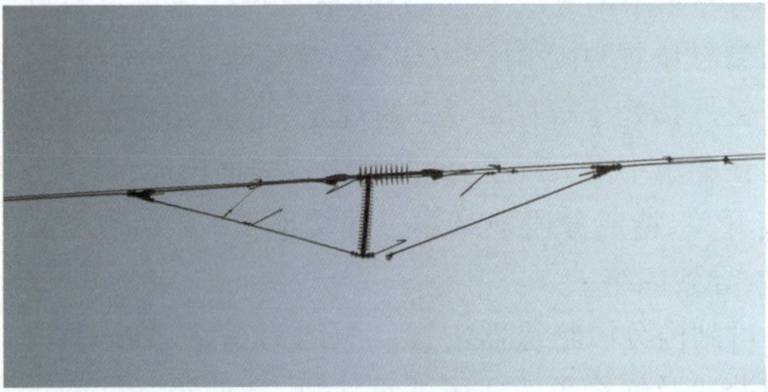

图 7-211　故障现场

弓通过时击打垂下的分段绝缘器导弧角后其打落到站台上，反映出分段绝缘器位置设计不合理的问题。烧坏的导弧角如图 7-212 所示。

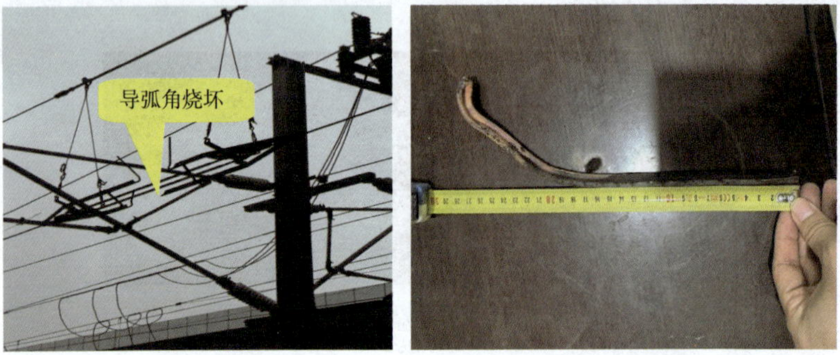

（a）现场　　（b）烧坏的导弧角

图 7-212　烧坏的导弧角

在更换、维修分段绝缘器作业过程中，由于对不同型号分段绝缘器参数不掌握、接头线夹未入接触线线槽、接头线夹使用错误等原因，发生过多起作业安全问题。

【案例 1】供电段将上行线渡 5 锚段 74/80 号~66/72 号岔间 XTK-1. 6 型菱形分段绝缘器更换为 FYFH-1. 8AI 分段绝缘器，作业结束发现该锚段 50/56 号~42/48 号、42/48 号~40 号岔间 2 台分段绝缘器往北偏移过大、不水平，影响电力机车通过，随即在车站登记禁止电力机车通过。原因为更换时未考虑新旧分段绝缘器长度不一的因素，造成更换后该锚段接触线整体由南往北向该分段偏移 200 mm，导致该锚段最南头 2 台分段绝缘器偏移过大、水平超标，影响电力机车运行。更换前后分段绝缘器如图 7-213 所示。

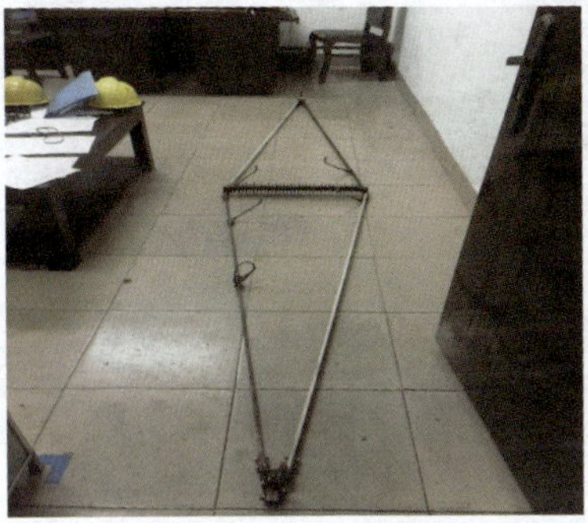

（a）原分段绝缘器

（b）更换后分段绝缘器

图 7-213 更换前后分段绝缘器

【案例 2】列车运行至站内，与从分段绝缘器线夹处抽脱下垂的接触线放电。原因为前一日天窗更换分段绝缘器时，接头线夹内的接触线未完全入槽，在机车受电弓抬升力作用下，接触线自线夹处抽脱，抽脱下垂的接触线与车顶放电，造成接触网停电影响行车。故障线夹如图 7-214 所示。

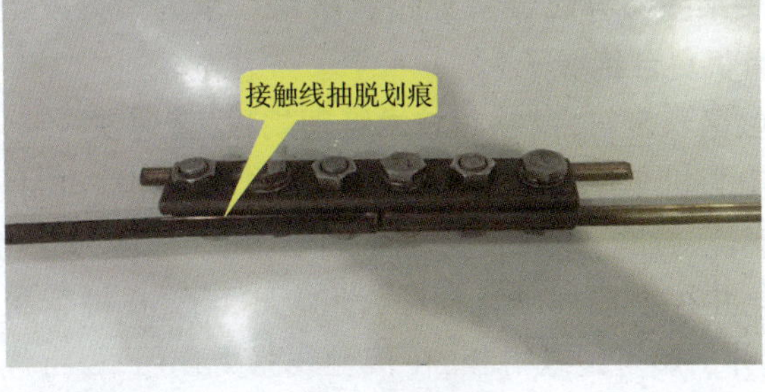

图 7-214 故障线夹

【案例3】接触线从分段绝缘器T形线夹中抽脱，分段绝缘器下坠侵入受电弓动态包络线，击打通过列车受电弓。原因为更换分段绝缘器时，接触线未完全入槽。故障现场及接触线抽脱痕迹如图7-215所示。

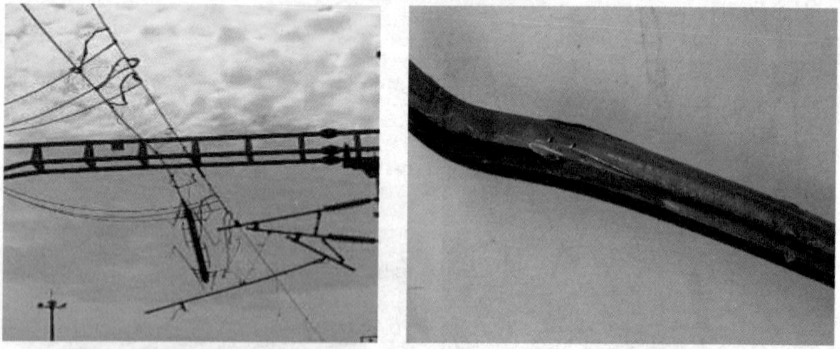

（a）故障现场　　（b）接触线抽脱痕迹

图7-215　故障现场及接触线抽脱痕迹

第一百四十六条　分相绝缘器

（一）分相绝缘器通过速度不得超过120 km/h。

（二）分相绝缘器主绝缘应完好，其表面放电痕迹应不超过有效绝缘长度的20%。主绝缘严重磨损应及时更换。

（三）分相绝缘器应位于受电弓中心，一般情况下偏差不超过100 mm。双线区段，在列车运行方向为1‰的上升坡度；单线区段，为50 mm ±10 mm的负弛度；滑道底面应平行于轨面连线。

（四）分相绝缘器导线接头处过渡平滑。承力索分段绝缘子应采用重量较轻的有机复合绝缘子。

（五）中性区长度符合《铁路技术管理规程（普速铁路部分）》规定。

【案例】电力机车通过车站上行线接触网电分相后，器件式分相绝缘器绝缘滑板燃烧、拉断，并造成接触网跳闸停电。原因为分相绝缘器绝缘滑板出现老化并存在局部碳化缺陷，潮湿天气下，在机车受电弓滑过瞬间，电弧加重并引燃了绝缘滑板，在接触线张力作用下，将烧伤的绝缘滑板拉断。故障分相绝缘器如图7-216所示。

图 7-216　故障分相绝缘器

第一百四十七条　优先采用过渡平滑、耐弧性能好的分段、分相绝缘器。

避　雷　器

第一百四十八条　避雷器

（一）避雷器托架安装水平，无锈蚀，各部螺栓连接紧固。

（二）避雷器及支持绝缘子应呈竖直状态，倾斜角度不超过 2°。表面清洁，安装牢固，无裂纹、破损及放电痕迹。

（三）避雷器引线无烧伤、断股。至高压侧引线的张力应适宜，不应使连接端子受到超出允许的外加应力。极限条件下，高压侧引线对接地体之间的距离大于 350 mm。

（四）脱离器状态良好，无破损、裂纹。安装位置应满足动作后，引线不侵入限界并与带电体保持足够的绝缘间距。

（五）动作计数器完好，一般安装在距离地面 2 m 为宜，具备在线泄漏电流监测功能。

（六）避雷器的试验按照国家和行业有关标准执行。

【案例】列车运行至上行线区间时，司机发现有异物刮碰列车，立即紧急停车。原因是施工单位在避雷器托架安装时，未按设计要求安装支撑角钢（设计图有斜撑，现场安装避雷器托架无斜撑），造成在避雷器重力情况下托架不水平，与《普铁维规》中“避雷器托架安装水平”的规定不符,加之将避雷器托架抱箍安装在支柱顶端极限位置,避雷器及托架在振动、风力等外界因素的长期作用下,托架抱箍松动上翘,最终从支柱顶端脱出侵限,与运行的列车刮碰。故障现场如图 7-217 所示。

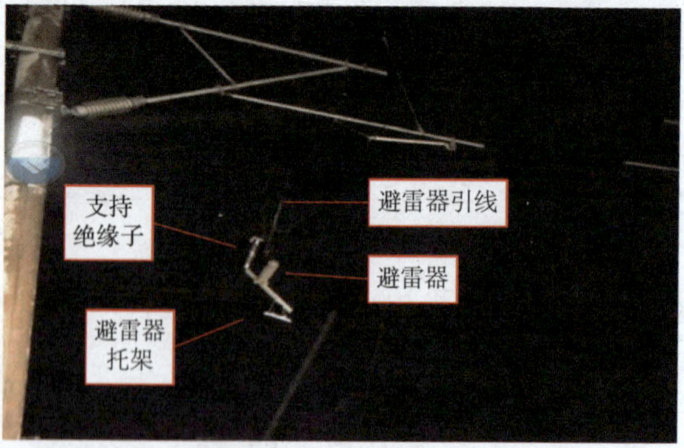

图 7-217　故障现场

避雷器引线的弛度应合理,过小、过大都存在安全隐患。

【案例 1】列车车站通过时发生弓网故障。巡视发现避雷器引线脱落,避雷器瓷柱从根部断裂,掉落于上行线路肩下的排水沟。原因为高温天气条件下,引线随承力索热胀冷缩向下锚方向移动造成引线弛度变小,避雷器瓷柱突然发生断裂,引线在下落过程中打坏通过列车受电弓,发生弓网故障。

【案例 2】变电所 213 号馈线跳闸,天气雷雨大风。原因为避雷器引线距避雷器固定角钢仅为 200 mm,与《普铁维规》中"极限条件下,高压侧引线对接地体之间的距离大于 350 mm"的规定不符,加之弛度过大,在雷雨大风天气条件下放电跳闸,避雷器引线烧断 5 股。避雷器引线烧断如图 7-218 所示。

【案例 3】变电所 211 号馈线电缆母排支持绝缘子增高底座与附近安装的避雷器带电部分间距仅 180 mm,与《普速维规》中"高压侧引线对接地体之间的距离大于 350 mm"的规定不符,在大雾潮湿天气下空气间隙击穿跳闸。避雷器与支撑绝缘子增高底座距离不足如图 7-219 所示。

图 7-218　避雷器引线烧断

（a）避雷器与增高底座距离不足

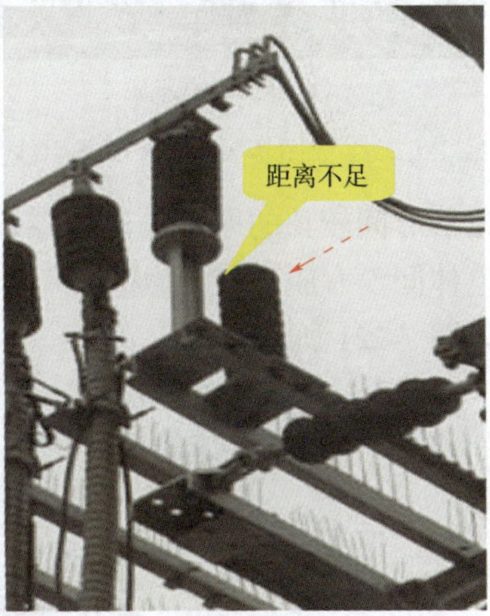

（b）全貌

图 7-219　避雷器与支撑绝缘子增高底座距离不足

【案例 4】区间上行接触网支柱避雷器引线从支撑绝缘子接线端子处抽脱，引线下垂后与通过列车发生跳闸。原因为避雷器引线在设备线夹中压接不实后抽脱。避雷器引线抽脱和线夹压接痕迹不明显如图 7-220 所示。

【案例 5】接触网支柱顶部的避雷器在雷电过电压冲击下，避雷器本体瓷质绝缘子爆裂，造成下行线接触网跳闸停电，影响供电 150 min。造

（a）避雷引线抽脱

（b）压接痕迹不明显

图 7-220　避雷器引线抽脱和线夹压接痕迹不明显

成抢修时间较长的原因是避雷器设备结构不合理，爆裂的避雷器引线与带电体间没有脱离装置，爆裂后垂落的引线不能与带电体分离。故障现场如图 7-221 所示。

图 7-221　故障现场

【案例 6】雷击车站 98 号支柱接触网设备，影响供电 110 min。造成停电时间较长的原因为避雷器脱离器安装方向错误，安装在避雷器侧，避雷器受雷击烧损后,脱离器引线在支持绝缘子处短接支持绝缘子,引发接触网跳闸,造成送电不成功。雷击现场及脱离器引线短接支撑绝缘子如图 7-222 所示。

(a) 雷击　　(b) 脱离器引线短接绝缘子

图 7-222　雷击现场及脱离器引线短接绝缘子

【案例 7】站内供 02 接触网支柱避雷器爆炸,影响供电 12 min。原因为避雷器试验不到位。考虑到避雷器试验检修需要对避雷器进行拆卸,且工区没有后备避雷器,造成实际检修执行过程中工区只是进行外观检查和清扫灰尘,未能及时通过试验手段发现避雷器内部绝缘性能下降的隐患。故障避雷器如图 7-223 所示。

图 7-223　故障避雷器

27.5 kV 电缆

第一百四十九条　电缆

(一)电缆本体各部分无机械损伤,无过热变色、变形、开裂、放电现象。

(二)电缆及电缆终端的固定处必须采用专用的铝制或非磁性材料抱箍,并加装保护垫。

(三)电缆固定支架无松动、严重锈蚀或变形,电缆悬挂钢索和挂钩无严重锈蚀或脱落。

(四)电缆铠装层、屏蔽层及电缆导体之间均应可靠绝缘。测量电缆铠装层、屏蔽层及电缆主绝缘之间的绝缘电阻值与历次数据比较,不应有显著变化。

(五)电缆上网点宜设置隔离开关并纳入远动控制。

【案例1】司机报告隧道内运行方向左侧电缆着火。原因为施工单位进行隧道整治作业采用波纹管保护27.5 kV供电电缆时,未按照设计院提供的方案使用电缆护套卡箍固定波纹管,而是采用细铁线绑扎波纹管来固定,与《普铁维规》中“电缆及电缆终端的固定处必须采用专用的铝制或非磁性材料抱箍,并加装保护垫”的规定不符,细铁线闭合缠绕在高压电缆外部产生涡流,致使铁线发热,引燃波纹管,产生明火烧损电缆。着火前后如图7-224所示。

【案例2】1376号接触网支柱处电缆终端头击穿,导致变电所212断路器跳闸。原因为施工时在电缆头终端处使用了磁性的钢丝恒力弹簧,与《普铁维规》中“电缆及电缆终端的固定处必须采用专用的铝制或非磁性材料抱箍”的规定不符,导致电缆运行中不正常发热逐渐损伤主绝缘,最终造成电缆击穿。《电力工程电缆设计规范》(GB 50217—2018)规定“交流单相回路的电力电缆,不得有未经非磁性处理的金属带、钢丝铠装”。

【案例3】变电所220号馈线跳闸,原因为变电所220号馈线供电线电缆在卡箍处未装设保护垫,与《普铁维规》中“电缆及电缆终端的固定

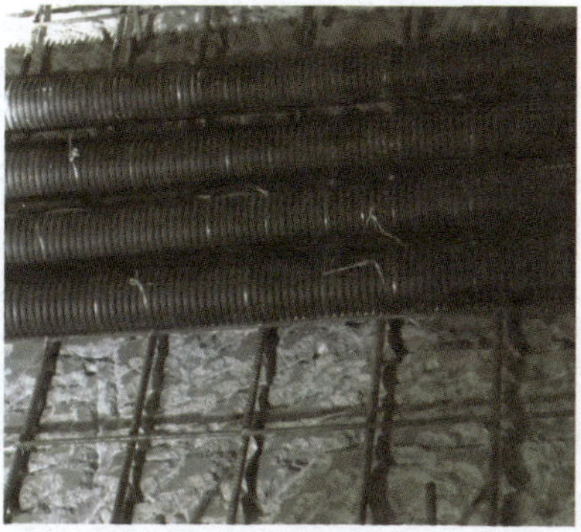

（a）着火前

（b）着火后

图 7-224　着火前后

处必须采用专用的铝制或非磁性材料抱箍，并加装保护垫”的规定不符，电缆破损后与支柱接地放电。故障电缆及放电处如图 7-225 所示。

（a）故障电缆

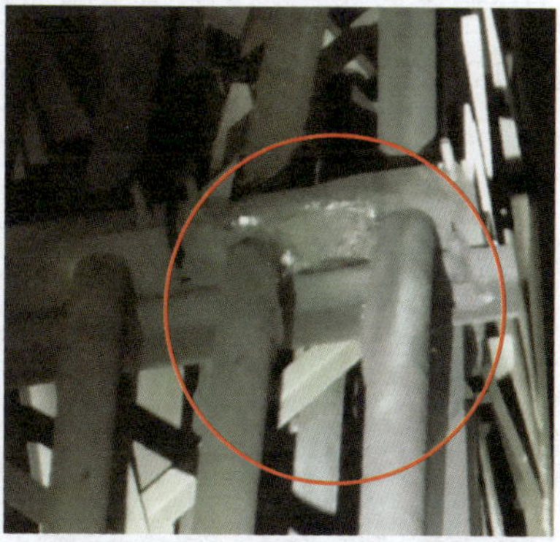

（b）放电处

图 7-225　故障电缆及放电处

【案例 4】变电所 216 馈线供电线电缆（长 140 m）击穿，影响供电 59 min。故障处理时间较长原因为电缆上网点处没有设置隔离开关，与《普铁维规》中“电缆上网点宜设置隔离开关并纳入远动控制”的规定不符，电缆故障后需上网拆除并沟线夹，造成应急处置时间较长。

第一百五十条　电缆终端

(1)电缆终端表面干燥、清洁、密封良好，无渗漏水、裂纹、老化、破损等。

(二)电缆终端应保证竖直向上，不得出现偏转、扭曲变形，伞裙不得挤压变形，最大偏移角度不得大于 30°。

(三)电缆终端母排及零部件应与大地、接地钢构、固定抱箍等保持足够的绝缘距离。顶部端子对地空气绝缘距离不小于 450 mm，电缆终端应力锥对地空气绝缘距离不小于 35 mm，多个电缆终端并联时，其间空气绝缘距离不小于 35 mm。

(四)电缆终端应固定牢固，金属端子不得承受拉力，应力锥无受力变形。电缆终端固定夹持部位距离冷缩地线管下端大于 100 mm，不得夹持在电缆终端锥体表面，并与接地线保证 50 mm 以上的距离。

【案例】供电线支柱处 211 号馈线电缆因固定抱箍松脱，与《普铁维规》中“电缆终端应固定牢固”的要求不符，松脱后在大风天气下电缆与下层的 221 馈线供电线距离不足，发生接触网跳闸。故障现场如图 7-226 所示。

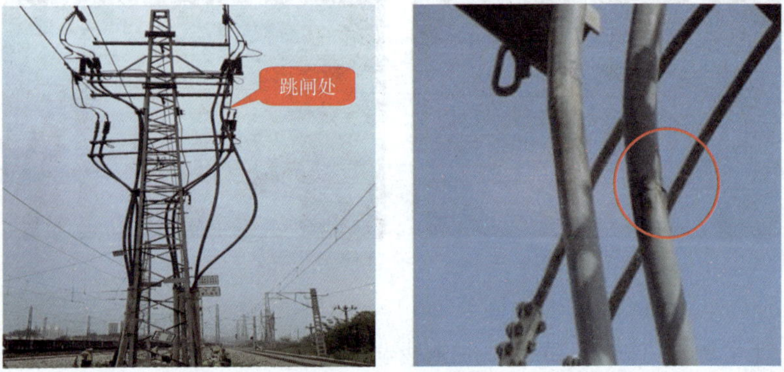

图 7-226　故障现场

第一百五十一条　电缆及电缆终端投运前应按照《电气化铁路 27. 5 kV 单相交流交联聚乙烯绝缘电缆及附件》(GB/T 28427)有关标准进行试

验，试验合格后方可投入运行。

第一百五十二条　电缆接地

（一）电缆长度小于 100 m 时，电缆终端应一端直接接地，另一端可不接地。

长度 100 m 及以上时，宜每隔 400 m（直供方式）或 800 m（AT 供电方式）划分区段且在每个区段应实施接地绝缘分隔。电缆终端应一端铠装层、屏蔽层直接接地，另一端铠装层、屏蔽层通过护层保护器分开接地。

（二）电缆终端接地线及端子应采取绝缘包扎并固定在电缆上，不得与金属构架直接接触。

（三）电缆终端接地线无破损现象，受损股数不得超过总数的 20%。

【案例 1】变电所 212 断路器发生跳闸，原因为电缆接地不合理。设计故障高压电缆一端铠装层、屏蔽层直接接地，另一端铠装层、屏蔽层通过护层保护器接地。施工时电缆两端铠装层、屏蔽层同时直接接地，与《普铁维规》中“电缆终端应一端铠装层、屏蔽层直接接地，另一端铠装层、屏蔽层通过护层保护器分开接地”的规定不符，在运行过程形成环流，长时间运行发热烧损进而击穿。

【案例 2】变电所 212 断路器跳闸，重合失败。工区巡视发现电缆头损伤。原因为电缆接地不合理。设计图中故障高压电缆屏蔽层和铠装层均采用一端直接接地，另外一端通过护层保护器接地的方式。施工时一端的屏蔽层和铠装层均直接接地，另外一端屏蔽层通过护层保护器接地，铠装层直接接地，致使电缆铠装层出现两端同时直接接地现象，在运行过程中铠装层形成环流，长时间运行发热烧损进而击穿主绝缘引起死接地，中断供电。故障电缆接地示意如图 7-227 所示。

【案例 3】登乘人员发现隧道内电缆旁有火光出现。上线检查发现 168 号隧道定位柱附近电缆护层保护器烧损。原因为电缆接地不合理，故障电缆两端的屏蔽层、铠装层均通过护层保护器接地，与《普铁维规》中“电缆终端应一端铠装层、屏蔽层直接接地，另一端铠装层、屏蔽层通过

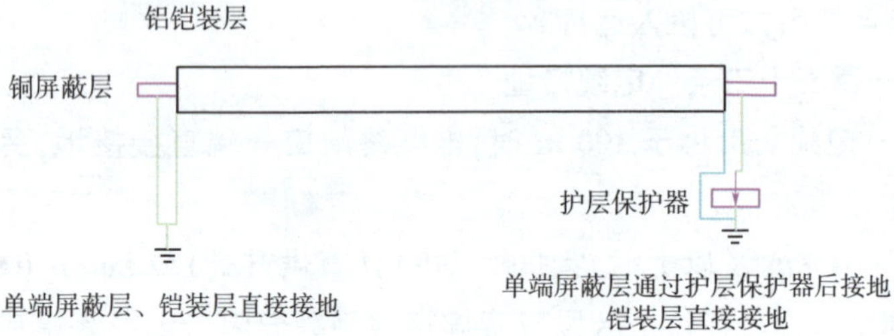

图 7-227　故障电缆接地示意

护层保护器分开接地”的规定不符，当机车通过取流时，屏蔽层、铠装层感应产生较大感应电压，导致护层保护器频繁放电动作，长期放电过热烧损。现场火光及烧损的护层保护器如图 7-228 所示。

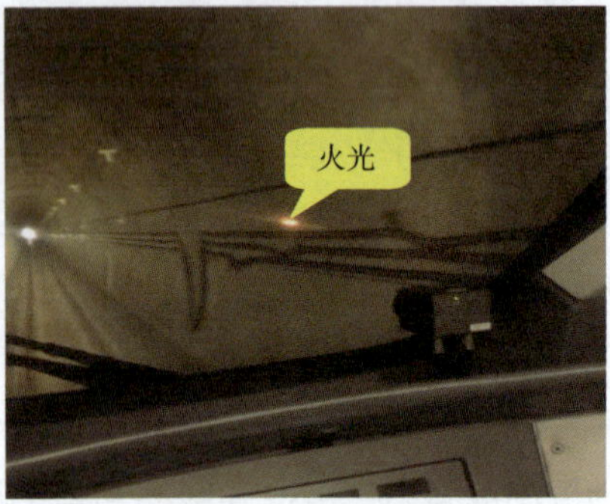

（a）登乘发现火光

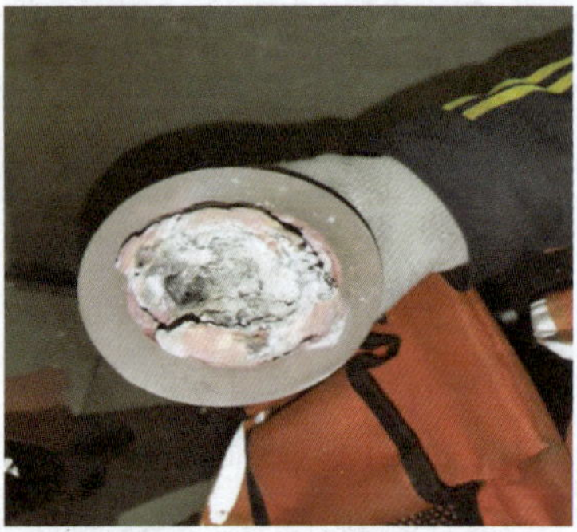

（b）烧损的护层保护器

图 7-228　现场火光及烧损的护层保护器

【案例 4】司机发现下行线隧道壁电缆有打火现象。原因为高压电缆接头处电缆屏蔽层接地连线端子固定不牢烧损断开，造成电缆接地不畅。烧损的电缆如图 7-229 所示。

【案例 5】测温发现 214 号馈线 T3 电缆 100 ℃温度报警。原因为电缆屏蔽层接地线绝缘不良，与电缆抱箍的固定螺栓接触，与《普铁维规》中“电缆终端接地线及端子应采取绝缘包扎并固定在电缆上，不得与金属构架直接接触”的规定不符，造成电缆屏蔽层两端接地。测温画面及破损的电缆屏蔽层如图 7-230 所示。

图 7-229　烧损的电缆

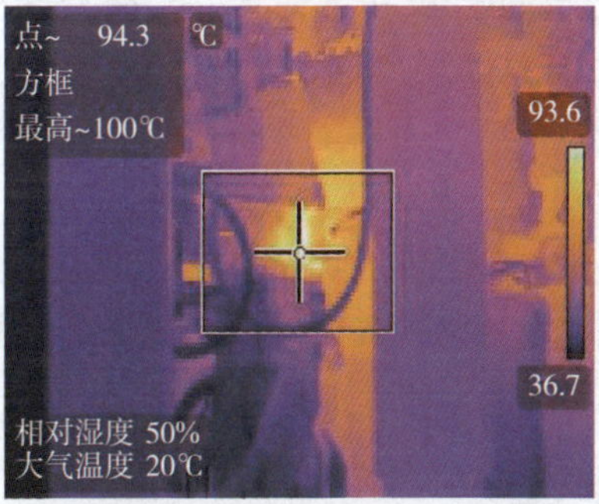

（a）测温画面

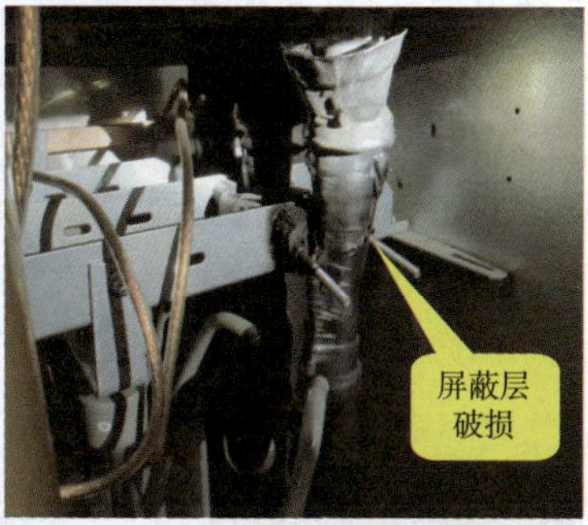

（b）电缆屏蔽层破损

图 7-230　测温画面及破损的电缆屏蔽层

第一百五十三条　电缆敷设

（1）电缆采用地面敷设时须单独设置电缆沟槽，按规定设置地面电缆标识桩。同沟（槽）敷设 2 根以上电缆时，每隔 30 m 分别标识。

（二）电缆应作波浪形敷设，在敷设过程中，不应出现铠装压扁、电缆绞拧、护套折裂破损等现象，电缆弯曲半径不小于电缆外径的 20 倍。电缆终端（上支柱、上桥等）处，电缆应预留不小于 5 m。

（三）电缆上、下行间敷设应无交叉，供电线、正馈线电缆间无交叉（特殊区段用绝缘板做隔离），并按规定采取隔热及阻燃防护措施。

（四）当电缆穿管敷设时，保护管长度、内径应符合要求；当采用磁性保护管防护时，应顺向切割开缝，防止构成闭合磁路。

(五)当电缆直埋敷设时,电缆表面距地面不应小于0.7 m,穿越农田时不应小于1 m;其径路应避开使电缆受到机械损伤、化学或地下电流腐蚀、振动、热影响、虫鼠等危害地段。困难情况下应设置电缆槽、沟,并采取必要的防护措施。电缆过轨时应加装防护套管,埋深低于轨面不少于1 m。

(六)直埋或以直埋电缆槽方式敷设的电缆,敷设后应及时填埋电缆沟,并采取减振、阻燃、阻断鼠道措施。同路径并排展放的多根电缆,相邻两根之间应有隔离措施。

(七)电缆标桩埋设应清晰显示出路径状态,直线地段每35~50 m设置一根电缆标桩,在出所位置、电缆转弯处以及和其他管、线、路交叉处,可增加标桩数量。电缆标桩上字样由各铁路局自定。

(八)电缆上网处应自地面下0.8 m至地面以上2 m,砌钢筋混凝土电缆槽或砖砌防护墙进行防护。

【案例1】电缆井内6根正馈线电缆全部烧断,12根回流电缆外皮烧熔。原因为电缆运行环境差,电缆沟内长期存在积水现象。同时电缆头的设计选型存在缺陷,没有充分考虑防水措施。电缆运行环境如图7-231所示。

图7-231　电缆运行环境

【案例2】桥墩处212号馈线高压电缆击穿。原因为电缆上桥面由垂直排列转为水平排列时,电缆弯曲半径小于电缆外径20倍且未采取保护措施,造成电缆在固定槽钢转角处存在硬弯,与固定槽钢相磨发生破损,最终发生绝缘击穿,影响供电110 min。击穿电缆如图7-232所示。

（a）现场

（b）电缆击穿痕迹

图 7-232　击穿电缆

【案例 3】列车司机报告隧道口疑似有明火。供电段巡视发现隧道口电缆与不锈钢电缆槽长期互磨后破损，导致电缆铠装层与不锈钢电缆槽发生了放电现象。原因为电缆槽口处的电缆弯曲半径为电缆本体外径的 10.5 倍，与《普铁维规》中“电缆弯曲半径不小于电缆外径的 20 倍”的规定不符，造成电缆外护套在此处受力不良，长期挤压，与不锈钢电缆槽长期互磨后破损，导致电缆铠装层与不锈钢电缆槽发生了放电现象。隧道壁火光及破损电缆如图 7-233 所示。

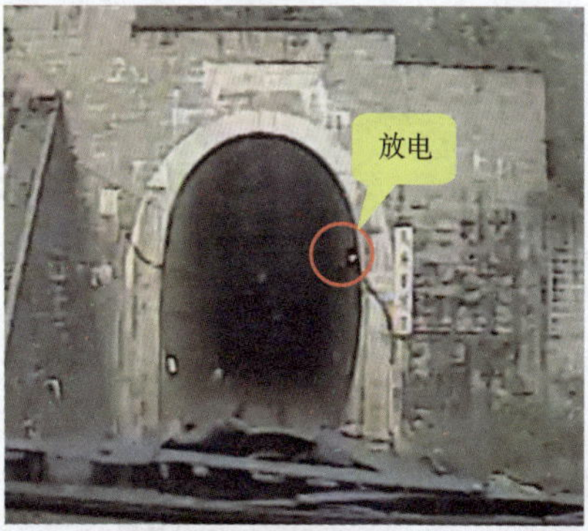

（a）隧道壁火光

（b）电缆破损

图 7-233　隧道壁火光及破损电缆

【案例 4】分区所供电线上网电缆在爬架处放电烧损，影响行车 27 min。原因为上桥电缆安装时，电缆转角处存在受力且未进行防护，电缆外护套磨损，长时间运行后其绝缘劣化受损，主绝缘击穿，形成电弧通道接地短路跳闸。箱梁下部放电烧灼发黑痕迹如图 7-234 所示。

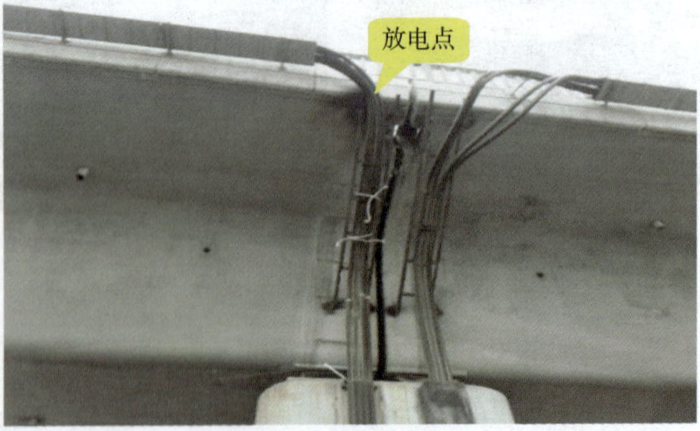

图 7-234　箱梁下部放电烧灼发黑痕迹

【案例 5】变电所 211 号馈线高压电缆在上桥处击穿跳闸。原因为电缆上桥后，在转角位置存在受力且未进行防护，电缆外护套磨损，长时间运行后其绝缘劣化受损，主绝缘击穿，形成电弧通道接地短路跳闸。电缆击穿位置如图 7-235 所示。

图 7-235　电缆击穿位置

【案例 6】变电所 215 断路器跳闸。巡视发现围墙外的护坡下，电缆被严重烧损并接地。原因为烧损电缆裸露在外，且周围存在易燃物。烧损电缆及运行环境如图 7-236 所示。

（a）烧损电缆

（b）运行环境

图 7-236　烧损电缆及运行环境

【案例 7】下行线 K818+866 m 处正馈线上网电缆被地方村民驾驶开沟机挖伤，造成接触网跳闸影响行车。挖伤电缆埋深 0.6 m，不符合《普铁维规》中“当电缆直埋敷设时，电缆表面距地面不应小于 0.7 m，穿越农田时不应小于 1 m”的规定。电缆径路及开沟情况如图 7-237 所示。

图 7-237　电缆径路及开沟情况

电缆在敷设过程中应避免与其他高低压电缆同沟敷设，因为同沟敷设且相互之间没有采取隔离措施，发生过多起安全问题。

【案例 1】变电所 214 号馈线跳闸，重合失败。试送时，同沟敷设的变电所 211 号馈线也发生跳闸。原因为变电所 211、214 等多条电缆同沟敷设且未采取隔离措施，与《普铁维规》中“同路径并排展放的多根电缆，相邻两根之间应有隔离措施”的规定不符，214 号馈线击穿跳闸时，放电击穿了同沟敷设的 211 号馈线电缆，造成 211 号馈线电缆也发生跳闸。击穿的馈线电缆如图 7-238 所示。

图 7-238　击穿的馈线电缆

【案例 2】上下行线轨道电路出现红光带。原因为电缆槽内吸上线与信号电缆同沟敷设且未采取隔离措施，接触网回流线吸上线电缆存在机械损伤回流不畅，局部过热烧灼绝缘层，引燃同沟敷设的信号电缆，造成轨道电路红光带，影响行车 216 min。故障现场如图 7-239 所示。

图 7-239　故障现场

【案例3】桥墩周围杂草燃烧，导致固定在桥墩上的三根上行线回流电缆、两根隔离开关操作机构网隔控制电源电缆、两根光纤烧损。原因为未在电缆上网处进行防护，与《普铁维规》中"电缆上网处应自地面下0.8 m至地面以上2 m，砌钢筋混凝土电缆槽或砖砌防护墙进行防护"的规定不符。故障现场如图7-240所示。

图7-240　故障现场

第六节　其　　他

吸　上　线

第一百五十四条　吸上线

（一）吸上线型号及安装位置应符合设计并满足牵引回流需要，外露部分电缆护管应无损伤且封堵良好。

（二）在有轨道电路区段，采用截面满足要求的电缆接至扼流变压器中性点连接板（端子）。吸上线须与支柱密贴连接牢固。无轨道电路区段按设计进行安装。

（三）吸上线与回流线（保护线）连接时，与悬挂点的距离应符合设计

要求；与回流线（保护线）、扼流变压器（或空心线圈）连接处应连接牢固，接触良好，并涂导电脂。

（四）对吸上线进行固定、防护时，其抱箍、套管不得形成闭合磁路。

（五）吸上线电缆沿地面、支柱的敷设必须密贴、牢固。埋入地下时，埋深不少于 300 mm。穿过钢轨、桥台时应采取防护措施。

【案例】司机反映下行接触网支柱处冒火花。冒火花接触网支柱为吸上线安装位置，吸上线未直接与保护线连接，而是接到 H 形钢柱下部的连接孔上，利用钢支柱本体通过保护线安装底座与保护线相连。当吸上线通过电流时，电流通过钢柱、保护线安装底座、保护线预绞式保护条至保护线，保护线安装底座与保护线间属于机械连接，不是规范的电气连接，因接触电阻大造成保护线保护条烧断 6 根，保护线未烧伤。烧断的保护条和保护线本体如图 7-241 所示。

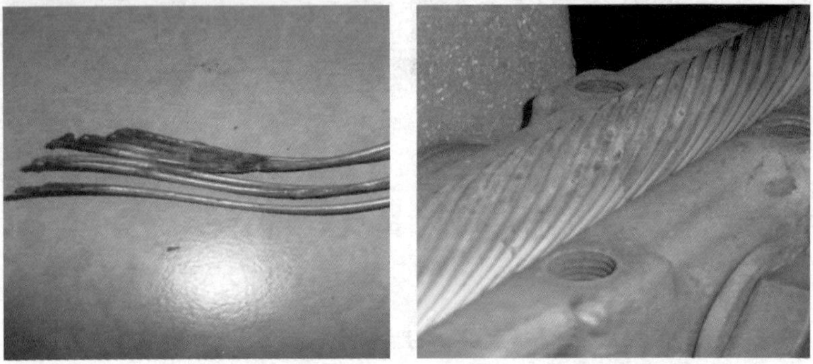

（a）烧断的保护条　　（b）保护线本体（未烧伤）

图 7-241　烧断的保护条和保护线本体

保安装置及标识

第一百五十五条　在站台及未封闭线路的接触网支柱上距轨面 2.5 m 高的处所，以及安全挡板、细孔网栅和跨线桥防护网栅均应设置白底、黑字、红色闪电符号的“高压危险”警示标识。

【案例】一名男子攀登未封闭区段处 Z3 号接触网支柱被电击烧伤后

接触网跳闸，跳闸地点接触网支柱“高压危险”警示标志不清晰。

第一百五十六条　上跨构筑物（桥、隧道、明洞、站房等）下方的承力索、供电线、正馈线、加强线，应在防断点处至少 5 m 采取防护措施。

隧道、桥梁内漏水点距离接触网带电线索小于 2 m 处所，下方承力索、供电线、正馈线、加强线等在漏水点垂直投影向两侧延伸至少 1 m 采取防护措施。

重点处所上跨电线路下方的承力索、供电线、正馈线、加强线，可在上跨电线路垂直投影两侧延伸至少 5 m 采取防护措施。

《电气化铁路有关人员电气安全规则》（铁运〔2013〕60 号）规定“电气化铁路区段车站风雨棚、跨线桥、隧道等构建物应安装牢固，状态良好，不得脱落。距牵引供电设备 2 m 范围内不得出现漏水、悬挂冰凌等现象”。由于接触网上方上跨桥、隧道存在漏水问题，发生过多起安全问题。

【案例 1】K1217+225 m 处公路桥附设 PVC 排水管破损，水流经破损管口喷涌，在接触网 177 号定位柱上方形成水柱，短接接触网正馈线与桥体，烧断接触网正馈线，构成铁路交通一般 C 类事故。事故现场如图 7-242 所示。

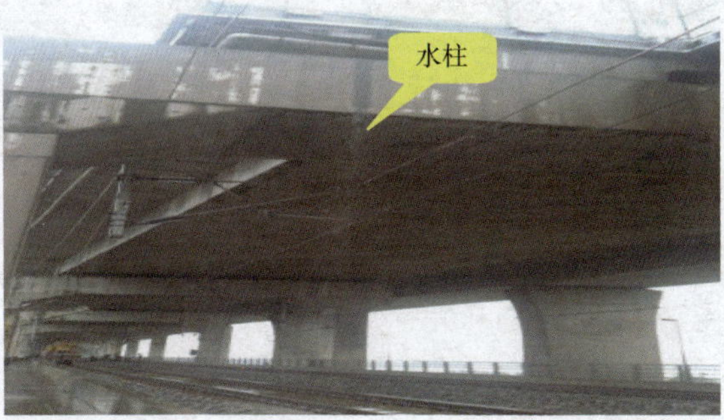

图 7-242　事故现场

【案例 2】K206+500 m 处隧道顶部冰柱与承力索距离不足造成接触网跳闸，影响供电 155 min；4 天后，同一隧道内 K207+050 m 处再次发生隧道顶部冰柱与正馈线距离不足造成接触网跳闸，影响供电 127 min。反映出已知隐患排查不到位，隧道结冰隐患处理不及时的问题。两次跳闸如图 7-243 所示。

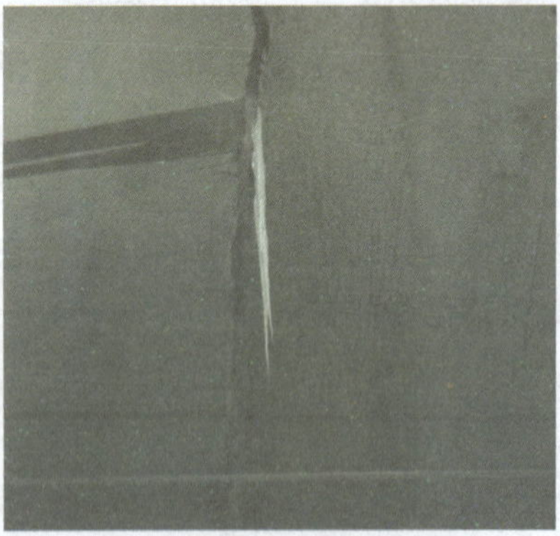

（a）第一次跳闸

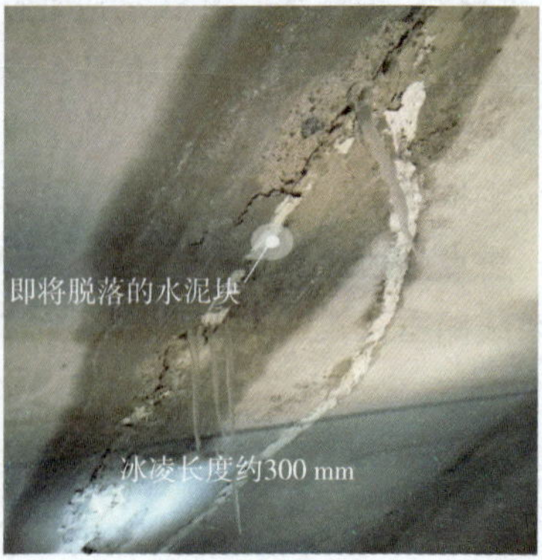

（b）第二次跳闸

图 7-243　两次跳闸

【案例 3】隧道漏水滴到接触网上，造成承力索、接触线结冰，供电段及时进行了处理。结冰现场如图 7-244 所示。

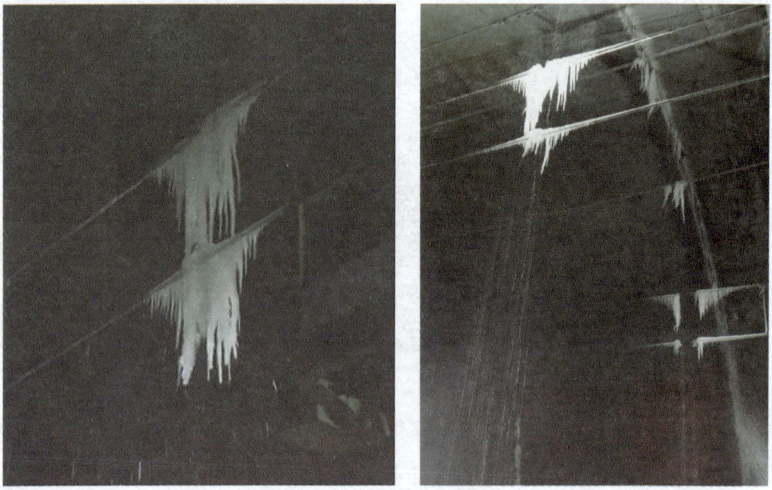

图 7-244　结冰现场

融雪剂虽然能促进积雪的融化，但同时也能增加导电性能。由于上跨结构物维护单位道路撒融雪剂发生了多起接触网跳闸的安全问题。

【案例】降雪天气地方市政部门在桥上撒融雪剂化雪，含有融雪剂的雪水顺着桥上排水孔流到桥下接触网支柱平腕臂及绝缘子上，含融雪剂的雪水电导率增大，短接绝缘子，导致变电所 212 号馈线跳闸，影响供电 67 min。

上跨构筑物（桥、隧道、明洞、站房等）下方的承力索、供电线、正馈线、加强线采取防护措施常见的有安装绝缘护套、安装预绞丝防护两种。2013 年国铁集团组织召开了接触网绝缘护套专题工作会议，指出绝缘护套存在性能劣化快、内部线索损伤不易发现、包扎口易裂开、不易散热、绝缘性能有待进一步商榷等缺陷，要求严格控制绝缘护套使用。

【案例 1】上跨桥下方承力索绝缘护套脱落，低于接触线 300 mm，影响 8 列列车降弓运行。故障绝缘护套由施工单位安装，运行 4 年后就发生了绝缘护套接口开裂、脱落的问题，反映出绝缘护套存在性能劣化快的缺陷。

【案例 2】车站 4 道 86~88 号承力索断线。2 天前此处施工时曾发生桥梁板坍塌压到接触网上的事故，供电段在故障抢修时，被绝缘护套的假象所迷惑，未认识到承力索受压点可能存在的机械损伤，未打开绝缘护套检查承力索受损情况，造成承力索在恢复正常张力、正常取流后再次发生断线。反映出绝缘护套存在内部线索损伤不易发现的缺陷。故障现场如图 7-245 所示。

【案例 3】列车受电弓与脱落的隧道南头接触网正馈线绝缘护套撞击，造成受电弓碳滑板从中间断裂成两段。原因是列车通过隧道时产生的较大气流风动，撕开绝缘护套端口，使绝缘护套从正馈线脱落，反映出绝缘护套存在包扎口易裂开的缺陷。脱落在车顶的绝缘护套如图 7-246 所示。

图 7-245　故障现场

图 7-246　脱落在车顶的绝缘护套

【案例 4】雨水从跨线桥西侧桥壁面呈水柱状向下流，水柱短接桥梁底部边沿的接地钢板和桥下承力索(间距 570 mm)，由于承力索安装有绝缘护套，承力索受流发热释放不出来并持续发热，造成线索强度降低，最终在张力作用下断线，构成铁路交通一般 C 类事故。故障地点桥底钢板上有 3 处明显的电灼痕迹，绝缘护套内部呈过热变白现象，反映出绝缘护套存在不易散热的缺陷。现场和绝缘护套内部如图 7-247 所示。

（a）现场

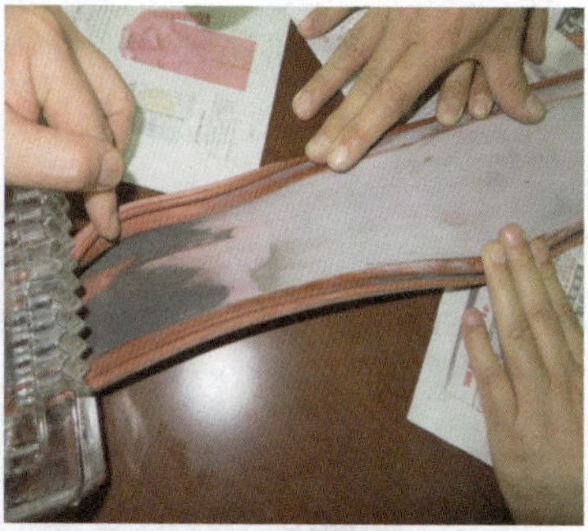

（b）绝缘护套内部发热变色

图 7-247　现场和绝缘护套内部

【案例 5】大风将通信基站铁塔上的鸟窝吹掉后，树枝顺风刮至隧道东口，短接正馈线与接触网承力索，造成承力索断线，正馈线出现损伤。断线处正馈线、承力索均安装有绝缘护套，产品技术规格书显示，该绝缘护套工频干耐受电压（有效值）在空气间隙 50 mm 时≥60 kV；无间隙时≥40 kV，反映出绝缘护套防护效果需进一步检验的问题。正馈线烧伤痕迹如图 7-248 所示。

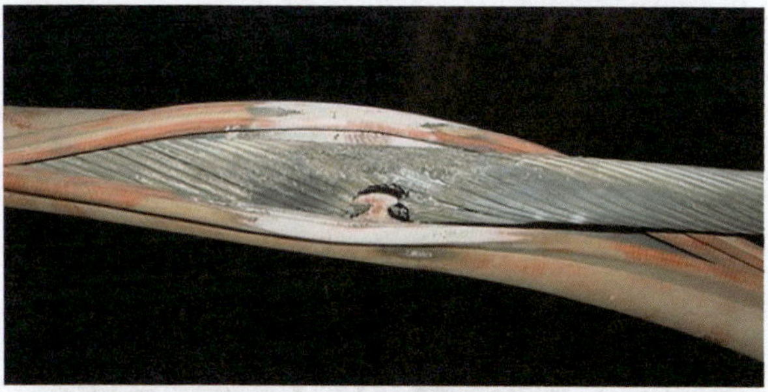

图 7-248　正馈线烧伤痕迹

在上跨结构物下方承力索、供电线、正馈线、加强线采取预绞丝防护能有效减小异常情况下对接触网设备的影响。

【案例】35 kV 上跨电线断线后搭接在 K187+900 m 处承力索上，导致该供电臂接触网跳闸。由于供电段前期已在跨越线下方承力索上安装了预绞丝保护条,跨越线掉落跳闸未对接触网设备造成损伤。上跨电力线掉在接触网上如图 7-249 所示。

图 7-249　上跨电力线掉在接触网上

部分供电设备运行维护单位在隧道内安装了挡水板、加热板等,防止隧道漏水到接触网上产生跳闸。同时也需健全维护管理制度,加强日常维护检查。

【案例 1】上行线 K1707+050 m 处隧道顶部挡水板因日常检修不到位,螺栓锈蚀失效,挡水板下垂后与承力索放电,烧断承力索。脱落的挡水板如图 7-250 所示。

图 7-250　脱落的挡水板

【案例 2】隧道安装的融冰装置膨胀螺栓从隧道拱顶逐步退出，加热板脱落搭接至承力索上造成设备跳闸，影响供电 121 min。原因是供电段制定的“隧道融冰装置安装、检修作业指导书”中缺少检查加热板是否固定牢固的有效手段，仅要求目视检查，检修手段缺乏针对性，不能有效发现其是否牢固。一端脱出的融冰装置和退出的膨胀螺栓如图 7-251 所示。

（a）融冰装置一端脱出

（b）膨胀螺栓退出

图 7-251 一端脱出的融冰装置和退出的膨胀螺栓

第一百五十七条 在机动车辆通过的平交道口处铁路两侧的公路上，应设置限界门。限界门应设在沿公路中心线距最近铁路线路中心不小于 12 m 的地方。

限界门的宽度不得小于平交道口处公路路面的宽度，限界门的下缘距地面的高度为 4.5 m，限界门框柱涂以警示色标。在限界门处应按《电气化有关人员电气安全规则》的规定悬挂揭示牌。

【案例】机动车通过某道口处后，车上装载物品与接触网距离不足放电跳闸。原因是道口限界门虽然标高 4.5 m，实际由于日常车辆通过道口时的向下碾压，造成道口限界门高度远大于 4.5 m，不符合《普铁维规》中“限界门的下缘距地面的高度为 4.5 m”的规定。

第一百五十八条 轨面标准线

接触网支柱上、隧道每个定位点下方隧道边墙上，均要涂刷红色“轨面标准线”。轨面标准线标画依据为正线股道靠近隧道边墙、站台或支柱侧的钢轨顶面的设计高程。

第一百五十九条　标识

(一)号码牌

每根接触网支柱上均应安装反光号码牌。每个区间、车站、隧道均应分别单独编号,上行双号、下行单号,编号方向与线路公里标方向一致。

(二)电力机车禁停标

绝缘锚段关节作为接触网电分段处宜装设“电力机车禁停标”,必要时还应根据反向行车需要设置。

(三)分相断合标

在接触网分相处应装设“禁止双弓”“断(T断)”“合”等标志,并根据反向行车需要设置断电标、合电标。

在有动车组上线的线路,还应装设“动车合”标志。

(四)接触网终点标

在接触网终端应设置接触网终点标,“接触网终点”标应装设于接触网锚支距受电弓中心线不大于400 mm处接触线的上方或线路列车运行方向的左侧地面上。

上述标识均为白底黑框,黑字黑体。标志装设位置及规格符合《铁路技术管理规程(普速铁路部分)》等有关规定。

【案例】供电段在站内上行线进行V形停电天窗检修作业,74号地线操作人将本应在74~77号软横跨Ⅱ道装设的接地线误装设在该软横跨Ⅰ道带电接触网上,造成下行供电臂跳闸。原因之一是杆号牌安装不正确,平面图76号支柱处于下行线,但却为双号,与《普铁维规》中“上行双号、下行单号”的规定不符,一定程度上给地线装设人员带来了误导。现场平面示意如图7-252所示。

《中国铁路总公司关于印发〈铁路技术管理规程〉第一次修订内容的通知》(铁总科技〔2017〕221号)规定“电力机车禁停标,设在站场、区间接触网锚段关节式电分段两端,电力机车(动车组)在该标志提示的禁停区域内不得停留”。由于未设电力机车禁停标、禁停标安装不牢等原因,发生过多起安全问题。

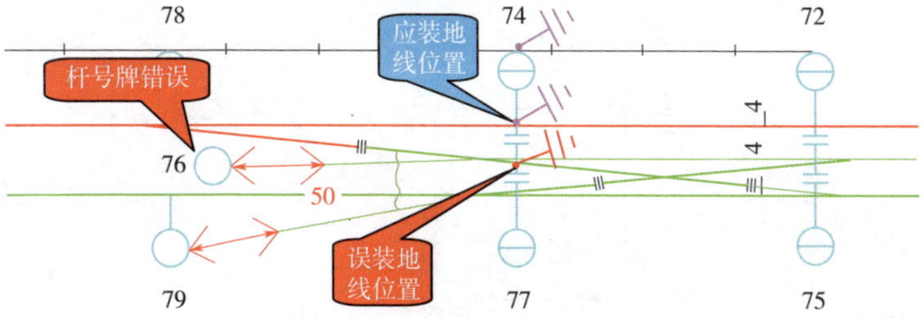

图 7-252　现场平面示意

【案例 1】列车受电弓停在绝缘锚段关节中，由于该处工作支与非工作支接触线由变电所不同供电臂供电，且高差 31 mm，受电弓与非支接触线间虚接产生拉弧(持续 51 s)，烧断接触线。原因是绝缘锚段关节未安装电力机车(动车组)禁停标，不符合《铁路技术管理规程》《普铁维规》规定。现场示意如图 7-253 所示。

【案例 2】司机反馈下行线列车运行方向左侧电力机车禁停标向线路外方倾斜，当日天气大风。原因为电力机车禁停标抱箍螺栓松动后在大风天气下发生转动，同时也反映出设计不合理的问题，设计时未采取防转动措施。转动后的禁停标和禁停标背面如图 7-254 所示。

2014 版《铁路技术管理规程》补充增设“接触网终点标”地面标志设置方式。接触网终点标，设在接触网边界。

【案例 1】供电段巡视发现接触网终点标吊线折断，临时上线对终点标缺陷进行了处理。原因为长期风摆振动，造成吊线在压接处折断。现场和折断吊弦如图 7-255 所示。

【案例 2】承力索从接触网终点标处断线。原因为固定接触网终点标的承力索线夹选型与设计安装图不符，设计图为单根 ϕ6. 0 铜包钢线材，实际选用双股 ϕ4. 0 铁线，双股铁线安装在合页式承力索吊弦线夹内，限制了紧固螺栓的紧固行程，承力索导线无法牢固地固定在线夹内，在风区大风作用下，固定部位长时间与承力索相磨，接触网承力索在长期风摆磨损下线径变小，机械强度下降，发生断线。合页式承力索吊弦线夹和标志设计图如图 7-256 所示。

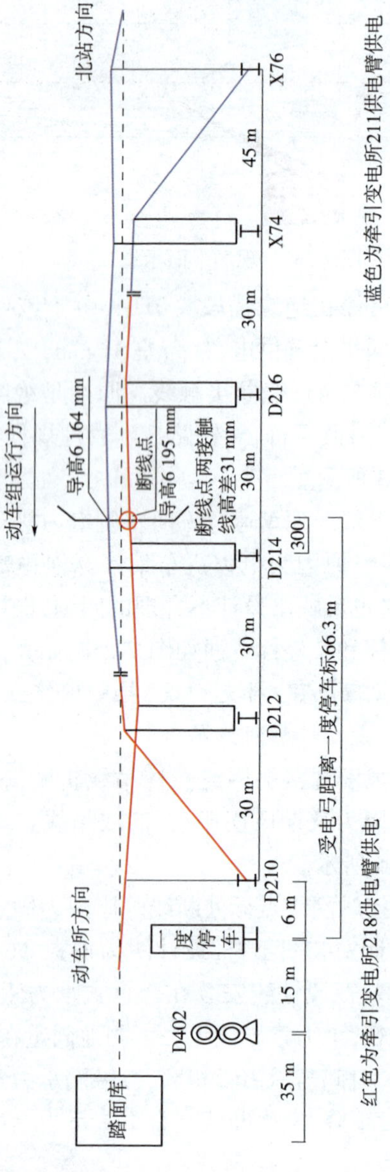

图7-253　现场平面示意

（a）转动后的禁停标　　（b）禁停标背面

图 7-254　转动后的禁停标和禁停标背面

（a）现场　　（b）吊线折断

图 7-255　现场和折断吊弦

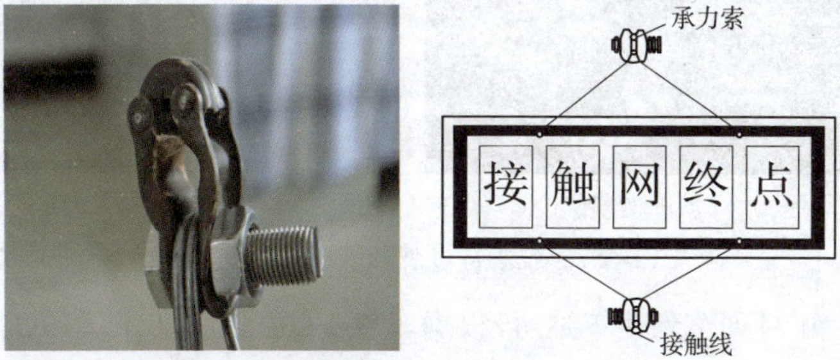

（a）合页式承力索吊弦线夹　　（b）标志设计图

图 7-256　合页式承力索吊弦线夹和标志设计图

第一百六十条　供电段的抢修列车、接触网运行工区均应备有临时“准备降弓”“降(T降)”“升”弓标。当突然发现接触网故障或故障抢修先行送电开通时,按《铁路技术管理规程(普速铁路部分)》规定在故障地点两端设置临时升、降弓标。临时“降(T降)”“升”弓标的规格可比照“断”“合”电标,“准备降弓”的规格可比照“禁止双弓”标。

第一百六十一条　各种标识和揭示牌应完整无损、安装牢固、字迹清晰、便于瞭望,不得侵入限界,与行车有关的标识一般应设于列车运行方向的左侧。

供电设备维护单位应加强各种标识和揭示牌安装牢固的检查,因为标识牌安装不牢固发生了多起安全问题。

【案例1】TEDS发现列车转向架运行方向左侧挂异物。临时停车后发现运行方向左侧抗蛇行减振器处挂有一号码为“2193”的接触网支柱杆号牌,随后供电部门利用夜间巡视,发现区间下行2193支柱杆号牌脱落。脱落的杆号牌为铝合金材质,用2根螺栓与肩架固定,悬挂在支柱田野侧。脱落杆号牌和缺失杆号牌支柱如图7-257所示。

(a)脱落杆号牌

(b)缺失杆号牌支柱

图7-257　脱落杆号牌和缺失杆号牌支柱

【案例2】列车到达车站后,根据车辆5T检测信息,随车机械师检查发现车底挂有长方形金属片异物,表面印有“113”数字字样。供电人员检查发现区间113号接触网支柱号码牌缺失。车底金属异物和缺失的

113 号支柱号码牌如图 7-258 所示。

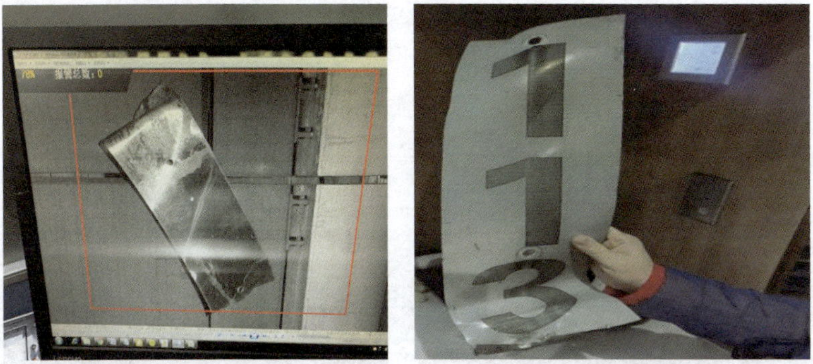

（a）车底金属异物　　（b）缺失的113号支柱号码牌

图 7-258　车底金属异物和缺失的 113 号支柱号码牌

【案例 3】列车司机报告区间接触网分相标识旋转，供电段巡视发现 T 断标中的“断”电标识向田野侧旋转，及时进行了处理。处理前后如图 7-259 所示。

（a）处理前　　（b）处理后

图 7-259　处理前后

【案例 4】列车司机报告运行方向左侧 T 断标缺失。原因为基础设施段前一日天窗检查发现了该标牌因铝制槽道损伤存在松脱隐患，进行了拆除,拆除后未向供电调度、列车调度报告。损坏的槽道固定点和重新安装的“T 断”标如图 7-260 所示。

（a）损坏的槽道固定点　　（b）重新安装的“T断”标

图 7-260　损坏的槽道固定点和重新安装的“T 断”标

【案例 5】列车司机报告下行线“动集合”标识牌掉落在支柱旁,原因为固定“动集合”标识牌的槽道开焊。掉落标识和正常标识如图 7-261 所示。

（a）掉落标识　　（b）正常标识

图 7-261　掉落标识和正常标识

【案例 6】车站渡线分段绝缘器承力索“V 停有电,禁止跨越”警示牌长期受风力作用摆动，钢固定卡子与承力索相磨造成承力索损伤断线，构成铁路交通一般C类事故。承力索断线和断口如图7-262所示。

（a）承力索断线

（b）断口磨痕

图7-262　承力索断线和断口

第一百六十二条　各级维护机构的设备分界应以文件或协议明确，一般不在接触网设备上悬挂分界标识。

自动过分相地面磁感应器

第一百六十三条　自动过分相地面磁感应器

（一）地面磁感应器设置符合设计要求，允许偏差±2 m。

（二）地面磁感应器应安装牢固，完整无损，表面清洁。

（三）地面磁感应器的磁感应强度应大于36 Gs。

【案例】电力机车通过上行分相时不能跳主断路器，上线检查发现磁枕损坏，损坏磁枕磁感应强度降为28 Gs，与《普铁维规》中“地面磁感应器的磁感应强度应大于36 Gs”的规定不符，打开损坏的地磁枕，发现磁钢本体散裂且沾满铁屑。凸翘的地磁枕防护罩和散裂的磁钢本体如图7-263所示。

发生过多起钢轨带磁引发机车主断跳闸的问题。

【案例1】四趟列车通过车站上行K203+500 m主断路器自动断开，机车跳主断路器时接触网网压正常，距离最近分相2 046 m，可排除磁感应装置造成电力机车主断路器断开造成无网压的可能。进一步调查得知，

（a）地磁枕防护罩凸翘　　（b）磁钢本体散裂且沾满铁屑

图 7-263　凸翘的地磁枕防护罩和散裂的磁钢本体

工务段近日在车站 K203+500 m 处更换了新道岔。工区利用磁感应强度测试仪对更换的道岔进行测量，最大磁感应强度为 50 Gs。

【案例 2】电力机车通过上行线 K112+340 m 时，发生机车主断路器跳闸。跳闸时接触网网压正常，跳闸区段无接触网分相和地磁。现场调查原因为工务段将准备更换的钢轨顺线路方向放置在 K112+340 m 处列车运行方向左侧钢轨外侧 300 mm 处的路肩上，高斯计测量钢轨头部磁感应强度为 36. 5 Gs。电力机车行至此处自动过分相装置启动，机车主断路器自动切断。新放钢轨和磁感应强度测量如图 7-264 所示。

（a）新放钢轨　　（b）磁感应强度测量

图 7-264　新放钢轨和磁感应强度测量

零部件及其他

第一百六十四条　接触网零件(包括附加导线的金具,下同)应符合国家及总公司有关标准。附加导线金具还应符合电力部门架空线路金具相应标准。

接触网零部件应优先采用耐腐蚀、强度高的零部件,悬挂零件轻型化。主要的受力件(如接头、下锚件等)不得使用可锻铸铁。

对早期建设的接触网设备,凡不符合标准的零件应分轻重缓急,结合维修和更新改造尽快达标。

第一百六十五条　接触网零件表面应光洁,无裂纹、疤痕和剥离以及其他质量缺陷,其材质、制造质量及公差、机械性能等均应满足技术标准要求,并按规定采用镀锌、防腐漆及其他技术进行防腐处理。

承载负荷的不锈钢螺栓等零部件,一旦锈蚀应立即更换。

【案例 1】接触网支柱定位管吊线上端与承力索座连接的不锈钢吊环断裂,定位管吊弦脱落,反定位管下垂侵入受电弓动态包络线,造成运行列车受电弓被击打,故障现场不锈钢吊环锈蚀明显。断裂的不锈钢吊环如图 7-265 所示。

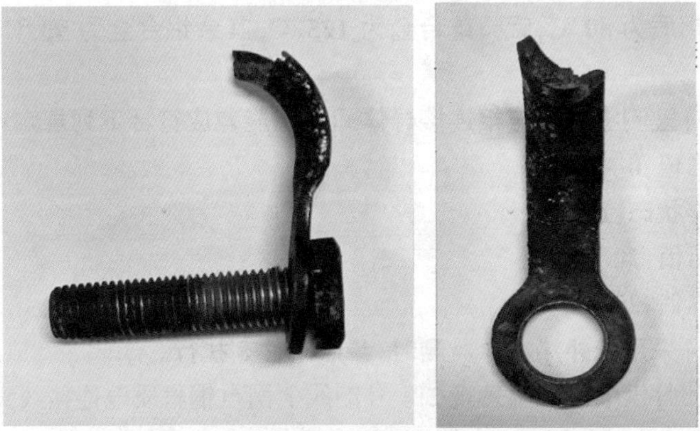

图 7-265　断裂的不锈钢吊环

【案例 2】下行硬横梁吊柱平腕臂底座固定螺栓发生断裂，平腕臂及定位管低头，造成通过列车发生弓网故障。断裂的平腕臂固定螺栓为不锈钢材质，螺栓表面和断口有明显锈蚀现象。委托第三方机构检验，断裂不锈钢螺栓中的硫杂质超标，铬含量低于标准，材质不良导致螺栓韧度降低，最终断裂。故障现场及断裂螺栓如图 7-266 所示。

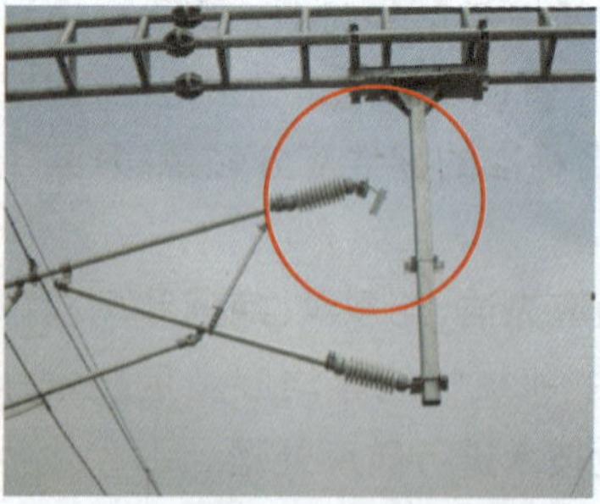

图 7-266　故障现场及断裂螺栓

第一百六十六条　接触网和附加导线中用于电气连接的零件，其允许载流量不应小于被连接的导线。线索接续处两测点之间电阻应不大于同等长度被连接线索的电阻。各种材质的电连接线夹最高允许使用温度不得超过以下规定：铜质为 95 ℃，铝青铜合金为 125 ℃，铜镍硅合金为 150 ℃，铝质为 80 ℃，铝镁硅合金为 125 ℃、其余铝合金为 90 ℃，钢质为 125 ℃。

（一）被测零部件与相连接导体间的温度差应符合下列规定：

标准值：0 ℃。

标准状态：10 ℃。

警示值：20 ℃。

限界值：25 ℃。

（二）采用红外热成像监测时，参照附件 8 执行。

【案例】供电段测温发现 214 号馈线上网点铜材质电连接线夹列车通过时最高温度达到 141 ℃，超过《普铁维规》中“铜质部件的最高允许温度 95 ℃”的规定。上网检查发现线夹压接管内壁存在明显氧化和电腐蚀痕迹，电连接线压接部位有明显烧痕，及时进行了更换。测温画面和线夹压接管内壁如图 7-267 所示。

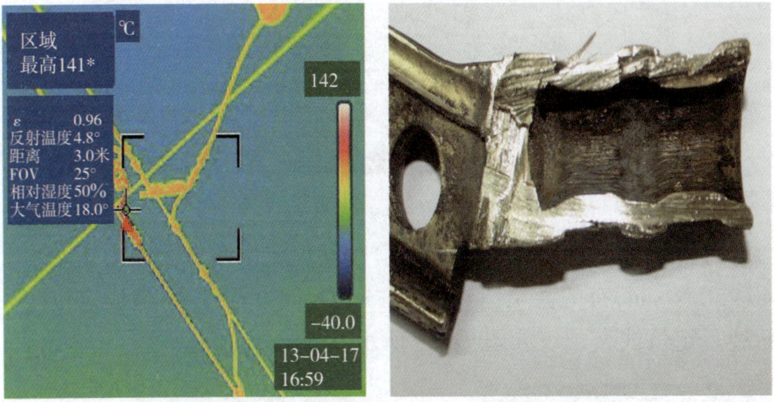

（a）测温画面　　（b）线夹压接管内壁

图 7-267　测温画面和线夹压接管内壁

第一百六十七条　接触网零件要安装牢固，紧固件在螺栓、螺母、螺纹连接或其他形式连接时应有防松措施。零件上的各个螺栓均应受力均匀，其紧固力矩符合规定。各种调整螺栓的丝扣外露部分一般不得小于 50 mm。

接触网螺栓连接设备，在安装时按规定力矩、规定顺序紧固至关重要。因为紧固力矩不足、过大，未按规定交替紧固发生的设备故障案例很多。

【案例 1】列车与脱落的接触网定位器发生刮碰，构成铁路交通一般 C 类事故，原因是螺栓紧固和防松措施不到位。故障现场如图 7-268 所示。

【案例 2】供电段维修中发现 4 处定位线夹存在开裂现象。原因为施工单位定位线夹安装时，未严格按照技术条件中 25 N · m 的紧固力矩对螺栓进行紧固，与《普铁维规》中“零件上的各个螺栓均应受力均匀，其紧

图 7-268　故障现场

固力矩符合规定”的要求不符，现场检查发现定位线夹紧固力矩基本上都在 40~50 N·m，有的甚至达到 60 N·m，紧固力矩过大，造成定位线夹发生断裂。定位线夹裂纹如图 7-269 所示。

图 7-269　定位线夹裂纹

【案例 3】上行线 3 132 号接触网支柱反定位支撑 U 形螺栓从平腕臂管连接处抽脱，造成通过的列车受电弓碳滑板损坏。原因为工区在对 3 132 号支柱处四跨非绝缘关节整治过程中，在紧固反定位支撑套管单耳 U 形螺栓螺母时未按照循环紧固的要求进行螺母紧固，造成 U 形螺栓偏斜，两侧受力不均匀，振动作用下，定位支撑套管单耳发生松动、位移，最终从平腕臂端头处抽脱。U 形螺栓抽脱和螺栓外露如图 7-270 所示。

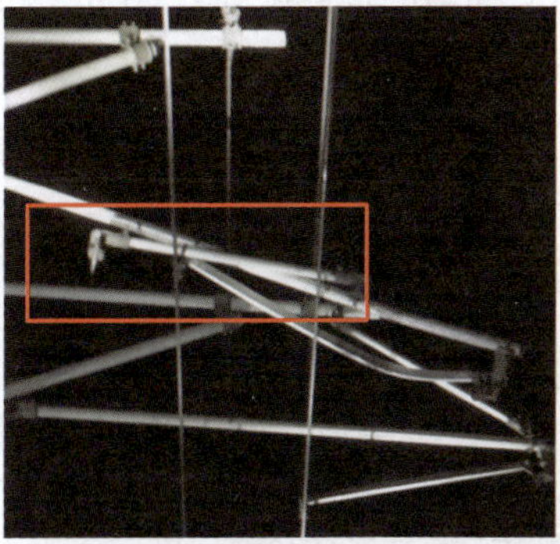

（a）反定位支撑U形螺栓抽脱

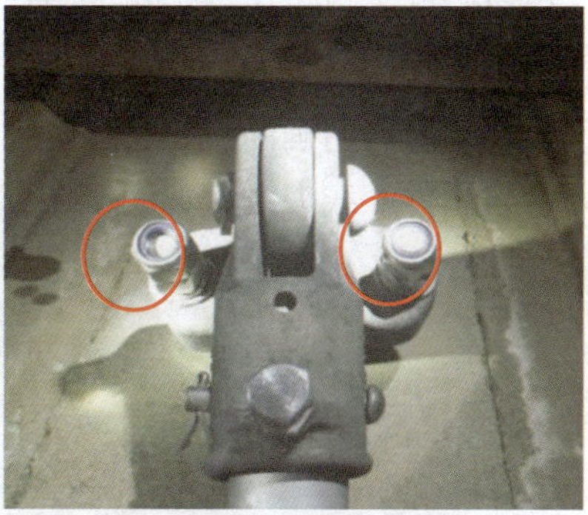

（b）螺栓外露不一致

图 7-270　U 形螺栓抽脱和螺栓外露

第一百六十八条　接触网零件应按规定检验合格后方可使用。所有接触网零件均应有明确的、永久性生产厂家标识，否则视为不合格零件严禁使用。

【案例 1】承力索下锚瓷质绝缘子炸裂，承力索脱落。炸裂绝缘子本体无厂家标识，与《普铁维规》中“所有接触网零件均应有明确的、永久性生产厂家标识”的要求不符，为严禁使用的不合格产品。炸裂绝缘子如图 7-271 所示。

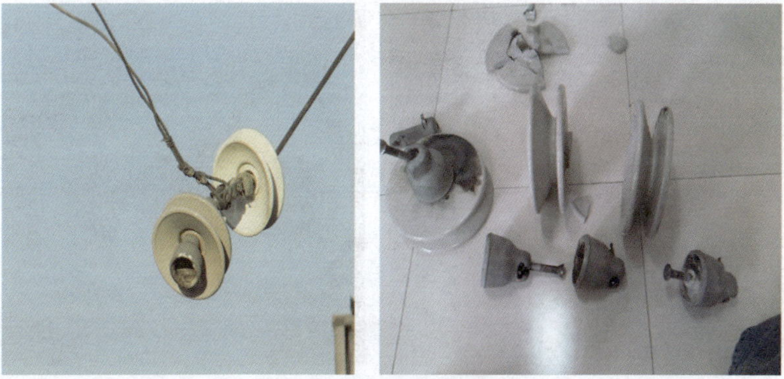

图 7-271　炸裂绝缘子

【案例 2】接触线从接头线夹中抽脱。抽脱的接触线接头线夹卡口处存在严重裂口，本体没有规格型号及厂家标识，与《普铁维规》中“所有接触网零件均应有明确的、永久性生产厂家标识”的要求不符，为严禁使用的不合格零件。线夹裂口如图 7-272 所示。

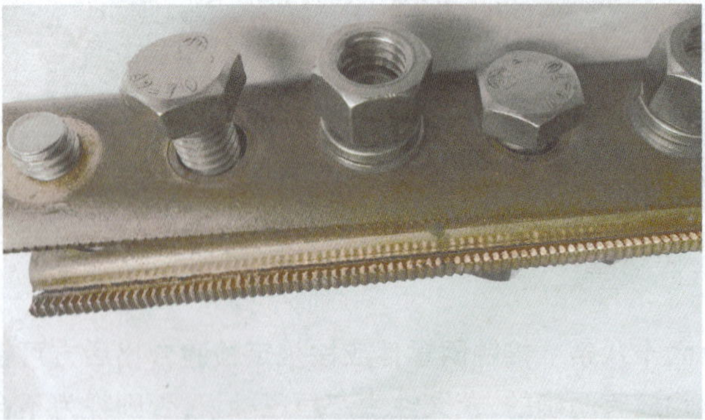

图 7-272　线夹裂口

【案例 3】铁路专用线内接触网支柱（锚柱）下锚拉线下部拉杆的挂环断裂，支柱在接触网张力作用下从根部折断，构成铁路交通一般 C 类事故。原因是拉环没有永久性生产厂家标识，为不合格零件，故障挂环投入运营后不到 3 年就发生了断裂。断口和断裂拉环如图 7-273 所示。

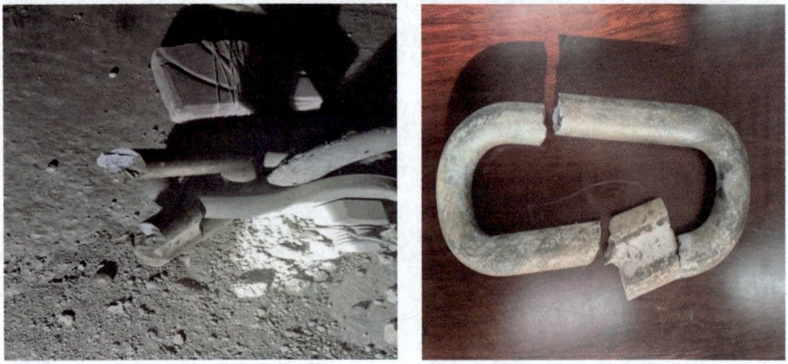

（a）断口　　（b）断裂拉环

图 7-273　断口和断裂拉环

第一百六十九条　当用楔形线夹连接或固定各种线索时，线索回头长度应为 300～500 mm，并用与线索材质相匹配的绑线扎紧。一处绑扎时绑扎长度为 80～120 mm，两处绑扎时每处绑扎长度不得小于 20 mm。

当用钢线卡子连接钢绞线时，不得少于 4 个卡子，其间距为 100～150 mm，每边最外方钢线卡子距绞线端头 100 mm，并用绑线扎紧。

第一百七十条　零部件连接销钉与开口销穿向正确，双向夹角不小于 120°，开口销不得二次使用。β 型开口销的圆弧要锁在销钉的圆柱面上。

【案例 1】下行线接触网支柱反定位管支撑脱落，造成定位管及定位管支撑侵入受电弓动态包络线，打坏通过列车受电弓。原因为定位管支撑与套管单耳连接销钉脱落，定位管支撑松脱下垂，定位管低头后打坏受电弓。故障发生后，维管段组织对 1 653 处接触网定位装置的开口销进行了专项隐患排查，发现开口销缺陷 41 处，其中以小代大使用型号错误 6 处、锈蚀 26 处、多次使用后存在损伤及断裂 6 处、掰开角度过大 3 处。开口销锈蚀和标准非标对比如图 7-274 所示。

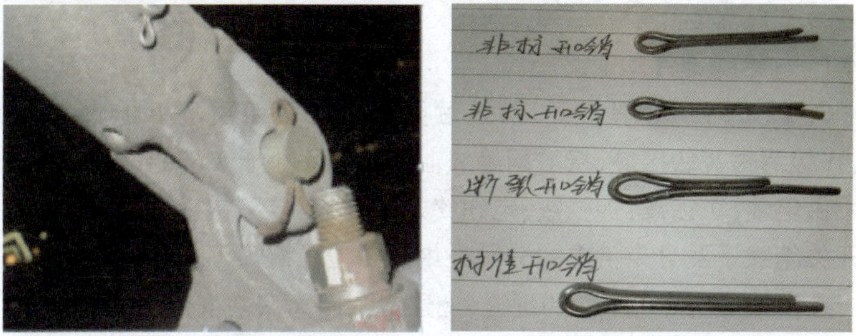

（a）开口销锈蚀　　　　（b）标准和非标开口销对比

图 7-274　开口销锈蚀和标准非标对比

【案例 2】下行线接触网支柱定位管支撑脱开，定位管低头，列车经过时与受电弓刮碰。原因为 β 型开口销安装过程中，人为外力过分掰开 β 销，破坏了 β 销的弹性，β 销开口过大，在运行中 β 销及穿销掉落到地面上，定位支撑线夹从支撑双耳中掉落，定位参数发生变化后造成通过列车自动降弓。故障 β 销和现场如图 7-275 所示。

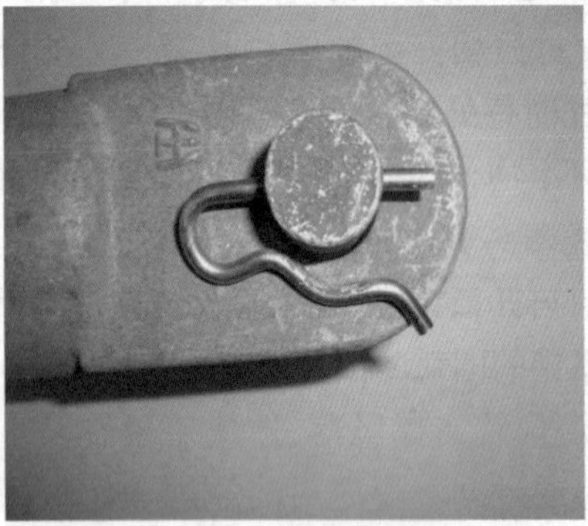

（a）故障β销

（b）现场

图 7-275　故障β销和现场

绝缘、防雷、接地

第一百七十一条　绝缘部件

（一）绝缘部件的泄漏距离。

0、Ⅰ、Ⅱ级污秽等级区域，接触网绝缘泄漏距离不小于 **1 400 mm**；Ⅲ、Ⅳ级污秽等级区域，接触网绝缘泄漏距离不小于 **1 600 mm**。

供电线、正馈线、加强线、电缆终端、接触悬挂下锚、软横跨接地侧、隔离开关绝缘子及分束供电的分段处绝缘子泄漏距离不小于 **1 600 mm**。

在海拔超过 **1 000 m** 的地区，上述泄漏距离应按规定增大。

（二）Ⅲ、Ⅳ级污秽等级区域以及高路堑、跨线桥两侧、接触网下锚、分段、分相处宜采用复合绝缘子。

（三）绝缘部件不得有裂纹和破损。瓷绝缘子的瓷釉剥落面积不大于 **300** mm^2，连接件不松动。

（四）在运输装卸和安装绝缘子时应避免发生冲撞，不得锤击与瓷体连接的铁帽和金属件，同时也不得对其进行机械加工和热处理，铁帽和金具无锈蚀。

【案例 1】雾霾天气下，下行线 K226+800 m—K242+911 m 连续发生 21 次接触网跳闸，工区巡视发现 19 支绝缘子存在闪络痕迹，申请临时天窗上网对脏污的绝缘子进行了擦拭，累计影响供电 240 min。原因是绝缘子泄漏距离不符合规定。跳闸区段紧邻制药厂、化工厂、热处理厂等 11 家污染企业，维管段虽然将此区段污秽等级确定为Ⅲ、Ⅳ级，但是该区段瓷质绝缘子的泄漏距离仅为 1 400 mm，不满足《普铁维规》中“Ⅲ、Ⅳ级污秽等级区域接触网绝缘泄漏距离不小于 1 600 mm”的规定，在雾霾天气下发生大规模闪络跳闸。

【案例 2】水冲洗过程中供电线绝缘子闪络跳闸。原因是绝缘子泄漏距离不符合规定。电气化改造时，施工单位错误使用 S-35/5.0 型电力绝缘子代替接触网绝缘子，绝缘子选型错误，跳闸绝缘子泄漏距离仅为 600 mm，与《普铁维规》中“供电线、正馈线、加强线、电缆终端、接触悬挂下锚、软横跨接地侧、隔离开关绝缘子及分束供电的分段处绝缘子泄漏距离不小于 1 600 mm”的规定不符。闪络绝缘子如图 7-276 所示。

（a）现场

（b）闪络绝缘子

图 7-276　闪络绝缘子

【案例 3】隧道内水平悬挂复合绝缘子击穿发生跳闸，重合失败。委托第三方检验机构对同批次的 3 支绝缘子进行性能试验检测，产品质量合格。原因为绝缘子在运输及安装过程中发生冲撞导致绝缘子局部受损，与《普铁维规》中“在运输装卸和安装绝缘子时应避免发生冲撞”的规定不符,上网运行后,长时间在接触网电压的作用下,受损部位的绝缘护套烧灼穿透至芯棒,致使芯棒表面受损,逐渐形成碳化路径,最终导致绝缘子绝缘失效,发生绝缘击穿故障。击穿绝缘子如图 7-277 所示。

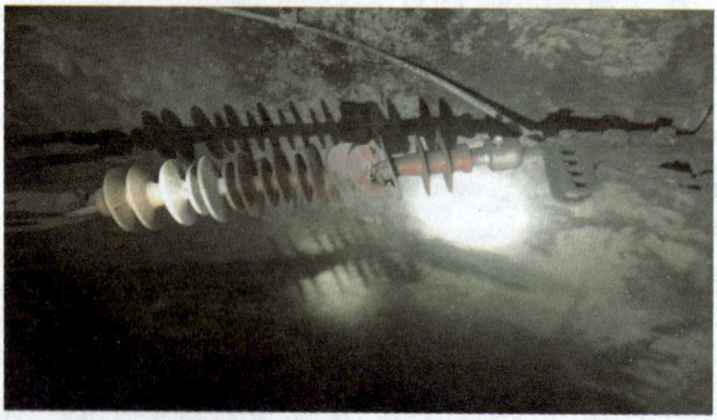

图 7-277　击穿绝缘子

第一百七十二条　接触网空气绝缘间隙符合表 7-2 要求。

表 7-2　接触网空气绝缘间隙

序号	项　目	正常情况下最小值/mm
1	接触线、承力索、供电线、加强线、正馈线等带电部分至固定接地体间隙	300
2	接触网带电部分至机车车辆或装载货物的间隙	350
3	接触线、承力索、供电线、加强线、正馈线等带电部分至跨线建筑物间隙	500
4	受电弓振动至极限位置和导线被抬高的最高位置距接地体的瞬间间隙	200
5	25 kV 带电绝缘子接地侧裙边距接地体间隙	100
6	43. 3 kV 绝缘间隙(关节式分相)	400
7	50 kV 绝缘间隙(AT 区段正馈线与接触网间)	540

注:1. 当海拔高度超过 1 000 m 时,上述距离应按海拔修正系数进行修正。

2. 回流线、保护线、架空地线、架空避雷线距固定接地体或桥梁及隧道壁的正常情况下最小距离为 150 mm。

【案例1】422~424号接触网支柱间加强线与上跨桥底距离不足发生放电跳闸,加强线断线。原因为施工单位增设加强线时,未考虑温度变化后加强线与上跨桥底面绝缘距离是否满足标准,加之上跨桥两端支柱加强线悬挂点高低不一(一端悬挂点比桥底低268 mm,另一端仅低15 mm),冬季气温下降后跨中加强线与桥底距离不足放电跳闸。现场示意如图7-278所示。

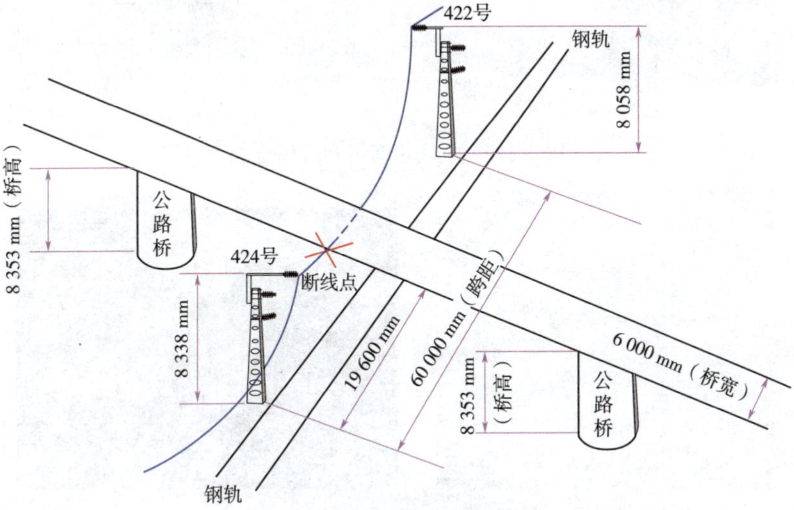

图7-278　现场示意

【案例2】冬季低温天气下92~94号接触网支柱跨中正馈线与水泥渡槽发生跳闸,正馈线烧伤8股。现场测量,正馈线距离桥底不足100 mm,与《普铁维规》中"接触线、承力索、供电线、加强线、正馈线等带电部分至跨线建筑物间隙不小于500 mm"的规定不符。烧伤正馈线和现场全貌如图7-279所示。

【案例3】大风天气下,接触网钢柱与变电所216供电线距离不足发生跳闸。原因是设备日常管理不到位,供电段在竣工资料不全的情况下,日常也未对绝缘距离进行测量,设备空气绝缘间隙失管。供电线与钢柱距离不足如图7-280所示。

（a）正馈线烧伤　　（b）现场全貌

图 7-279　烧伤正馈线和现场全貌

图 7-280　供电线与钢柱距离不足

【案例 4】门形架处正馈线采取 V 拉的方式进行固定。设计时，仅考虑正馈线带电部分与固定接地体的距离不小于 300 mm，未考虑到鸟类活动的影响。多次发生鸟儿在硬横梁上走动时，与 V 拉正馈线距离不足的跳闸，反映出设计考虑不周的问题。放电现场和距离如图 7-281 所示。

【案例 5】接触网支柱处 T 线避雷器引线在强风天气下发生风摆，与正馈线距离不足发生短路跳闸。现场模拟开关引线风摆与正馈线的极限间隙仅为 160 mm，与《普铁维规》中“50 kV 绝缘间隙（AT 区段正馈线与接触网间）最小值为 540 mm”的规定不符，造成线索间距不足。避雷器引线及正馈线烧伤如图 7-282 所示。

(a) 放电现场

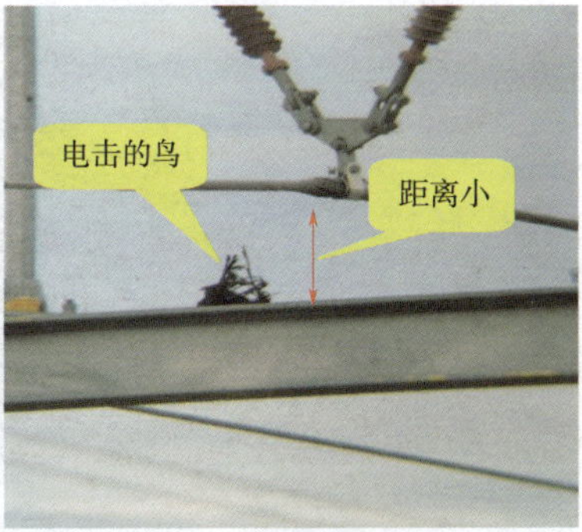

(b) 距离

图 7-281　放电现场和距离

图 7-282　避雷器引线及正馈线烧伤

全路发生过多起 AT 供电方式下隧道口处正馈线从线路外侧进入隧道时与承力索距离不足引发的设备跳闸。

【案例 1】夏季高温天气下，隧道口处正馈线与承力索距离不足发生跳闸。跳闸正馈线在隧道外安装在接触网支柱的线路外侧，进入隧道口前，正馈线由线路外侧过渡到线路中心然后进入隧道，正馈线与承力索在铅垂面上存在交叉点，加之施工时弛度过大，在夏季高温天气下发生跳闸。距离测量及现场如图 7-283 所示。

(a)距离不足

(b)现场

图 7-283　距离测量及现场

【案例 2】隧道口处,正馈线在 755 号支柱到 757 号支柱间从线路外侧向线路内侧过渡,正馈线与非工作支承力索产生了跨中交叉。气温上升后,施工弛度过大的正馈线与非工作支承力索距离不足发生跳闸断线。断线的正馈线、承力索均安装了绝缘护套。故障现场如图 7-284 所示。

图 7-284　故障现场

第一百七十三条　防雷

(一)接触网防雷装置通常由避雷线或避雷器、引下线和接地装置组成。

避雷器引下线应直接从避雷线(避雷器)连续、完整、最短距离的引下并可靠接地。引下线的材质、结构和最小截面应满足雷电流强度检算并不小于避雷线的铜当量载流截面。

接地装置应状态良好,接地极、接地线的敷设和焊接应满足设计要求。

(二)防雷装置接地电阻超标时,应分析原因并采取措施,必要时进行开挖检查。雷电活动强烈的地区,应增加防雷装置的检查次数。

(三)雷害发生后,应及时调查雷害具体原因和后果损失,总结分析,提出改进措施。

(四)接触网单独设置的防雷接地体(极)在贯通地线上的接入点与其他设备在贯通地线上的接入点间距不应小于15 m。

【案例】小雨天气下承力索从接触网支柱承力索座处断线。原因为此处承力索曾在1年前遭受雷击,承力索座内承力索存在损伤,维管段未找到跳闸点,与《普铁维规》中"雷害发生后,应及时调查雷害具体原因和后果损失"的规定不符,受损的承力索在长期运行过程中承载力减弱,最终在张力作用下导致断线。断头及承力索座如图7-285所示。

(a)断头

(b)承力索座

图7-285　断头及承力索座

第一百七十四条　接地

27.5 kV 电缆、开关、避雷器、架空地线接地电阻值不应大于 10 Ω，零散的接触网支柱接地电阻值不应大于 30 Ω。

【案例 1】雷雨天气下 586 号钢柱处架空地线断线。故障处所位于高架桥上，30 根钢柱采用架空地线实现集中接地的方式，桥两端接地电阻分别为 28 Ω 和 33 Ω，与《普铁维规》中"架空地线接地电阻值不应大于 10 Ω"的规定不符，接触网绝缘子雷击后，因该处架空地线为非电气安装方式，加之接地电阻不符合规定，在短路电流作用下导致 586 号钢柱架空地线在支座处烧熔断线。架空地线悬挂点及断头如图 7-286 所示。

（a）架空地线悬挂点

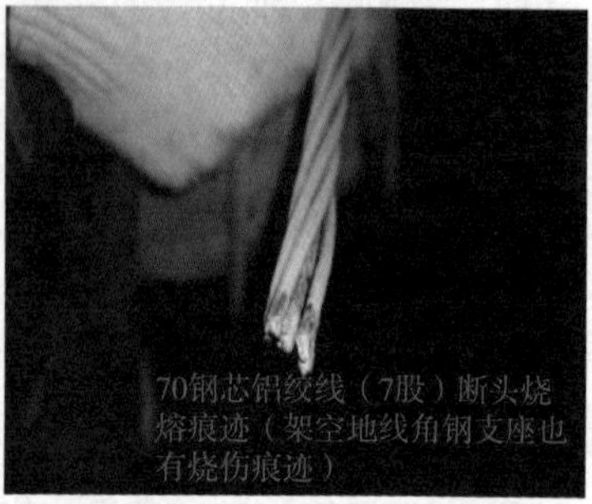

（b）架空地线断头

图 7-286　架空地线悬挂点及断头

【案例 2】站改施工结束后接触网送电不成功，强送电成功。作业人员调阅集中监测设备，发现信号机械室有烟雾，车站相继出现全站道岔无表示、信号机灭灯、轨道电路红光带。原因为施工现场 87 号硬横梁支柱接地电阻为 70 Ω，不符合《普铁维规》中"零散的接触网支柱接地电阻值不应大于 30 Ω"的规定，加之 87 号接触网支柱基础距离信号电缆沟仅 5 cm，短路电流通过横梁以及 87 号接触网支柱进入信号电缆沟，烧损信号电缆，引发全站信号设备故障。接触网跳闸和支柱基础及电缆沟烧焦痕迹如图 7-287 所示。

（a）接触网跳闸烧损信号电缆　　（b）支柱基础及电缆沟烧焦痕迹

图 7-287　接触网跳闸和支柱基础及电缆沟烧焦痕迹

第八章　附　　则

第一百七十五条　本规则由中国铁路总公司运输局负责解释。

第一百七十六条　本规则自 2017 年 4 月 1 日起施行。原铁道部印发的《接触网运行检修规程》(铁运〔2007〕69 号)同时停止执行。

第二篇 《高速铁路接触网运行维修规则》

本篇将《高速铁路接触网运行维修规则》(以下简称《高铁维规》)与《普铁维规》条款进行对比,将不同条款的对应典型事故案例列出。

第九章 总 则

第四条 本规则技术标准作为高速铁路接触网运行维修和质量验收依据。

第五条 本规则适用于工频、单相、交流 25 kV,列车运行速度 200 km/h 及以上和 200 km/h 以下仅运行动车组的铁路接触网设备的运行维修。

第十章　一般规定

第九条　维修是指在接触网系统实际运行状态出现不允许的偏差或发生故障时，对接触网系统进行必要修复，恢复正常功能，以及通过精确检测、调整修理，恢复设备标准状态的过程。接触网维修分为一级修（临时修）、二级修（综合修）、三级修（精测精修）三级修程。

第十条　达到或超出限界值的一级缺陷纳入一级修（临时修），由运行工区及时组织修理；达到或超出警示值且在限界值以内的二级缺陷纳入二级修（综合修），由维修工区按计划修理；达到一定条件的开展三级修（精测精修），恢复设备标准状态。

相比《普铁维规》，《高铁维规》多了三级修（精测精修）的内容。

第十一章 运行管理

第一节 管理机构及职责

第十三条　供电段供电车间、检测车间和维修车间及工区设置原则：

供电车间管辖运营里程宜为 200 km 左右，枢纽地区宜单独设置，有砟线路区段可适当缩短。供电车间下设运行工区。

运行工区管辖运营里程宜为 60 km 左右，有砟线路区段、站间距较小的城际铁路、山区、高原和严寒地区可适当缩短；枢纽站、动车段（所）宜单独设置。

检测车间一般设置在供电段所在地。检测车间可按照 6C 系统的运用、维护和数据分析等职能设置检测工区。

维修车间承担的维修任务以 1 200~1 500 延展条公里为宜。接触网维修车间下设维修工区，一般设在维修车间所在地，根据管辖范围可在异地增设。

《高铁维规》与《普铁维规》相比，在供电车间、运行工区、维修车间等的设置方面存在差异，具体见表 11-1。

表 11-1　供电车间、运行工区、维修车间等的设置差异

规章名称	供电车间设置	运行工区设置	维修车间设置
《高铁维规》	管辖运营里程宜为 200 km 左右，枢纽地区宜单独设置，有砟线路区段可适当缩短	运行工区管辖运营里程宜为 60 km 左右，有砟线路区段、站间距较小的城际铁路、山区、高原和严寒地区可适当缩短；枢纽站、动车段（所）宜单独设置	维修车间承担的维修任务以 1 200~1 500 延展条公里为宜

续上表

规章名称	供电车间设置	运行工区设置	维修车间设置
《普铁维规》	管辖运营里程以120~180 km为宜,枢纽地区宜单独设置	运行工区管辖运营里程以40~60 km为宜,山区、隧道密集区段可适当缩小,接触网运行工区单方向管辖距离不宜超过30 km,枢纽及区段站可单独设置	维修车间承担的维修任务以单线区段不超过500延展条公里、双线区段不超过1 200延展条公里为宜

第二节 设备接管

第十六条 接触网设备开通运行前,应按规定进行检查验收,符合下列条件方可接管运行:

(二)危及供电安全的树木清理、35 kV及以下跨越线迁改,以及侵限建筑物拆除均已完成,接触网设备已采取必要的防鸟措施。

《高铁维规》与《普铁维规》相比,在接触网设备开通运行前跨越线的拆改存在差异(表11-2),源于《铁路技术管理规程》的高速铁路部分和普速铁路部分存在差异。

表11-2 接触网设备开通运行前跨越线的拆改差异

铁路类别	接触网运行维修规则	铁路技术管理规程
高速铁路	《高铁维规》规定"接触网设备开通运行前……35 kV及以下跨越线迁改已完成"	《铁路技术管理规程(高速铁路部分)》规定"35 kV及以下的电线路(包括通信线路、广播电视线路等)不得跨越接触网,应由地下穿过铁路"
普速铁路	《普铁维规》规定"接触网设备开通运行前……35 kV以下跨越线迁改完成"	《铁路技术管理规程(普速铁路部分)》规定"35 kV以下的电线路(包括通信线路、广播电视线路等)不得跨越接触网,应由地下穿过铁路"

第十九条 为保证接触网设备可靠供电，禁止从接触网上引接非牵引负荷。

《高铁维规》与《普铁维规》相比，在接触网上引接非牵引负荷规定存在差异(表11-3)，源于《铁路技术管理规程》的高速铁路部分和普速铁路部分存在差异。

表11-3 接触网上引接非牵引负荷差异

铁路类别	接触网运行维修规则	铁路技术管理规程
高速铁路	《高铁维规》规定“为保证接触网设备可靠供电，禁止从接触网上引接非牵引负荷”	《铁路技术管理规程(高速铁路部分)》规定“接触网不得引接非牵引负荷”
普速铁路	《普铁维规》规定“为保证电气化区段的可靠供电，一般不得从接触网上引接非牵引负荷。对当地车站无电源，只能利用接触网供电者，经铁路局批准可允许由车站接触网引接少量的非牵引负荷”	《铁路技术管理规程(普速铁路部分)》规定“确需由车站接触网引接小容量非牵引负荷时，须经铁路局批准”

第三节 质量管理

第四十条 接触网三级修(精测精修)、更新改造竣工后，由施工单位向铁路局提报验收申请，铁路局组织设计、施工、监理单位和供电段进行验收。

第十二章 检测与分析诊断

第五十七条 接触网悬挂状态检测监测装置(4C)

周期:3 个月。

主要内容:监测接触网设备零部件有无烧伤、缺失、断裂、松动及其他异常情况。

《高铁维规》与《普铁维规》相比,在接触网悬挂状态检测监测装置(4C)的检测周期上存在差异。《高铁维规》规定接触网悬挂状态检测监测装置(4C)的检测周期为 3 个月;《普铁维规》规定接触网悬挂状态检测监测装置(4C)的检测周期为 6 个月。

【案例】区间上行线 246 号接触网支柱连接定位管支撑与斜腕臂的定位管卡子螺栓脱落,致使定位管端头低于接触线线面,刮碰通过列车受电弓,构成铁路交通一般 D 类事故。原因是检测监测工作执行不到位,到事故发生时,长达四个半月期间没有安排 4C 检测,开口销安装不到位的设备缺陷未及时发现,与《高铁维规》中 3 个月检测周期的要求不符,以致事故发生。现场情况和开口销安装如图 12-1 所示。

第六十一条 动态检测是指利用弓网综合检测装置(1C)、车载接触网运行状态检测装置(3C)等手段,测量接触网技术状态及弓网接触取流状态。

(一)弓网综合检测装置(1C)

周期:15 天。

……

《高铁维规》与《普铁维规》相比,在弓网综合检测装置(1C)的检测周期上存在差异。《高铁维规》规定弓网综合检测装置(1C)的检测周期为 15 天;《普铁维规》规定弓网综合检测装置(1C)的检测周期为 3 个月。

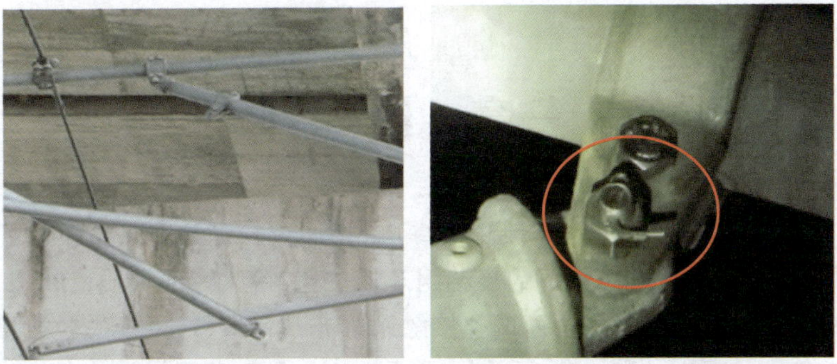

（a）现场情况　　（b）开口销安装不到位

图 12-1　现场情况和开口销安装

第六十三条　步行巡视检查

周期：防护栏内区间一般不进行步行巡视。车站、动车所巡视周期 3 个月，隧道内巡视周期 12 个月，防护栏外巡视周期 3 个月。

……

《高铁维规》与《普铁维规》相比，在步行巡视检查周期方面存在差异。《普铁维规》规定“对接触网安全巡检装置不易到达的专用线、联络线、支线、车站侧线、远离线路的供电线等处所，巡视周期 1 个月；对接触网安全巡检装置能够到达的线路，巡视周期 3 个月”。

第十三章　修程修制

第八十三条　三级修（精测精修）是指通过检测动态条件下的弓网作用参数，测量静态条件下的接触网几何位置，检验零部件质量状态，依据检测、检验分析结果，全面调整接触网静态几何参数、更换失效或接近预期寿命的零部件和设备、更换局部磨耗接近限值的接触线，恢复接触网标准状态。

（一）满足下列条件时，应开展一次三级修（精测精修）工作。

1. 一般运行7年或弓架次达到50万次以上；

2. 动态检测发现弓网动态作用特性成区段持续不良、故障多发以及线路平纵断面发生调整的区段。

（二）铁路局应委托具有资质的设计单位完成三级修（精测精修）施工设计，并组建专业队伍或委托具有高速铁路接触网施工业绩的专业队伍实施。

第十四章　维修技术标准

第九十七条　受电弓动态包络线是指运行中的受电弓在最大抬升及摆动时可能达到的最大轮廓线。接触网任何设备不得侵入动态包络线范围内。受电弓动态包络线示意图见附件 7.2。

受电弓动态包络线应符合下列规定：受电弓动态抬升量 150 mm（线岔始触区为 200 mm），横向摆动量直线区段为 250 mm，曲线区段为 350 mm。

由于列车运行的速度不同，《高铁维规》与《普铁维规》相比，在受电弓动态包络线的规定方面存在差异，具体见表 14-1。

表 14-1　受电弓动态包络线差异

规章名称	受电弓动态抬升量	受电弓横向摆动量
《高铁维规》	150 mm（线岔始触区为 200 mm）	直线区段为 250 mm，曲线区段为 350 mm
《普铁维规》	受电弓动态抬升量 120 mm	左右摆动量 250 mm（160 km/h 及以下区段）；左右摆动量直线 250 mm，曲线 300 mm（160 km/h 以上区段）

【案例】连续发生两起受电弓被击打后自动降弓停车的信息。排查后发现车站 DZ45 号道岔柱特型定位器定位钩开口处存在刮痕。原因为站改后新安装的 D45 号吊柱侧线上的 Ta 型定位器底座钩环高度过低，致使动车组高速正线通过时，侧线定位器钩环侵入受电弓动态包络线，与动车组后弓发生碰撞，导致受电弓碳滑板受损、自动降弓。吊柱设备安装情况及特型定位器定位钩如图 14-1 所示。

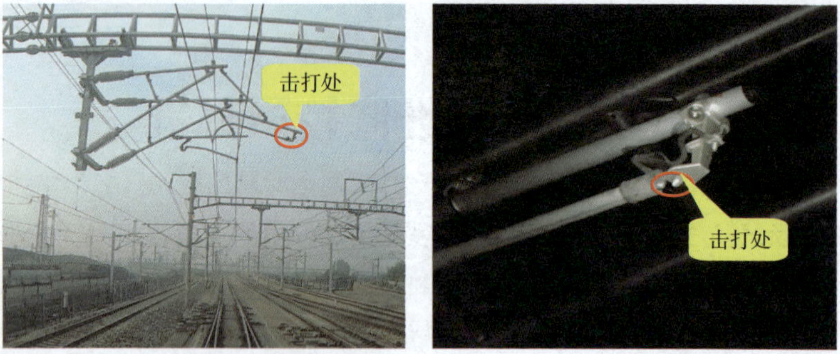

（a）DZ45号吊柱设备安装情况　　（b）被击打的特型定位器定位钩

图 14-1　吊柱设备安装情况及特型定位器定位钩

第一节　接 触 悬 挂

接触线与承力索

第九十八条　承力索宜采用恒张力架设，接触线应采用恒张力架设。

……

《高铁维规》与《普铁维规》相比，在承力索、接触线架设方面存在差异。《高铁维规》规定“承力索宜采用恒张力架设，接触线应采用恒张力架设”；《普铁维规》规定“正线承力索和接触线宜采用恒张力架设”。

第九十九条　承力索

（一）承力索应采用铜合金材质，容许载流量符合运能需要。

……

《高铁维规》与《普铁维规》相比，在承力索材质方面规定存在差异。《高铁维规》规定“承力索应采用铜合金材质，容许载流量符合运能需要”；《普铁维规》规定“承力索宜采用铜合金材质，容许载流量符合运能需要”。

（四）一个锚段内，承力索接头和断股补强的总数量应符合以下规定（不包括分段及下锚接头）。

标准值：0 处。

标准状态：0 处。

警示值：2 处。

限界值：4 处。

承力索的接头距悬挂点应不小于 2 m，同一跨距内不允许有两个接头。

《高铁维规》与《普铁维规》相比，在一个锚段内承力索接头和断股补强总数量的警示值存在差异。《高铁维规》警示值为 2 处；《普铁维规》警示值为 3 处。

第一百条 接触线

……

（三）接触线高度

标准值：设计值。

标准状态：标准值±30 mm。

警示值：标准值±60 mm。

限界值：标准值±100 mm 且小于 6 500 mm。

《高铁维规》与《普铁维规》相比，接触线高度的警示值、限界值存在差异，具体见表 14-2。

表 14-2 接触线高度的警示值、限界值差异

规章名称	标准值	标准状态	警示值	限界值
《高铁维规》	设计值	标准值±30 mm	标准值±60 mm	标准值±100 mm 且小于 6 500 mm
《普铁维规》	设计值	标准值±30 mm	标准值±100 mm 且小于 6 500 mm	标准值±200 mm；上限 6 500 mm

（四）接触线坡度（工作支接触线相邻悬挂点高度变化）

标准值：$v \leqslant 250$ km/h 时，坡度≤1‰，$v>250$ km/h 时，坡度为 0。

标准状态：$v \leqslant 250$ km/h 时，坡度≤1‰，$v>250$ km/h 时，坡度

≤0.5‰。

警示值：v ≤250 km/h 时，坡度≤1‰，v>250 km/h 时，坡度≤0.5‰。

限界值：v ≤250 km/h 时，坡度≤1.5‰，v>250 km/h 时，坡度≤1‰。

（五）接触线偏角（水平面内改变方向）

标准值：设计值。

标准状态：标准值±1°且≤4°。

警示值：6°。

限界值：8°。

《高铁维规》与《普铁维规》相比，接触线偏角的警示值、限界值存在差异，具体见表14-3。

表14-3　接触线偏角的警示值、限界值差异

规章名称	标准值	标准状态	警示值	限界值
《高铁维规》	设计值	标准值±1°且≤4°	6°	8°
《普铁维规》	设计值	标准值±1°且≤4°	正线8°； 站线10°	正线8°； 站线10°

【案例】上行供电臂接触网跳闸停电，自动重合不成功，试送不成功。巡视发现车站D042号吊柱处腕臂偏移，接触悬挂碰到吊柱造成接地跳闸。原因为车站Ⅱ道Ⅱ-2锚段在D042号吊柱处接触线偏角15°，超出了《高铁维规》中限界值的要求，D042号吊柱的腕臂处于较大受压状态，加之当日气温升高后接触悬挂向下锚方向位移，引起D042号吊柱处腕臂严重偏移，接触线向上反转固定接触线的定位管钩严重扭曲变形，最终腕臂偏移至与线路平行，造成D042号吊柱处腕臂处带电的接触悬挂与接地体吊柱密贴短接，引起短路跳闸。经查，前期施工时车站Ⅱ道Ⅱ-2锚段在D042号吊柱处本应靠111号支柱侧穿线下锚，施工单位未按设计图进行施工，擅自变更为在D042号吊柱处靠242号支柱侧穿线下锚，造成接触线偏角变大，超出了限界值的要求。现场示意如图14-2所示。

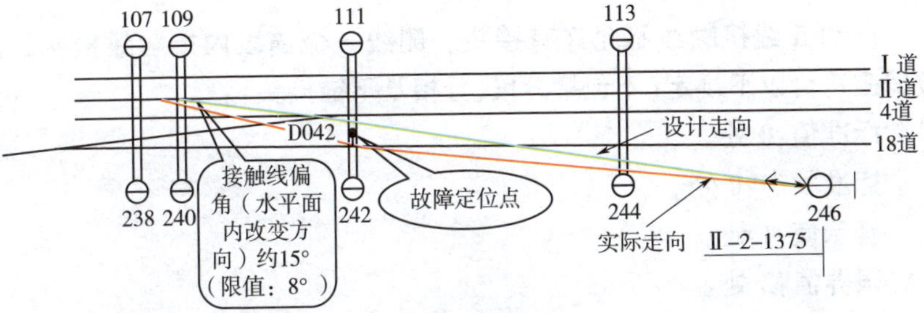

图 14-2　现场示意

(六)接触线局部磨耗、变形及损伤

1. 接触线允许最大局部磨耗面积(表 14-4)

表 14-4　接触线允许最大局部磨耗面积

设计速度/($km \cdot h^{-1}$)	导线材质	工作张力	标准值	警示值	限界值
200~250	CTS		无磨损	15%	20%
300~350	CTSH-150	28.5 kN	无磨损	11%	15%
	CTMH-150	28.5 kN	无磨损	17%	23%
	CTMH-150	30 kN	无磨损	14%	19%
	CTCZ-150	31.5 kN	无磨损	19%	25%
	CTCZ-150	33 kN	无磨损	16%	21%
	RiM120	27 kN	无磨损	13%	17%

接触线局部磨耗达到或超出限界值,立即进行更换;达到或超出警示值,进行重点监控,纳入三级修(精测精修)更换。

2. 检查接触线与检测尺之间的间隙,其间隙不得大于 0.1 mm/m。

……

《高铁维规》与《普铁维规》相比,检查接触线与检测尺之间的间隙存在差异。《高铁维规》规定"检查接触线与检测尺之间的间隙,其间隙不得大于 0.1 mm/m";《普铁维规》规定"接触线与平直度检测尺之间的间隙不大于0.2 mm/m”。

(七)正线接触线不允许有接头。侧线一个锚段内接触线接头的总数量应符合以下规定(不包括分段、分相及下锚接头):

标准值:0处。

标准状态:0处。

警示值:1处。

限界值:2处。

《高铁维规》与《普铁维规》相比,接触线一个锚段内接触线接头方面规定存在差异,具体见表14-5。

表14-5　接触线一个锚段内接触线接头差异

规章名称	标准值	标准状态	警示值	限界值
《高铁维规》	正线接触线不允许有接头。侧线0处	正线接触线不允许有接头。侧线0处	正线接触线不允许有接头。侧线1处	正线接触线不允许有接头。侧线2处
《普铁维规》	0处	0处	2处	4处

(八)接触线硬点、弓网接触力的技术标准参照附件5。

吊弦与吊索

第一百零一条　吊弦

(一)吊弦偏移

接触线与承力索同材质时,顺线路方向吊弦偏移达到以下技术标准(交叉吊弦除外):

标准值:0 mm。

标准状态:20 mm。

警示值:50 mm。

限界值:100 mm。

《高铁维规》与《普铁维规》相比,吊弦偏移存在差异,具体见表14-6。

表 14-6　吊弦偏移差异

规章名称	标准值	标准状态	警示值	限界值
《高铁维规》	0 mm	20 mm	50 mm	100 mm
《普铁维规》	在无偏移温度时处于铅垂状态。当温度变化且承力索、接触线采用不同材质时,吊弦顺线路方向偏移符合安装曲线要求	同标准值	不大于吊弦长度的 1/4	不大于吊弦长度的 1/3

(二)吊弦状态

吊弦的长度要能适应在极限温度范围内接触线的伸缩和弛度的变化,否则应采用滑动吊弦。吊弦预制长度应与计算长度相等,偏差应不大于±1.5 mm。

……

《高铁维规》与《普铁维规》相比,吊弦预制长度与计算长度规定存在差异。《高铁维规》规定"吊弦预制长度应与计算长度相等,偏差应不大于±1.5 mm";《普铁维规》规定"预制长度应与计算长度相等,偏差应不大于±2 mm"。

(四)载流环

吊弦载流环应固定在吊弦线夹螺栓的外侧,接触线吊弦线夹处载流环应与列车前进方向一致,线鼻子与接触线夹角保持30°~45°。承力索吊弦线夹处载流环应与列车前进方向相反。

《普铁维规》未对吊弦载流环方向、载流环线鼻子与接触线夹角等进行规定。

(五)吊弦位置

标准值:设计值。

标准状态:标准值±50 mm。

警示值:标准值±100 mm。

限界值:标准值±200 mm。

(六)两相邻吊弦点接触线高差

标准值:**0 mm**。

标准状态:**10 mm**。

警示值:**10 mm**。

限界值:**15 mm**。

定位点两侧第 **1** 吊弦处(弹性链型悬挂时为弹性吊索外第 **1** 吊弦)接触线高度应相等。相对于定位点处接触线高度±**10 mm**,且不得出现 **V** 形。

《高铁维规》与《普铁维规》相比,两相邻吊弦点接触线高差规定存在差异,具体见表 14-7。

表 14-7　两相邻吊弦点接触线高差差异

规章名称	标准值	标准状态	警示值	限界值
《高铁维规》	0 mm	10 mm	10 mm	15 mm
《普铁维规》	0 mm	10 mm	30 mm	50 mm

第一百零二条　弹性吊索及弹性吊索吊弦

(一)弹性吊索长度应符合设计要求,悬挂点两端长度相等,允许偏差为±**20 mm**。

(二)弹性吊索线夹处吊索外露中锚端为 **20 mm**,下锚端为 **150 mm**,允许偏差为±**5 mm**。

(三)弹性吊索工作张力符合设计规定,不得松弛。允许偏差为标准值±**10%**。

(四)弹性吊索不得有散股、断股(丝)、接头、补强、硬弯。

(五)第 **1** 吊弦与相邻弹性吊索吊弦的高度差小于 **10 mm**。弹性吊弦与定位点处接触线高度相等。

(六)弹性吊索两端与承力索的连接符合设计规定。

中心锚结

第一百零七条 防断中心锚结

(四)中心锚结线夹

……

2. 中心锚结线夹处接触线高度与相邻吊弦接触线高度应相等,允许偏差 0~10 mm。

《高铁维规》与《普铁维规》相比,中心锚结线夹处接触线高度与相邻吊弦接触线高度存在差异。《高铁维规》规定“中心锚结线夹处接触线高度与相邻吊弦接触线高度应相等,允许偏差 0~10 mm”;《普铁维规》规定“中心锚结线夹处接触线高度与相邻吊弦处接触线高度应相等,允许偏差 0~20 mm”。

【案例】3C 预警信息分析发现上行中锚位置产生三级燃弧。现场检查发现中心锚结接触线线夹处与相邻吊弦点高差 20 mm,不符合《高铁维规》中“中心锚结线夹处接触线高度与相邻吊弦处接触线高度应相等,允许偏差 0~10 mm”的规定。

线 岔

第一百零九条

……

(五)两接触线相距 500 mm 处的高差。

标准值:当两支均为工作支时,正线线岔的侧线接触线比正线接触线高 20 mm,侧线线岔两接触线等高。当一支为非工作支时,非工作支接触线比工作支接触线高 80~100 mm,并按设计要求延长一跨抬高 350~500 mm 后下锚。

标准状态:当两支均为工作支时,正线线岔侧线接触线比正线接触线高 10~30 mm;侧线线岔两接触线高差不大于 30 mm。当一支为非工作支时,非工作支接触线比工作支接触线抬高 50~100 mm,并延长一跨抬

高 350~500 mm 后下锚。

警示值:同标准状态。

限界值:同警示值。

……

(七)始触区。线岔两工作支中,任一工作支的垂直投影距另一股道线路中心 600~1 050 mm 的区域内不得安装除吊弦线夹(必需时)外的其他线夹。

在始触区至接触线交叉点处,正线和侧线接触线应位于受电弓中心的同一侧。

……

(十)当非工作支下锚偏角大于 8°时,非工作支应延长一跨并适当抬高后下锚。

……

(十二)岔区腕臂顺线路偏移量符合设计要求,允许偏差±20 mm。

第一百一十条　复式交分和交叉渡线线岔

(一)复式交分道岔两接触线相交于中轴支距中点;交叉渡线道岔两接触线相交于两渡线中心线交点处。

标准值:0 mm。

标准状态:50 mm。

警示值:100 mm。

限界值:150 mm。

《高铁维规》与《普铁维规》相比,复式交分和交叉渡线线岔相交位置存在差异,具体见表 14-8。

表 14-8　复式交分和交叉渡线线岔相交位置差异

规章名称	标准值	标准状态	警示值	限界值
《高铁维规》	0 mm	50 mm	100 mm	150 mm
《普铁维规》	0 mm	±50 mm	±100 mm	±150 mm

电　连　接

第一百一十三条　在锚段关节、线岔和车站电力机车、动车组经常启动处的股道之间等处所，应装设电连接。

……

（三）电连接线夹

1. 电连接线夹的材质和规格须与被连接线索相适应，优先采用压接形式。

……

4. 工作支接触线电连接线夹处接触线高度与最近相邻吊弦点高度相等，允许偏差 0~5 mm。

……

（五）极限温度条件下，交叉跨越线索间距不足 200 mm 的处所应加装等位线。等位线及其连接线夹应与被连接线索材质匹配，截面积不小于 10 mm^2。

《高铁维规》与《普铁维规》相比，工作支电连接线夹处接触线高度与最近相邻吊弦高度存在差异。《高铁维规》规定“工作支接触线电连接线夹处接触线高度与最近相邻吊弦点高度相等，允许偏差 0~5 mm”；《普铁维规》规定“工作支接触线电连接线夹处接触线高度与最近相邻吊弦点高度相等，允许偏差 0~10 mm”。

【案例】线路所承力索中心锚结辅助绳与下方交叉承力索间距小，夏季中心锚结辅助绳弛度加大，存在电位差放电后承力索烧伤断股，机械强度降低，在张力作用下断线。原因为《高铁维规》中“极限温度条件下，交叉跨越线索间距不足 200 mm 的处所应加装等位线”的规定执行不到位。冬季（−14 ℃）施工时，供电段未严格督促施工单位按照温度曲线进行承力索中心锚结绳的安装（测量中心锚结辅助绳与承力索间距为 260 mm），加之跨线下锚承力索中心锚结绳较长（90 m），夏季高温情况下承力索中心锚结绳弛度加大，与下方承力索距离不足放电断线。承力索断头及现场示意如图 14-3 所示。

（a）承力索断头

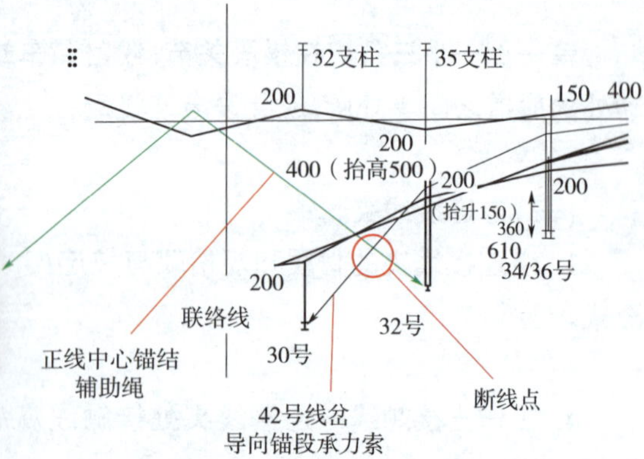

（b）现场示意

图 14-3　承力索断头及现场示意

补 偿 装 置

第一百一十四条　滑轮、棘轮补偿装置

（一）*a* 值、*b* 值

标准值：设计值。

标准状态：标准值±100 mm。

警示值：标准值±200 mm。

限界值：200 mm。

（二）坠砣

……

2. 坠砣块应完整，自上而下编号且叠码整齐，其缺口相互错开 180°。坠砣串的重量（包括坠砣杆的重量）符合规定，整串重量偏差小于 1%；

……

《高铁维规》与《普铁维规》相比，坠砣串的重量要求存在差异。《普铁维规》规定“坠砣串整串重量偏差小于 2%”，《高铁维规》规定“坠砣串整串重量偏差小于 1%”。

第二节　定位支撑装置

软(硬)横跨

第一百一十六条　软横跨

……

(三)下部固定绳距接触线的距离

下部固定绳距接触线距离正线为400 mm,侧线为300 mm,允许偏差±50 mm。

《高铁维规》与《普铁维规》相比,下部固定绳距接触线距离存在差异。《普铁维规》规定“下部固定绳距工作支接触线的垂直距离不得小于250 mm”。

定 位 装 置

第一百一十九条　定位装置结构及安装状态应保证接触线工作面平行于轨面连线,定位点处接触线的弹性符合规定。当电力机车、动车组受电弓通过和温度变化时,接触线能上下、左右自由移动。

(一)定位器

……

3. 定位器应处于受拉状态(拉力≥80 N),定位器静态角度(定位器与轨面连线之间的夹角)标准如下。对于非限位、弓形等定位器,安装应符合设计要求。

标准值:8°。

标准状态:6°~10°。

警示值:6°~13°。

限界值:4°~15°。

《高铁维规》与《普铁维规》相比,在定位器静态角度方面存在差异,具体见表14-9。

表 14-9　定位器静态角度差异

规章名称	标准值	标准状态	警示值	限界值
《高铁维规》	8°	6°～10°	6°～13°	4°～15°
《普铁维规》	9°	8°～11°	7°～14°	6°～17°

【案例】线岔处接触网特型定位器击打受电弓。原因为该特型定位器坡度不足,该定位器坡度为1°,不符合《高铁维规》中限界值4°～15°的规定。4C照片和击打示意如图14-4所示。

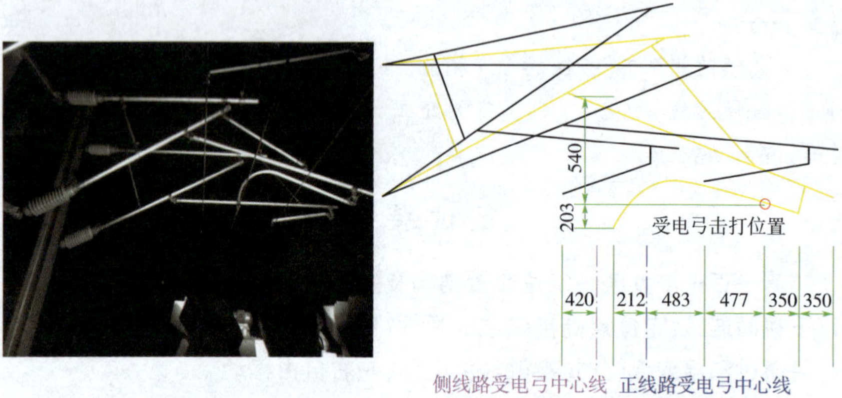

（a）前期4C照片　（b）击打示意（单位：mm）

图 14-4　4C照片和击打示意

第三节　支柱、拉线和基础

第一百二十条　支柱

……

(三)支柱倾斜率

1. 接触网各种支柱顺线路面允许偏差不应大于±0.5%,锚柱顶部向拉线侧倾斜不应大于1%。横向方向曲线外侧和直线上的腕臂柱柱顶应向受力反向倾斜,允许偏差0～0.5%;锚段关节中心柱、曲线内侧支柱及

转换柱均应直立,柱顶应向受力反向倾斜,允许偏差 0~0.5%。

2. 硬横跨支柱横、顺线路方向均应直立,允许偏差 0~0.5%;支柱顶端安装高度应符合设计要求,允许偏差+100 mm。

《高铁维规》与《普铁维规》相比,支柱倾斜率规定存在差异。《普铁维规》规定"支柱在顺线路方向应保持铅垂状态,其倾斜率不超过 0.5%。锚柱应向拉线方向倾斜,其倾斜率不超过 1%。支柱在垂直线路方向均应直立,允许向受力的反向倾斜,腕臂柱、隔离开关支柱、硬横跨支柱倾斜率不超过 0.5%;软横跨支柱高度 13 m 的倾斜率为 0.5%~1%,高度 15 m 及以上的倾斜率为 1%~2%。接触网各种支柱,均不得向受力方向倾斜。向线路侧倾斜时,任何情况下不得侵入基本建筑限界"。

第四节 附加悬挂

第一百二十六条 附加导线技术标准

……

(二)张力和弛度

标准值:符合安装曲线的要求。

标准状态:标准值±8%。

警示值:标准值±8%。

限界值:标准值±10%。

支柱同一侧悬挂为不同线径及材质的导线时,导线的弛度应以其中弛度较大的导线为准。

《高铁维规》与《普铁维规》相比,附加导线张力和弛度规定均存在差异,具体见表 14-10。

表 14-10 附加导线张力和弛度差异

规章名称	标准值	标准状态	警示值	限界值
《高铁维规》	符合安装曲线的要求	标准值±8%	标准值±8%	标准值±10%
《普铁维规》	符合安装曲线的要求	标准值±6%	标准值±8%	标准值±10%

(三)接头及损伤

1. 跨越铁路,一、二级公路,重要通航河流时,附加导线不得有接头。不同金属、不同规格、不同绞制方向的导线严禁直接进行接头;

2. 一个耐张段内接头不得超过1个。耐张段长度不超过150 m时,严禁接头;超过500 m时,接头距悬挂点的距离应大于500 mm。

3. 一个耐张段内接头、断股和补强线段的总数量不得超过下列规定:

标准值:0处。

标准状态:0处。

警示值:2处。

限界值:4处。

……

《高铁维规》与《普铁维规》相比,耐张段内接头、断股和补强线段的总数量均存在差异,见表14-11。

表14-11 耐张段内接头、断股和补强线段的总数量差异

规章名称	标准值	标准状态	警示值	限界值
《高铁维规》	0处	0处	2处	4处
《普铁维规》	0处	0处	2处(耐张段长度在800 m及以下者); 4处(耐张段长度在800 m及以上者)	4处(耐张段长度在800 m及以下者); 8处(耐张段长度在800 m及以上者)

第五节 其 他

保安装置及标识

第一百三十八条 在站台接触网支柱上距轨面2.5 m高的处所,以及安全挡板、细孔网栅和跨线桥防护网栅均应设置白底、黑字、红色闪电符号的"高压危险"警示标识。标识应完整无损、安装牢固、字迹清晰。

《高铁维规》相比《普铁维规》，少了“在未封闭线路的接触网支柱上距轨面2.5 m高的处所设置白底、黑字、红色闪电符号的‘高压危险’警示标识”的规定。交通运输部《高速铁路安全防护管理办法》规定“高速铁路应当实行全封闭管理，范围包括线路、车站、动车存放场所、隧道斜井和竖井的出入口，以及其他与运行相关的附属设备设施处所”，高速铁路不存在未封闭线路的情况。

第一百四十二条　标识

（一）号码牌。每根接触网支柱顺线路两侧及田野侧均应安装反光号码牌。每个区间、车站、隧道均应分别单独编号，上行双号、下行单号，编号方向与线路公里标方向一致。

（二）电力机车禁停标。在站场、区间接触网不同供电臂间的电分段两端设置电力机车禁停标。

（三）分相断合标。在接触网电分相前方设断电标，断电标设置在电分相中性区段起始位置前第2根支柱上（该支柱距电分相中性区段起始位置不小于80 m）；在接触网电分相后方设合电标，合电标设置在电分相中性区段终止位置后400 m处附近的接触网支柱上（该支柱距电分相中性区段终止位置不小于400 m）。

线路反方向按上述规定设置断电标、合电标。

有电力机车上线的线路，还应在“断”标背面加装“机车合”标。

《高铁维规》与《普铁维规》相比，杆号牌、分相断合标等规定均存在差异。《高铁维规》规定“每根接触网支柱顺线路两侧及田野侧均应安装反光号码牌”，《普铁维规》规定“每根接触网支柱上均应安装反光号码牌”。《高铁维规》规定“在接触网电分相前方设断电标，断电标设置在电分相中性区段起始位置前第2根支柱上（该支柱距电分相中性区段起始位置不小于80 m）；在接触网电分相后方设合电标，合电标设置在电分相中性区段终止位置后400 m处附近的接触网支柱上（该支柱距电分相中性区段终止位置不小于400 m）”，《普铁维规》规定“在接触网分相处应装设‘禁止双弓’‘断（T断）’‘合’等标志”。